21 世纪高等教育工程管理系列教材

施工企业财务管理

第 3 版

主 编 任凤辉 刘红宇
参 编 （以姓氏笔画为序）
       万小野 吕 晨 李美岩
       崔 琦 景亚平

机械工业出版社

本书以我国社会主义市场经济条件下的施工企业会计制度和财务管理制度为指导，以企业财务管理的基础知识为主线，紧密结合施工企业财务管理的特点，突出体现现行施工企业财务制度的基本精神。

全书共分9章，内容包括施工企业财务管理总论、施工企业财务管理的价值观念、施工企业资金的筹集和管理、施工企业流动资产的管理、施工企业固定资产的管理、施工企业证券投资的管理、施工企业利润及其分配、施工企业财务分析、施工企业财务预算等内容。每章章首有学习目标，章后有本章小结、复习思考题和习题（配有答案）。全书理论联系实际，特色鲜明，满足学生知识结构和能力的时代需要。

本书主要作为工程管理专业、工程造价专业以及其他相关专业本科教材，也可供从事财务管理的专业人士学习参考。

图书在版编目（CIP）数据

施工企业财务管理／任凤辉，刘红宇主编．—3版．—北京：机械工业出版社，2018.1（2023.1重印）
21世纪高等教育工程管理系列教材
ISBN 978-7-111-58561-9

Ⅰ. ①施… Ⅱ. ①任… ②刘… Ⅲ. ①施工企业－财务管理－高等学校－教材 Ⅳ. ①F407.967.2

中国版本图书馆CIP数据核字（2017）第292090号

机械工业出版社（北京市百万庄大街22号　邮政编码100037）
策划编辑：冷　彬　　责任编辑：冷　彬　马碧娟
责任校对：潘　蕊　　封面设计：张　静
责任印制：张　博
保定市中画美凯印刷有限公司印刷
2023年1月第3版第5次印刷
184mm×260mm·15.75印张·379千字
标准书号：ISBN 978-7-111-58561-9
定价：43.00元

电话服务	网络服务
客服电话：010-88361066	机 工 官 网：www.cmpbook.com
010-88379833	机 工 官 博：weibo.com/cmp1952
010-68326294	金 书 网：www.golden-book.com
封底无防伪标均为盗版	机工教育服务网：www.cmpedu.com

序

随着新世纪我国建设进程的加快,特别是经济全球化大发展和我国加入WTO,工程建设领域对从事项目决策和全过程管理的复合型高级管理人才的需求逐渐扩大,而这种扩大又主要体现在对应用型人才的需求上,这使得高校工程管理专业人才的教育培养面临新的挑战与机遇。

工程管理专业是教育部将原本科专业目录中的建筑管理工程、国际工程管理、投资与工程造价管理、房地产经营管理(部分)等专业进行整合后,设置的一个具有较强综合性和较大专业覆盖面的新专业。应该说,该专业的建设与发展还需要不断地改革与完善。

为了能更有利于推动工程管理专业教育的发展及专业人才的培养,机械工业出版社组织编写了一套该专业的系列教材。鉴于该学科的综合性、交叉性以及近年来工程管理理论与实践知识的快速发展,本套教材本着"概念准确、基础扎实、突出应用、淡化过程"的编写原则,力求做到既能够符合现阶段该专业教学大纲、专业方向设置及课程结构体系改革的基本要求,又可满足目前我国工程管理专业培养应用型人才目标的需要。

本套教材是在总结以往教学经验的基础上编写的,主要注重突出以下几个特点:

(1) 专业的融合性　工程管理专业是个多学科的复合型专业,根据国家提出的"宽口径、厚基础"的高等教育办学思想,本套教材按照该专业指导委员会制定的四个平台课程(即土木工程技术平台课程及管理学、经济学和法律专业平台课程)的结构体系方案来规划配套。编写时注意不同的平台课程之间的交叉、融合,这样不仅有利于形成全面完整的教学体系,同时也可以满足不同类型、不同专业背景的院校开办工程管理专业的教学需要。

(2) 知识的系统性、完整性　因为工程管理专业人才可能在国内外工程建设、房地产、投资与金融等领域从事相关管理工作,也可能在政府、学校和科研单位从事教学、科研和管理工作,所以本套教材所包含的知识点较全面地覆盖了不同行业工作实践中需要掌握的各方面知识,同时在组织和设计上也考虑了与相邻学科有关课程的关联与衔接。

(3) 内容的实用性　教材编写遵循教学规律,避免大量理论问题的分析和讨论,提高可操作性和工程实践性,特别是紧密结合了工程建设领域实行的工程项目管理注册制的内容,与执业人员注册资格培训的要求相吻合。通过具体的案例分析和独立的案例练习,学生能够在建筑施工管理、工程项目评价、项目招标投标、工程监理、工程建设法规等专业领域获得系统深入的专业知识和基本训练。

(4) 教材的创新性与时效性　本套教材及时地反映了工程管理理论与实践知识的更新,将本学科最新的技术、标准和规范纳入教学内容;同时在法规、相关政策等方面与最新的国家法律法规保持一致。

我们相信，本套教材的出版将对工程管理专业教育的发展及高素质的复合型工程管理人才的培养起到积极的作用，同时也为高等院校专业的教育资源和机械工业出版社专业的教材出版平台的深入结合，实现相互促进、共同发展的良性循环奠定基础。

前　言

本书是"21世纪高等教育工程管理系列教材"之一。随着我国经济的迅速发展，工程建设领域对复合型高级管理人才的需求逐渐增加。施工企业是从事建筑安装工程类产品生产，以营利为目的的生产单位，财务管理是企业管理的重要内容之一，企业财富最大化是企业一切工作的主要目标，因此当前企业对高级财务管理人才的需求非常旺盛。本书的编写针对工程管理这一新专业领域的本科人才培养目标，满足复合型管理人才知识结构的需要，本着"概念准确、基础扎实、突出应用"的原则，力求达到工程管理专业培养应用型人才的标准。

本书编写过程中充分考虑到工程管理专业学生财务管理基础知识不足的实际情况，以企业财务管理知识为理论基础，紧密结合施工企业财务管理的特点，突出体现现行施工企业财务制度的基本精神。在此次第3版修订过程中，编者根据教学反馈和相关专业的课程设置情况，调整各章的相关内容，删除了上一版中施工工程成本管理的内容，以保证本书的结构体系更加独立，更加突出了学习内容的连续性和完整性。全书充分体现了行业特色，理论联系实际，满足当前教学的实际需求与学生知识结构和能力的时代需要。

本书第1、2章由天津城建大学刘红宇编写，第3、4章由长春工程学院任凤辉编写，第5章由长春工程学院崔琦编写，第6章由吉林建筑大学万小野编写，第7章由天津城建大学李美岩和天津城建大学吕晨共同编写，第8章由李美岩编写，第9章由长春工程学院景亚平编写。全书由任凤辉、刘红宇统稿。

本书在编写过程中参阅并检索了有关专家和学者的著作，汲取了大量的思想和理论精华，在此致以诚挚的谢意。

由于编者水平有限，书中难免存在不足和疏漏之处，恳请读者批评指正。

编者

目 录

序
前言
第1章 施工企业财务管理总论 1
　学习目标 1
　1.1 施工企业财务管理的含义、对象、内容与特点 1
　1.2 施工企业财务管理的目标、原则与环节 6
　1.3 施工企业财务管理环境 9
　本章小结 17
　复习思考题 18
第2章 施工企业财务管理的价值观念 19
　学习目标 19
　2.1 货币时间价值 19
　2.2 风险价值观念 28
　本章小结 38
　复习思考题 38
　习题 38
第3章 施工企业资金的筹集和管理 40
　学习目标 40
　3.1 施工企业资金筹集概述 40
　3.2 权益筹资 45
　3.3 负债筹资 53
　3.4 资金成本的计算 67
　3.5 筹资风险及风险回避 72
　3.6 资本结构及其调整 77
　本章小结 83
　复习思考题 83
　习题 84
第4章 施工企业流动资产的管理 86
　学习目标 86
　4.1 流动资产与营运资金 86
　4.2 现金管理 89

4.3 应收账款的管理	98
4.4 存货管理	103
本章小结	114
复习思考题	115
习题	115

第5章 施工企业固定资产的管理 — 117
学习目标 — 117
5.1 固定资产管理概述 — 117
5.2 固定资产投资决策 — 125
5.3 固定资产的更新改造 — 132
本章小结 — 135
复习思考题 — 136
习题 — 136

第6章 施工企业证券投资的管理 — 137
学习目标 — 137
6.1 施工企业证券投资概述 — 137
6.2 股票投资 — 141
6.3 债券投资 — 147
6.4 基金投资 — 151
6.5 证券投资组合 — 156
本章小结 — 158
复习思考题 — 158
习题 — 158

第7章 施工企业利润及其分配 — 160
学习目标 — 160
7.1 施工企业利润概述 — 160
7.2 施工企业目标利润及其管理 — 163
7.3 施工企业利润的分配及提留 — 168
7.4 股份制施工企业利润的分配 — 170
本章小结 — 180
复习思考题 — 181
习题 — 181

第8章 施工企业财务分析 — 182
学习目标 — 182
8.1 财务分析概述 — 182
8.2 财务分析的依据 — 186
8.3 偿债能力分析 — 192
8.4 营运能力分析 — 195
8.5 盈利能力分析 — 198

8.6　成长能力分析	200
8.7　上市公司主要财务比率	203
8.8　杜邦分析体系	205
8.9　施工企业财务分析案例	207
本章小结	216
复习思考题	216
习题	216

第9章　施工企业财务预算 … 218

学习目标	218
9.1　财务预算概述	218
9.2　财务预算的编制方法	220
9.3　现金预算与预计财务报表的编制	225
9.4　预算的执行、调整、分析与考核	233
本章小结	234
复习思考题	235
习题	235

附录 … 237

附录A　复利终值系数表	237
附录B　复利现值系数表	238
附录C　年金终值系数表	240
附录D　年金现值系数表	241

参考文献 … 243

第 1 章 施工企业财务管理总论

[学习目标]

- 了解施工企业财务管理环境
- 熟悉施工企业财务管理的内容
- 熟悉施工企业财务管理的基本环节
- 掌握施工企业的财务活动和财务关系
- 掌握施工企业财务管理目标

1.1 施工企业财务管理的含义、对象、内容与特点

施工企业又称建筑施工企业,是以从事土木工程为主,为国民经济提供建筑产品或工程劳务的经济组织。施工企业财务管理既受一般企业财务管理基础理论和基本方法的指导,又具有该行业自身的特点。

1.1.1 施工企业财务管理的含义

所谓财务,通俗的解释就是社会财富方面的事物与业务。企业财务是企业再生产过程中的资金运动及其所体现的经济关系(财务关系)。施工企业财务管理,就是在国家方针、政策指导下,根据国民经济发展的客观规律和企业资金活动的特点,对施工企业的资金运动所进行的决策、计划、组织、监督和控制,对施工企业的财务关系进行协调的一项工作。简单来讲,施工企业财务管理就是指施工企业组织财务活动、处理财务关系的一系列经济管理工作。它从施工企业的生产经营实际出发,是施工企业管理的重要组成部分。

1.1.2 施工企业财务管理的对象

财务管理的对象着眼于财务管理的客体,反映了企业经济活动中价值形态的变化过程。施工企业财务管理的对象,简言之,就是施工企业的资金运动。施工企业财务管理的对象直接与施工企业的财务活动和财务关系相关联。财务活动体现出财务管理的形式特征,财务关系揭示出财务管理的内容实质。

1. 施工企业的财务活动

施工企业资金的筹集、投放、运营、耗费、收回和分配等一系列资金运作行为，构成了施工企业的财务活动。财务活动具有周期性与增值性等基本特征。财务活动是循环往复、周而复始地进行的；资金价值的垫支与增值是财务活动的内涵。例如，企业通过筹资活动取得初始资本及后续资金，企业的内部与外部投资活动担负着资金运用的职责，资金的增值则需要收益分配活动予以支持。财务活动的有序进行是通过资金周转来实现的，资金周转的完成建立在资金循环的基础之上，而资金的增值则取决于资金的有效循环与不断周转。资金运作行为构成了企业现实中财务活动的具体内容。资金运动的循环与周转体现出财务活动的常规状态。

资金筹集是企业生产经营活动的先导和起点。施工企业初始建立，必须筹集到法定资本金，然后再根据生产经营的需要，向银行等金融机构举债或向社会发行债券筹集债务资金。通过吸收所有者投资或者发行股票，以及举借债务等方式，由各种渠道取得所需的资本数额，形成货币形态的资金准备并启动企业的生产经营活动。施工企业用货币资金添置各种生产资料，购入建筑机械、运输设备，购入建筑材料、结构件等劳动资料和劳动对象，为施工建设提供必要的物质供应条件，施工企业资金由货币形态转化为固定资产、存货等实物形态。在施工生产过程中，施工企业资金又由机械设备、材料等物质供应状态经过未完施工转化为已完工程的竣工形态。施工圆满完成，施工企业将已完工程点交给发包建设单位，并按合同造价（或合同标价）结算工程价款，取得工程结算收入。随着工程告竣、实现收入，施工企业资金从竣工形态又还原为货币形态。按照竣工结算或者非竣工预支结算办法，工程施工的全部价值由工程结算收入取得补偿，它不仅补偿物化劳动和活劳动的耗费，而且为施工企业赢得利润和积累。当企业资金由货币的初始形态经过供应、生产和销售（施工企业表现为获得劳务收入）还原为货币形态时，即完成了生产经营资金的一次循环，生产经营资金不断往复地循环则构成了资金周转。企业的生命力就建立在这种资金的循环与周转之中。

从总体上考查，企业资金运动的规律主要表现为以下两种情况。

（1）资金运动具有并存性和继起性

如上所述，各种资金在空间上总是同时处于周转的不同环节，以不同的资金占用形态表现出来，这就是资金运动的并存性；每种形态的资金都必须依次在循环的各个阶段相继转换，这就是资金运动的继起性。各种资金形态的并存性是不同资金继起性的结果，如果相继转化受到阻碍，资金的并存性就会受到影响和破坏。这就是说，如果资金过多地集中于某一形态或阶段，而其他形态或阶段资金短缺或空白，循环过程就会出现障碍，周转环节就会断裂。因此，要求合理投放与配置资金，减少资金的积压与沉淀，防范资金的不足与断供，保证资金循环的畅通无阻，加快资金周转速度。

（2）资金运动同物资运动既相互依存又相互分离

一方面，物资运动是资金运动的基础，资金运动反映着物资运动，两者具有相互一致的关系，体现了再生产过程的实物形态和价值形态本质上的必然联系；另一方面，资金运动又可能与物资运动相分离，呈现一定的独立性。例如，预付款项、赊购物资等业务形成的货品实物和货币资金在流量上的不一致；固定资产折旧使其价值逐渐转移而其实物形态依然保持长期存在等。因此，从事财务管理既要着眼于物资运动，保证生产经营活动的顺利进行；又要充分利用上述背离性,合理调配资金,以较少的价值投入获取较多的使用价值。

2. 施工企业的财务关系

企业的生产经营活动是社会再生产活动的重要组成部分。施工企业在从事建筑施工生产经营活动中,对外必然会与社会有关方面发生密切的经济关系,对内也会在各职能部门之间、企业与员工之间发生各种经济关系。施工企业组织财务活动过程中与内外各方所维系的经济利益关系,称为施工企业的财务关系。施工企业的财务关系主要表现在以下几个方面。

(1) 施工企业与国家税务机关及行政管理部门的财务关系

政府是国家政权的化身,企业是社会财富的创造者。国家为了依法行使各项职能,需要通过税务机关向企业征收流转税和所得税等,需要通过行政管理部门向企业征收规定的相关税费。主动向国家纳税、缴费是企业应尽的责任与义务。正确处理施工企业与国家税务机关及行政管理部门的关系,有利于维护社会利益的均衡与共同发展。

(2) 施工企业与所有者和接受股权投资者的财务关系

资本金的投入者称为企业所有者。企业对外股权投资,受资方就称为接受股权投资者。企业所有者享有聘任并授权经营者经营管理企业的权利,享有参与企业重大财务决策的权利,享有利润分配的权利,企业清算时还享有对企业剩余财产的求偿权利等。同时,企业也可以作为出资人向接受股权投资的受资方进行投资,并享有股权投资者的权益和承担相应的经济责任。正确处理施工企业与所有者和接受股权投资者的财务关系,有利于维护企业所有者、接受股权投资者和企业自身的合法权益。

(3) 施工企业与债权人和债务人的财务关系

企业从事生产经营活动除了需要筹集所有者投入的资本金外,往往还需要向债权人筹措债务资金,其中包括长、短期借款,发行债券,从供应商处获得商业信用资金等。对于债务资金,企业必须按期还本付息,信守承诺。同时,企业也可以购买债务筹资人发行的债券或向物品、劳务求供者提供商业信用,并要求按期收回本金和获取利息。企业与债权人和债务人由于经济往来所形成的财务关系属于债权、债务关系。正确处理施工企业与债权人和债务人的财务关系,有利于维护债权人、债务人和企业自身三者之间的合法权益。

(4) 施工企业内部的财务关系

施工企业内部的财务关系主要表现在以下两个方面:

1) 企业内部各职能部门、项目单位之间的财务关系。在实行内部经济核算的条件下,这种关系表现为财务部门与各职能部门、项目单位之间的资金划拨、借贷事项和款额结算关系,以及各个相对独立的经济单位之间有关资金使用的权责关系、内部结算关系和利益分配关系。

2) 企业与员工之间的财务关系。这种关系表现为企业依据资本经营权选任经营者、管理者、劳动者,确认其相应的权、责、利,并根据不同级别员工所提供劳动的数量、质量和业绩,支付工资报酬、津贴和奖金等,所发生的合同契约关系、按劳分配关系和货币结算关系。

(5) 施工企业与业主方、不同资质承包方及中介服务组织之间的财务关系

建筑市场的主体是由业主方、承包方和为建筑活动服务的中介方组成的。建筑市场的业主方包括发包工程的政府部门、企事业法人、房地产开发公司和个人业主等。建筑市场的业主方既有进行某项工程建设的需求,又具有该项工程相应的建设资本和各种准建手续,业主

方在建筑市场负责发包工程的咨询、设计，从事建设任务的施工发包，并最终得到建筑产品的所有权。在我国工程施工建设中，也将业主方称为建设单位或简称甲方。建筑市场的承包方按企业资质条件的不同可分为施工总承包、专业承包和劳务分包三个系列。建筑市场的承包方具有不同资质的等级分类，拥有标准的生产能力、技术装备、物资机械和流动资金，具有承包工程建设任务的相应经营资质，在建筑市场中能够按照业主方或者发包企业的要求，在承包工程范围内提供不同形态的建筑产品或劳务作业，并获得相应的工程及劳务价款。在我国工程施工建设中，施工企业简称乙方。建筑市场的各种中介组织包括提供结构配件、商品混凝土的生产企业和提供其他多种中介服务的机构。建筑市场的多种中介服务机构具有相应的专业服务能力，在建筑市场中受承包方、发包方的委托，对工程建设提供建设监理、工程咨询、招标代理和工程估价等高智能服务，并取得服务费用。

施工企业不同于一般工商企业，建筑市场也不同于其他交易市场。建筑市场中的各关联方存在着较一般交易市场更为复杂的既相互对立又相互统一、既交叉重叠又互为因果的特定关系。平等的财务关系是凝结各关联方经济利益的纽带。没有这种纽带，就会破坏平等互利、协商一致、等价补偿的交易原则，就会阻碍市场机制正常发挥作用，也就不可能使资源得到优化配置。值得注意的是，从专业施工承包企业的角度来讲，它除了可以直接承担工程项目自行完成全部施工之外，也可以间接承担工程项目，即承接总承包企业分包的专业工程项目，或者将承揽的工程项目再分包、转包给具有相应资质的其他建筑企业，从而构成了施工企业（这里专指施工专业承包资质企业）与业主方、不同资质承包方的多重财务关系。施工企业，尤其是专业承包企业，对工程项目既可以承包自营，也可以经承包后再依法分包、转包，此时，施工企业的身份则是复合的、多重的。施工企业必须正确处理好与业主方、不同资质承包方及中介组织之间的财务关系。

1.1.3 施工企业财务管理的内容

施工企业财务管理的主要内容包括筹资决策、投资决策和收益分配决策等。

1. 筹资决策

财务管理处于企业管理中的核心位置，而筹资决策又处于财务管理中的极其重要位置。任何企业从事生产经营首先必须筹集到一定数额的资本，才能启动运营；即使在企业生产经营过程中，由于季节性或临时性原因，以及扩大再生产的要求，也需要追加筹措资金。因此，筹资决策既是企业生产经营的前提，又是企业实施扩张的保证。从财务管理三大基本内容之间的关系来看，筹资决策为资金投放奠定了基础；筹资决策与投资决策互为条件、密不可分；筹资决策的内部融资方案还将影响收益分配决策及留存利润的数额。

筹资决策的基本要求是围绕投资方向，分析和评价影响筹资的各种因素，周密设计筹资方案，讲求筹资决策的综合经济效益。筹资决策要着手解决筹资渠道、筹资方式、筹资风险和筹资成本等问题。筹资决策的具体工作包括：①运用科学的方法预测筹资需要量，估算筹资额度；②规划筹资渠道，选择最适宜的筹资方式；③在风险与成本之间权衡利弊得失，谨防失误，谋求最大收益；④保持举债弹性和偿债能力，确定最佳资本结构等。

2. 投资决策

企业投资主要包括对内投资与对外投资。前者又包括固定资产投资和流动资产投资；后者又包括直接股权投资和间接证券投资。

投资决策的基本要求是建立科学的决策程序，充分论证投资在技术上的可行性和经济上的合理性，降低风险，提高收益。投资决策要着手解决投资时机、投资对象、投资报酬和投资风险等问题。投资决策的具体工作包括：①分析投资环境、预测投资规模；②研究投资风险、控制风险系数；③评价收益与风险，设计投资组合；④分散资本投向，策划投资结构；⑤筛选最佳投资方案，实现企业财务目标等。

3. 收益分配决策

企业收益的实现需要经过多次分配才能得以完成。企业经营收入一旦货币回笼，首先，要弥补生产经营过程中的耗费，耗资活动事实上已经决定了成本结转和价值补偿的尺度，并构成了收益的初次分配；其次，经营收入还要用于缴纳各项流转税费，用于向债权人支付利息费用，构成了收益的二次分配；再次，上述两次分配的余额即企业利润总额，需要缴纳所得税，构成了收益的再分配；最后，税后利润按法定程序提取盈余公积，向所有者分配利润、确定未分配利润的形式和留存数额，构成了收益的最终分配。

收益分配决策的基本要求有：①正确贯彻企业收益在各利益相关主体之间合理分配的原则，保证各利益主体间的利益均衡；②正确制定收益分配政策，在形成法定盈余公积的同时，兼顾内部融资，保持适度留存。收益分配决策的具体工作包括收益分配政策的制定、收益分配比例的安排、收益分配形式的选择、企业长期规划与所有者近期利益的均衡以及税收筹划等。

当然，除了上述财务管理的基本内容之外，施工企业资金的日常使用管理也十分重要，不容忽视。后续章节将详细阐述，此处不做赘述。

1.1.4 施工企业财务管理的特点

施工企业生产经营活动的复杂性决定了施工企业管理必须包括多方面内容，如施工生产管理、技术管理、质量管理、设备管理、人力资源管理、财务管理等。各项管理工作是相互联系、紧密配合的，同时又有科学分工，具有自己的特点。就财务管理的特点而言有以下几个方面。

1. 广泛性

财务管理是对企业财务活动和财务关系进行的管理，企业中一切涉及资金的经济业务活动都属于财务管理的管辖范围。在企业内部的每一个部门都或多或少地与资金有联系，从而都会和财务部门产生联系。为保证企业经济效益的提高，各部门在合理使用资金和节约资金支出等方面都要接受财务部门的指导，受到财务制度的约束。由此可见，企业财务管理涉及的范围是很广泛的。

2. 综合性

在企业管理体系中，有的属于单项管理，如劳动人事管理、设备管理等，它们只能控制某一领域的生产经营活动，不能控制别的领域；有的虽是综合性管理，如质量管理，却只能从使用价值的角度促进企业全面改善生产经营管理，而财务管理则通过价值形式对施工企业的一切物质条件、经营过程和经营成果进行综合规划和控制，以达到不断提高经济效益的目的。另外，企业的各项工作的质量和数量都能通过财务管理所运用的成本与费用、收入和利润等价值指标反映出来。因此，财务管理既是企业管理的一个独立方面，又是一项综合性工作。

3. 信息反馈的灵敏性

在施工企业的生产经营活动中，决策是否得当、经营是否有方、技术是否先进、施工组织是否合理都可以迅速在各项财务指标上反映出来。财务部门通过对财务指标的经常性计算、整理和分析，能及时掌握企业各方面的信息，了解企业生产经营情况，发现存在的问题。企业各项工作的质量和效果都能在财务指标上灵敏地反映出来，为企业经营管理和决策人员及时反馈信息以便掌握企业运行状况，预测企业经济前景，采取相应对策以提高企业经济效益。

1.2　施工企业财务管理的目标、原则与环节

1.2.1　财务管理目标的选择

财务管理目标是组织财务管理活动、处理财务关系、开展财务工作所要达到的根本目的。财务管理目标既是财务管理工作的始点和归宿，也是财务管理方法赖以实施和财务决策有效评价的共同指南。施工企业财务管理的目标是指导施工企业财务运行的驱动力。财务管理作为施工企业管理的核心，其目标与一般企业财务管理的整体目标大致相同。

学界对财务管理目标存在多种认识，最有代表性的观点包括以下几种。

1. 利润最大化

利润最大化是由传统经济学演变而来的观点。利润是衡量企业经营和财务管理水平的标准，利润越大，越能满足投资者对投资回报的需求。这种观点认为，利润最大化是企业的一大宗旨，也是财务管理的追求。但是，以利润最大化作为财务管理目标是不全面的，在实践中已暴露出许多局限，如忽视了货币时间价值、忽视了风险因素的客观存在、没有考虑投入与产出关系、没有考虑机会成本对决策基准的影响、片面追逐利润可能导致企业财务决策的短期行为等。由此，人们开始寻找其他的目标来取代利润最大化的理财观点。

2. 每股收益最大化（或权益资本净利率最大化）

每股收益是指公司税后净利润扣除优先股股利后的净额与发行在外的普通股股数的比值。它是衡量上市公司盈利能力的主要指标之一。对于非上市公司来说，则主要采用权益资本净利率，它是公司一定时期的净利润额与其权益资本总额的比值，说明了权益资本的盈利能力。这两个指标在本质上是相同的，将公司的普通股股数乘以每股净资产就可以得到权益资本总额。尽管这种理财观点所采用的数额比值表现出便于不同资本规模企业之间进行比较的优势，但是，这种观点的缺点仍然是未摆脱利润最大化理财观点的诸多局限。

3. 股东财富最大化

股东创办公司的目的是增加财富，如果企业不能为股东创造财富，他们就不会为企业提供资本，没有了权益资本，企业也就不存在了，因此企业要为股东创造价值。在上市公司，股东财富是由其所拥有的股票数量和股票市场价格两方面决定的。在股票数量一定时，股票价格越高，股东财富也就越大。与利润最大化相比，股东财富最大化的主要优点是考虑了风险因素，在一定程度上能避免企业的短期行为。对上市公司而言，股东财富最大化目标比较容易量化和便于考核与奖惩，但它作为财务管理的目标也存在通常只适用于上市公司而非上市公司难于应用、股价受众多因素的影响特别是外部因素的影响、强调更多的是股东利益而

对其他相关者的利益重视不够等不足。

4. 企业价值最大化

建立企业的重要目的在于创造尽可能多的财富，企业价值最大化是企业通过经营，在激烈的市场竞争中，不断开拓创新产品，优化业务服务，不断增加企业财富，使企业价值最大化。对企业进行评价时，不仅要看企业已经获得的利润水平，还要评价企业潜在的获利能力。因此，企业价值不是账面资产价值，而是企业全部财产的市场价值，它反映了企业潜在或预期获利能力和未来收入预期。首先，这种计算方法考虑了资金的时间价值和风险问题，有利于克服管理上的片面性和短期行为，有利于社会资源合理配置，实现社会效益最大化，但它作为财务管理目标，也存在如适应对象是上市公司，非上市公司不能通过股票市价做出判断，而依靠资产评估求得的目标值的不足，因此很难达到全面、客观、公允。其次，企业价值并非为企业所控制，其价格波动受多种因素影响，也并非与企业财务状况的实际变动相一致。最后，现代企业不少采用环形持股的方式，相互持股，法人股东对股价最大化目标没有足够的兴趣。

此外，企业不但要为其所有者提供收益，还要合理承担相应的社会责任，如保护生态平衡、防治环境污染和支持社区文化教育、福利事业等。

企业价值最大化有利于体现企业管理的目标，更能揭示市场认可企业的价值，而且也考虑了资金的时间价值和风险价值。因此，通常认为企业价值最大化是一个较为合理的财务管理目标。

1.2.2 财务管理的原则

财务管理原则是组织财务活动和处理财务关系的基本原则，它反映了财务活动的内在要求，是体现理财活动规律性的行为规范，也是对财务管理的基本要求。根据财务管理的原则组织财务管理活动，可以促进财务管理目标的实现。总体来说，财务管理原则主要有以下几点。

1. 企业价值最大化原则

企业价值最大化是施工企业财务管理的目标，同时也是施工企业日常财务管理活动中应遵循的基本原则，财务管理活动在某种意义上是对资金运作的专业化管理，它遵循资金运动的基本要求和规律，运用价值管理的一系列方法，对整体资金运动进行统筹安排。在生产经营中，施工企业要严格控制各项产出和耗费，促使其在经营、投资和筹资等资金运作中能够最高效地运行，确保企业价值最大化目标的实现。

2. 风险与报酬权衡原则

企业的生产经营活动有不确定性的因素，生产经营的不确定性必然会影响到企业的财务活动。企业要想获得收益，就不能回避风险。在财务活动中，必须对报酬和风险做出权衡，低风险只能获得低收益，或者为追求较高的收益而承担较大的高风险。所谓"权衡关系"，是指高收益的投资机会必然伴随巨大的风险，而风险小的投资机会必然只能有低的收益。风险与报酬权衡原则要求企业在财务管理活动中要意识到风险的存在，对每一项财务活动，全面分析其收益性和安全性，既不能片面冒进地追求最大的报酬，忽视风险的存在，也不能片面强调风险，丧失获得最大报酬的机会，在实践中按照风险与报酬相权衡的要求来决定采取何种行动方案，趋利避害，以提高企业的经济效益。

3. 资金合理配置原则

施工企业财务管理是对企业全部资金的管理，而资金运用的结果是形成各种各样的物质资源。各种物质资源总是存在一定的比例关系，所谓资金合理配置，就是要通过资金活动的组织和调节来保证各种物质资源具有最优化的结构比例关系。

企业物质资源的配置情况是资金运用的结果，同时又是通过资金结构表现出来的。从某一时点来看，企业有各种各样的资金结构。在资金占用方面，有流动资产和非流动资产的构成比例，有对内投资和对外投资的构成比例，有货币资金和非货币资金的构成比例等。在资金来源方面，有债务资金和权益资金的构成比例，有流动负债和非流动负债的构成比例等。企业需将资金按合理的比例配置在生产经营的各个阶段，才能保证生产经营活动的顺畅运行；只有安排合理的资金结构，才能充分发挥财务杠杆作用，增加企业收益的同时不危及企业的财务安全。资金合理配置是企业持续、高效经营必不可少的条件。

4. 成本效益原则

成本效益原则就是要对经济活动中的所费与所得进行分析比较，对经济行为的得失进行衡量，使成本与收益得到最优的结合，以求获得最多的盈利。企业在筹资活动中有资本成本，在投资活动中有投资成本，在日常的经营活动中有营业成本。企业的一切成本、费用的发生，最终都是为了取得收益，都可联系相应的收益进行比较。企业进行财务决策时，都应当按照成本效益原则做出缜密的分析。

5. 分级分权管理原则

在规模较大的施工企业中，对财务活动必须实行分级分权管理。所谓分级分权管理就是在企业总部的统一领导下，合理安排各级单位和各职能部门的权责关系，充分调动各级各部门的积极性。在财务管理上实行统一领导、分级分权管理，就是要按照管理物资同管理资金相结合、使用资金同管理资金相结合、管理责任同管理权限相结合的要求，合理安排企业内部各部门各单位在资金、成本、收入等管理上的权责关系。

6. 利益关系协调原则

企业财务管理要组织资金的活动，因而同各方面的经济利益有着非常密切的联系。实行利益关系协调原则，就是在财务管理中利用经济手段协调企业与国家、投资者、债权人、经营者、职工之间的经济利益关系，维护有关各方的合法权益，还要协调企业内部各部门、各单位之间的利益关系，以调动它们的积极性。处理各方面的经济利益关系时，要遵守国家法律，认真执行政策，保障有关各方应得的利益，切实做好企业的收入及财务成果的分配工作，以便不断改善企业财务状况，增强财务实力，为提高经济效益创造条件。

1.2.3 财务管理的环节

财务管理环节是指企业财务管理的一般步骤和循环程序，具体包括以下环节。

1. 财务预测

财务预测是指运用科学方法，对财务活动未来的演变、财务指标可能达到的状况和发展趋势进行判断和测算的过程。财务预测的依据是财务活动的历史资料和现实条件的要求以及其他相关信息。财务预测采用定性和定量的方法，定性的方法用于判断财务指标的性质与效能，定量的方法通常借助数学建模法测算财务指标的数值规模与发展趋势。作为现代企业财务管理过程的首要环节，财务预测是进行财务决策和编制财务计划的基础，也是实施财务控制和开展财务分析的前提。

2. 财务决策

财务决策是从财务预测的诸多备选方案中筛选出最优方案的过程。财务决策以资源的优化配置为目标，本着成本效益的原则，确定资金筹集、投放、营运、分配的方向、时间和数量等事项，财务决策是企业各项经营决策的核心和集中反映。财务决策的科学性直接决定着财务计划的合理性、财务控制的有效性和财务分析的有用性。没有财务决策，其他环节的工作就失去了意义。

3. 财务计划

财务计划是以货币计量和综合平衡的形式，展示未来某一特定期间企业全部经营活动各项目标及资源配置的规划纲领。财务计划是对财务决策所选定的最优方案的数量化、系统化标准的体现。财务计划为各项财务活动确立了具体的目标和任务，既为财务控制提供依据，又为财务分析和业绩评价提供尺度。财务计划在企业财务管理全过程中起着承上启下的作用，它以财务预测和财务决策为前提，又是财务控制和财务分析的基础。

4. 财务控制

财务控制是根据财务决策和财务计划，利用约束、检测、监督与调节等方法施加影响，以保证财务活动正常运行的过程。简言之，财务控制是依据财务目标，发现并纠正实际偏差的过程。财务控制的主要内容有确定控制重心、建立控制系统、组织信息传递与反馈、校正差误等。其中控制重心包括资金的规模、成本、速度和结构，资金流入流出的时间、数量，收支的比例关系等。财务控制贯穿财务活动的全过程，具有事前、事中和事后等多种形式，表现为大量、具体、经常的财务工作行为。

5. 财务分析

财务分析是根据财务计划、财务报表以及其他相关资料，运用特定方法，考核和评价财务成果的重要工作手段。财务分析借助有关指标解析和评价企业财务状况和财务能力，揭示造成财务偏差的主、客观原因，考核财务效果，为其他管理环节及时反馈信息。财务分析作为企业财务管理全过程的一个枢纽，标志着上一个财务管理循环的终结，也意味着下一个财务管理循环的开始，是两个循环交替的转换环节。

1.3 施工企业财务管理环境

财务管理环境是指企业财务管理过程中所涉及的影响和制约企业财务活动的内外部各种条件。企业财务管理活动是在一定的客观条件下进行的，必然与一定的环境相联系，受到一定的环境条件的约束。财务管理环境是企业开展财务活动的多种影响因素的集合，也是企业财务管理赖以生存的土壤。财务管理环境涉及的范围很宽，可将其归纳为内部（微观）环境和外部（宏观）环境两部分。

1.3.1 施工企业财务管理的内部环境

施工企业财务管理的内部环境是指存在于施工企业内部并对财务活动产生影响的客观因

素。这些因素包括企业的组织形式、企业内部财务管理方式等。其中，企业的组织形式是最主要的因素。

1.3.1.1　施工企业的组织形式

财务管理的主体是企业。企业是指依法设立的以盈利为目的的、从事生产经营活动的独立核算的经济组织。企业有多种组织形式。与一般制造业和商品流通业大体相同，施工企业的组织形式按投资主体可分为三种，即个人独资企业、合伙企业和公司制企业。

1. 个人独资企业

个人独资企业是指在中国境内设立，由一个自然人投资，财产为投资者个人所有，投资者以其个人财产对企业债务承担无限责任的经营实体。个人独资企业属于与经商法人相对称的经商自然人主体范畴。个人独资企业在法律上虽不具有法人资格，但这并不妨碍它作为一类独立的市场主体和企业主体从事民事经济活动，其在生产经营活动中享有的权利同样受到法律的保护。个人独资企业结构简单，投资少，开办、转让、关闭的手续简便，企业主自负盈亏，对企业债务承担无限责任，因而企业主会竭尽全力把企业经营好。另外，个人独资企业受制于政府的管制少，没有信息披露的限制，企业的技术和财务信息容易保密，只需缴纳个人所得税而免缴企业所得税。

个人独资企业也有无法克服的缺陷：

1）筹资困难。个人独资企业的资本来源单一，规模一般较小，很难取得大量的资金，因此限制了企业的发展和大规模经营。

2）风险大、企业主对企业承担无限责任，当企业的资产不足以偿还债务时，企业主的个人资产将被追索，从而限制了企业主向风险较大的部门或领域进行投资。

3）企业寿命较短。企业所有权和经营权高度统一的产权结构意味着企业主的重病、死亡、坐牢都可能导致企业不复存在。

基于上述原因，个人独资企业通常规模较小，经营灵活，财务管理活动相对来说比较简单。

2. 合伙企业

合伙企业是由两个以上的人订立合伙协议，共同出资、共同经营、共享收益、共担风险，对合伙企业的债务负有连带清偿责任的经济实体。合伙人可以是自然人、法人和其他组织，但国有独资公司、国有企业、上市公司以及公益性的事业单位、社会团体不得成为普通合伙人。合伙企业与个人独资企业一样都是自然人企业，不具有法人资格。为了避免经济纠纷，在合伙企业成立时，合伙人须订立合伙协议，明确每个合伙人的权利和义务。

按照合伙人的责任不同，合伙企业可分为普通合伙企业和有限合伙企业。普通合伙企业由普通合伙人组成，合伙人对合伙企业债务承担无限连带责任。有限合伙企业由普通合伙人和有限合伙人组成，普通合伙人对合伙企业承担无限连带责任，有限合伙人以其认缴的出资额为限对合伙企业的债务承担责任。有限合伙企业至少应当有1个普通合伙人，有限合伙人不直接参与企业经营管理。

合伙企业的优点与个人独资企业类似，设立程序简单，创立和营业成本都很低，政府限制较少，同时由于合伙人共同偿还债务，降低了风险，提高了其融资能力。但也存在责任无限、权力分散、产权转让困难等缺点。

由于合伙企业的资金来源和信用能力比个人独资企业有所增加，经营管理能力较强，盈余分配也更加复杂,因此合伙企业的财务管理比个人独资企业要复杂很多。

3. 公司制企业

公司是指依法设立的,以营利为目的的,由股东投资形成的企业法人。公司制企业是现代企业制度最主要的组织形式。公司制企业一般具有以下特点:

1)依法设立的公司,一方面,要求公司的章程、资本、组织机构、活动原则等必须合法;另一方面,要求公司的设立必须经过法定程序,进行工商登记。

2)具有独立法人资格,体现在公司拥有独立的法人财产,有独立的组织机构并能够独立承担民事责任。

3)公司法定代表人依照公司章程的规定,由董事长、执行董事或者经理担任,并依法登记。

4)公司依法自主经营、自负盈亏和照章纳税,对出资者承担资产保值增值责任。

5)公司实行所有权与经营权相分离、激励与约束相结合的内部管理体制。

6)公司的产权由持股股东共有,股东依法享有资产收益、参与重大决策和选择经营管理者等权利。

7)公司实行有限责任制,股东对公司债务承担有限责任。

8)股东不得抽资退股,但可以转让其所持股份。

公司与个人独资企业和合伙企业相比,其突出优点是股东承担有限责任、股权可以转移、公司经营寿命长、筹资渠道宽等;其缺点是设立程序较严格、复杂,容易产生内部人控制问题,公司和股东双重税负等。

公司制企业有有限责任公司和股份有限公司两种基本形式。

(1)有限责任公司

有限责任公司简称有限公司。有限公司的股东以其认缴的出资额为限对公司承担责任。有限公司由50个以下股东出资设立。有限公司的注册资本为在公司登记机关登记的全体股东认缴的出资额。股东可以依法用货币出资,也可以用实物、知识产权和土地使用权等可以用货币估价并可以依法转让的非货币财产作价出资。有限公司成立后,向股东签发出资证明书。有限公司置备股东名册,记载于股东名册的股东,依名册主张行使股东权利。股东之间可以相互转让其全部或者部分股权,股东向股东以外的人员转让股权,应经其他股东过半数同意。其他股东半数以上不同意转让的,不同意的股东应当购买该转让的股权;不购买的,视为同意转让。经股东同意转让的股权,在同等条件下,其他股东有优先购买权。

《中华人民共和国公司法》(以下简称《公司法》)将一人有限责任公司和国有独资公司划归有限责任公司,并予以下特别规定:

1)一人有限责任公司,指只有一个自然人股东或者一个法人股东的有限责任公司。一个自然人只能投资设立一个一人有限责任公司,该一人有限责任公司不能投资设立新的一人有限责任公司。一人有限责任公司应当在公司登记中注明自然人独资或者法人独资,并在公司营业执照中载明。一人有限责任公司不设股东会。一人有限责任公司的股东不能证明公司财产独立于股东自己财产的,应当对公司债务承担连带责任。

2)国有独资公司,指国家单独出资,由国务院或者地方人民政府授权本级人民政府国有资产监督管理机构履行出资人职责的有限责任公司。国有独资公司是一人公司,不设股东会,由国有资产监督管理机构行使股东会职权。

（2）股份有限公司

股份有限公司简称股份公司，是指将公司全部资本分为等额股份，股东以其认购的股份为限对公司承担责任，公司以其全部财产对公司的债务承担责任的公司。股份公司的设立，可以采取发起设立或者募集设立的方式。发起设立是指由发起人认购公司应发行的全部股份而设立公司，在发起人认购的股份缴足前，不得向他人募集股份，因此在其发行新股前，其全部股份都由发起人持有，公司的全部股东都是设立公司的发起人。募集设立是指由发起人认购公司应发行股份的一部分，其余股份向社会公开募集或者向特定对象募集而设立公司。以募集设立方式设立股份公司的，在公司设立时，认购公司应发行股份的人不仅有发起人，而且还有发起人以外的人，因此法律对采用募集设立方式设立的公司规定了较为严格的程序。

设立股份公司应当有2人以上200人以下为发起人，其中须有半数以上的发起人在中国境内有住所。股份公司采取发起设立方式设立的，注册资本为在公司登记机关登记的全体发起人认购的股本总额，股份公司采取募集方式设立的，注册资本为在公司登记机关登记的实收股本总额。以发起设立方式设立股份公司的，发起人应当书面认足公司章程规定其认购的股份，并按照公司章程规定缴纳出资，以非货币财产出资的，应当依法办理其财产权的转移手续。以募集设立方式设立股份公司的，发起人认购的股份不得少于公司股份总数的35%，发行人向社会公开募集股份，必须公告招股说明书，并制作认股书，认股人按照所认购股数缴纳股款。

股份公司的资本划分为等额股份，股份采取股票的形式。股票是公司签发的证明股东所持股份的凭证。股份的发行实行公平、公正的原则，同种类的每一股份应当具有同等权利。同次发行的同种类股票，每股的发行条件和价格应当相同。股票发行价格可以按票面金额，也可以超过票面金额，但不得低于票面金额。股票采用纸面形式或者国务院证券监督管理机构规定的其他形式。公司发行的股票，可以为记名股票，也可以为无记名股票。公司向发起人、法人发行的股票，应当为记名股票，公司发行记名股票的，应当置备股东名册；发行无记名股票的，公司应当记载其股票数量、编号及发行日期。

总之，有限公司与股份公司的主要区别在于以下几方面：

1）有限公司中，每个股东以其认缴的出资额对公司承担有限责任，公司以其全部资产对其债务承担责任；以出资证明书证明股东出资份额；不能发行股票，不能公开募股；股东的出资不能随意转让；财务不必公开。

2）股份公司中，资本划分为等额股份；通过发行股票筹集资本；股东以其所认购的股份对公司承担责任，公司以其全部资产对公司债务承担责任；股票可以自由转让；财务公开，尤其是上市公司，财务必须公开。

1.3.1.2　施工企业内部财务管理方式

企业内部的财务管理方式，主要是规定企业组织内部各项财务活动的运行方式，确定企业组织内部各级职能部门之间的财务关系。企业内部的财务管理方式应从行业特点、业务类型、企业规模等实际情况出发，应有利于提高财务管理效率。企业内部的财务管理大体有集权制和分权制两种方式。小型企业通常采取一级集权管理方式，由企业统一安排资金、处理收支、核算成本和盈亏；企业所属单位一般只负责登记和管理所使用的财产物资，记录直接开支的费用。大中型企业则通常采取二级分权管理方式。企业一级单位负责统一安排资金、处理收支、核算成本和盈亏；企业所属二级单位一般要负责部分资金的管理，核算相关成本，有的还要计算盈亏，进行内部往来的计价结算，并按核定的指标定期考核计划的完成情况。

劳动密集型的建筑施工企业，尤其是建筑工程总承包企业，往往实行分权制形式的"公司—分公司—项目经理部—作业队"四个层级的管理模式（集团公司为五个层级的管理），项目经理部作为二级核算组织，拥有相对独立的项目资金使用自主权和项目经营自主权。各项目经理部在公司内部银行设立独立的资金账户，在保证按项目目标管理责任书的有关约定完成各项上缴费用的前提下，项目经理部对其账户下的工程款拥有完全的自主使用权，公司一般不得越权拆借支配。在公司授权范围内，项目经理部有权与业主及有关单位部门洽谈施工合同及设计变更、工期顺延、工程索赔等相关事宜；按照项目目标管理责任书的要求，项目经理部拥有承建项目的施工生产指挥权、技术质量管理权、施工进度控制权、建筑材料采购权以及项目成本核算等权力；项目经理部有权自主决定完成各项承包指标后施工项目剩余利润的分配和本项目经理部成员的薪酬及奖励办法。

企业内部的财务管理机构要分工明确、职权到位、责任清楚。在小型企业，可以不单独设置财务管理机构，财务工作附属于会计部门。在大中型企业，一般应单独设置财务管理机构，全面负责企业的财务管理。典型的财务管理机构设置是由一名分管财务的副总经理直接向总经理报告，财务副总经理下辖财务部经理和会计部经理。财务部经理负责资本筹集、使用和股利分配；会计部经理负责会计事务和税务核算方面的工作。公司制企业的财务组织机构如图1-1所示。

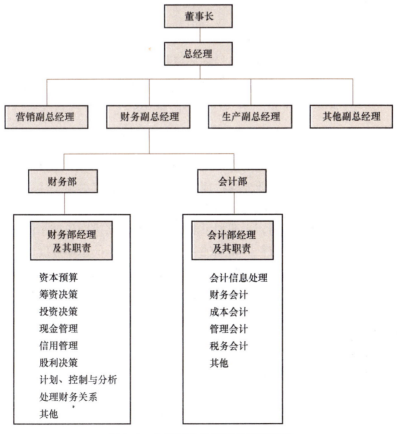

图1-1　公司制企业的财务组织机构

1.3.2 施工企业财务管理的外部环境

施工企业财务管理的外部环境是指存在于施工企业外部并对财务活动产生影响的客观因素。企业从事财务管理工作所面临的外界局势、境况和条件，就是财务管理外部环境，换言之，财务管理的外部环境是非财务因素制约企业实现财务管理目标的客观条件。它存在于财务管理系统之外，但与财务管理系统有着直接、间接联系，是企业外部各种影响因素的总和。财务管理的外部环境是一定范围内所有企业都会共同面临，从而不可回避的。财务管理的外部环境影响最大的是政治环境、法律环境和经济环境。

1.3.2.1 政治环境

一个国家的政治环境会对企业的财务管理决策产生至关重要的影响，和平稳定的政治环境有利于企业的中、长期财务规划和资金安排。政治环境主要包括社会的安定和谐程度，政府制定的各种经济政策的连续性、稳定性，以及政府机构的管理水平、办事效率等。

1.3.2.2 法律环境

财务管理的法律环境是指企业处理财务关系时所应遵循的各种法律、规章和制度等约束条件。国家管理企业经济活动和经济关系的手段包括行政手段、经济手段和法律手段三种。随着改革不断深化，行政手段逐步减少，而其他两个手段，特别是法律手段日益增多，从而使越来越多的经济关系和经济活动的准则用法律的形式固定下来。与企业财务管理活动有关的法律规范主要有企业组织法规、税收法规和财务法规等，这些法规是影响财务主体的财务机制运行的重要约束条件。

1.3.2.3 经济环境

在影响财务管理的各种外部环境中，经济环境是最为重要的。经济环境是指施工企业在进行财务管理时所面临的宏观经济状况。经济环境的内容非常广泛，主要包括经济发展水平及增长状况、经济周期、宏观经济政策、产业及行业状况、通货膨胀、金融市场、建筑市场等。

1. 经济发展水平及增长状况

经济增长表现为一个国家经济能力的扩大，即一个国家实际国民生产总值增长的状况。在经济飞速发展的宏观态势下，企业要维持现有的市场地位，就必须关注经济总体增长指标并努力保持个体较快的增长速度。同时，经济增长也通常是企业扩张的一个有利条件。许多发达国家企业的成长历史都已证明，企业如果能够抓住经济高速增长带来的机遇，实施投资扩张战略，就能顺应潮流而快速成长。相应地，如果经济增长的总体速度已经放慢，企业成长的机会也就因此而减少，企业投资扩张就应更为慎重。对于我国施工企业而言，在国民经济稳定增长的情况下，市场扩大、需求增加，企业的发展机会就多，建筑行业就会有较大的发展；反之，在国民经济发生停滞或退减的情况下，企业的发展机会就少。

2. 经济周期

市场经济条件下，经济发展与运行带有一定的波动性。经济周期是指整个国民经济活动中所出现的由扩张到收缩的循环往复，它具体分为繁荣、衰退、萧条和复苏四个阶段。

1）繁荣阶段：扩张规模，扩充存货，扩大营销，扩招雇员，提升价格，实施规划。

2）衰退阶段：停止扩张，削减存货，停止长期采购，不再招募雇员，处理多余设备，收缩产品种类。

3）萧条阶段：紧缩投资，清理存货，缩减开支，裁减雇员，放弃次要利益，维持市场份额。

4）复苏阶段：增加厂房设备，实行长期租赁，恢复建仓存货，引入新产品，增加劳动力。

一般来讲，经济萧条给企业财务管理带来的最直接的问题就是因经营额的骤减而出现短期资金缺口问题。因此，短期筹资和短期投资的管理便成为经济衰退时期最为主要的财务管理问题。经济周期的客观存在业已为越来越多的经济学家所证实，我国经济的发展过程也同样表现出明显的周期波动。经济周期的不同阶段给企业带来不同的机遇或挑战，这就要求企业把握其一般规律，设计及时应对的财务策略。经济发展的周期波动不仅有短程周期、中程周期和长程周期差异，而且还有总量周期波动与产业及行业周期波动的差别。所以，各周期阶段应采取的财务战略及策略的实施时间、力度以及持续时间等都应以具体经济周期的特征为判断、分析的前提。

3. 宏观经济政策

不同的宏观经济政策的实施和变动，都会直接影响着企业财务管理活动。财税政策会影响企业的资金结构和投资项目的选择，货币政策中的货币发行量、信贷规模会影响企业投资的资金来源和投资的预期收益，国民经济发展规划和国家产业政策会使企业所属行业受到鼓励或制约发展的影响，价格政策会影响资金的投向和投资的回收期与预期收益等。这就要求企业财务人员研究经济政策的调整对财务活动产生的影响，按照政策导向行事，趋利除弊，更好地实现企业的财务管理目标。

4. 产业及行业状况

企业财务管理的产业及行业状况主要包括以下几个方面：

1）行业寿命周期。行业寿命周期是行业现状和未来前景的重要制约因素。

2）行业规模结构。这包括行业的总体规模（生产能力）与社会对本行业产品总需求之间的平衡关系，以及行业集中度等。

3）政府产业政策导向。政府产业政策导向即政府对某一特定产业部门及特定行业所持的态度，以及由此决定的具体产业政策。

4）行业内的竞争结构。按照美国著名战略学家迈克尔·波特（Michael Porter）的观点，一个行业的激烈竞争，其根源在于其内在的经济结构。一个行业中存在五种基本的竞争力量，即新进入者的威胁、行业中现有企业间的竞争、替代品及服务的威胁、供应者讨价还价的能力、用户讨价还价的能力。这五种基本竞争力量的现状、消长趋势和综合强度，决定了行业竞争的激烈程度和行业的获利能力。行业内的竞争结构特点和企业在其中的地位，在很大程度上决定了企业财务战略模式的选择。

5. 通货膨胀

通货膨胀是现代经济生活中普遍存在的现象。通货膨胀对企业财务管理活动的影响主要表现在以下几点：

1）由于原材料价格上涨、囤积物资、债权资产膨胀、积压滞销等原因，导致普遍的流动资金需求膨胀以及投资饥渴导致长期资金需求膨胀。

2）引起企业利润虚增，企业资金流失。

3）引起借款利率上升，加大企业的筹资成本。

4）引起企业有价证券价格下降，增加企业的筹资难度。

5）政府紧缩银根，银行信贷风险增大，投机领域吸引大量资金，导致资金供给的相对不足等。

企业应采取措施以减少通货膨胀对企业的不利影响，如在通货膨胀的初期，企业可与客户签订长期购货合同，减少物价上涨带来的损失；在通货膨胀的持续期，可调整企业的财务策略，防止和减少企业的资本流失等。

6. 金融市场

金融市场是指资金融通的场所。金融市场有狭义和广义之分。狭义的金融市场一般指有价证券市场。广义的金融市场是指一切资本流动的场所，包括实物资本和货币资本的流动。这里所讲的金融市场指的是广义的金融市场。

金融市场的交易对象是金融商品，即货币资金和有价证券等金融工具，是一种不能直接进入生活消费或生产消费的特殊商品。它是由资金供求者、信用工具及信用中介三大要素组成的。金融市场的资金供求者主要有金融机构、政府、工商企业、经纪人、家庭或个人。金融市场的信用工具包括公债、国库券、股票、公司债券、借款合同、抵押契约等。金融市场的信用中介是指资金融通过程中，在资金供求者之间起媒介作用的人和金融机构，包括商业银行、保险公司、投资公司、财务公司、证券公司等。资金的供应者与需求者之间，通过中介机构作媒介而进行的间接融资方式，以银行信用为保证，克服了以商业信用直接融资的风险性与局限性，因而成为主要的资金融通方式，被广泛应用。

金融市场按融通资金的时间期限划分，一般可分为货币市场和资本市场。货币市场也称短期资金市场，是指经营一年期以下的短期资金交易的市场。货币市场主要有短期借贷市场、短期债券市场、票据承兑与贴现市场。资本市场又称长期资金市场，是指经营一年期以上长期资金交易的市场。长期资金市场主要有长期借贷市场、长期债券市场和股票市场。

此外，金融市场还可按其他标准划分类别，如按市场的交易过程划分，可分为一级市场与二级市场。一级市场是股票、债券等有价证券的发行市场，又称初级市场。二级市场是各种有价证券的流通市场，也称为次级市场。按交易范围划分，可分为地方性市场、全国性市场和国际性市场。

金融市场与企业财务管理具有十分紧密的关系，金融市场的作用主要表现在以下几个方面。

（1）金融市场是企业筹资和投资的场所

企业需要资金时，可以到金融市场选择适合自己的方式筹资，如银行贷款、融资租赁、发行股票和债券等。企业有了剩余资金，也可以灵活选择投资方式，为其资金寻找出路，如银行存款、投资国债和购买股票等。

（2）企业可以通过金融市场使长短期资金互相转化

企业作为战略投资者持有的上市公司股票可以在完成持有期任务后在证券市场上卖出；持有的流通型企业债券可以随时转手变现，成为短期资金；远期票据可以通过贴现，变为现金；大额可转让定期存单，还可以在金融市场卖出，成为短期资金。与此对应，短期资金也可以在金融市场上转变为股票、债券等长期资产。

（3）金融市场可以为企业财务管理提供有用信息

金融市场的利率变动反映了资金的供求状况；有价证券的市价波动反映了投资者对企业

的经营状况和盈利水平的客观评价。因此，金融市场的动态信息是企业经营和投资、筹资决策系统的重要依据。

金融市场环境中的利率、汇率、通货膨胀率等具有特殊的支配作用，其中官方基准利率是国家中央银行协助政府调控国内经济发展的主要手段。金融市场上，利率是金融资产的价格，即资金使用权的价格。金融市场上的市场利率公式为

市场利率 = 纯粹利率 + 通货膨胀附加率 + 变现力附加率 + 违约风险附加率 + 到期风险附加率
(1-1)

1）纯粹利率。它是指无通货膨胀、无风险情况下的平均利率。纯粹利率受平均利润率、资金供求关系和国家宏观调控的影响。

2）通货膨胀附加率。由于通货膨胀会削弱货币购买力，并降低投资者的实际报酬率，因而确定市场利率时，通常将通货膨胀率计入数值，以补偿通货膨胀可能造成的损失。纯粹利率和通货膨胀附加率之和为无风险报酬率，通常以通货膨胀时的国库券利率表示。

3）变现力附加率。各种有价证券的变现能力是不同的，国库券和大型企业蓝筹股变现能力强；相反，一些小型公司的债券因鲜为人知而不易变现。因此，投资者要求以变现力附加率作为一种预计补偿。

4）违约风险附加率。这里的违约是指借款人未能按时支付利息或未如期偿还本金。一般来说，信用等级越低，违约风险越大，债权人要求的利率越高。

5）到期风险附加率。它是指因到期时间长短不同而形成的利率差别。一般来说，长期贷款或长期债券因利率波动而造成价格波动的机会多且大，因此就要求比短期贷款或短期债券预留更多的补偿余地。

7. 建筑市场

施工企业一切活动的出发点、活动过程的落脚点，都离不开建筑市场。施工企业的经营对象、资源和信息、压力和动力，无不产生于市场；施工企业的交易行为、生产活动、关系纽带和利益谋求等，都是市场行为。建筑市场为施工企业提供了优化配置资源的基础；建筑市场为施工企业的发展提供了供求参照规律；建筑市场所要求的市场规则为施工企业提供了良好的约束机制。总之，建筑市场为施工企业的生存与发展，提供了充要条件。施工企业要以建筑市场环境为导向，依靠政策、法规正常开展经营活动，不断调整自身的机能、战略和策略，确定目标市场和经营目标，规范和提高自身能力，增强企业的活力与竞争力。

本章小结

施工企业财务管理是施工企业组织财务活动、处理财务关系的一系列经济管理工作。施工企业资金的筹集、投放、运营、耗费、收回和分配等一系列资金运作行为，构成了施工企业的财务活动。资金运动的循环与周转体现出财务活动的常规状态。施工企业组织财务活动过程中与内外各方所维系的经济利益关系，构成了施工企业的财务关系。施工企业必须处理好与国家税务机关及行政管理部门之间，与所有者和接受股权投资者之间，与债权人和债务人之间，与业主方、承包方及中介组织之间以及企业内部的财务关系。

施工企业财务管理包括筹资决策、投资决策和收益分配决策三大基本内容。财务管理的目标是组织财务管理活动、处理财务关系，开展财务工作所要达到的根本目的。财务管理的

目标既是财务管理工作的始点和归宿,也是财务管理方法赖以实施和财务决策有效评价的共同指南。一般来说,企业财务管理的目标应该表述为在维护社会利益的前提下,实现企业价值最大化。企业财务管理的具体目标可以概括为提高企业的获利能力、支付能力、营运能力以及成长能力。财务管理环节是指企业财务管理的一般步骤和循环程序,具体包括财务预测、财务决策、财务计划、财务控制和财务分析等。

财务管理环境是企业开展财务活动的多种影响因素的集合,也是企业财务管理赖以生存的土壤。财务管理环境可以归纳为内部(微观)环境和外部(宏观)环境两部分。施工企业财务管理的内部环境中企业的组织形式是最主要的因素。财务管理外部环境影响最大的是政治环境、法律环境、经济环境。

复习思考题

1. 如何理解施工企业财务管理的含义?
2. 简述施工企业财务活动和财务关系的内容。
3. 简述企业资金运动规律的主要表现。
4. 什么是财务管理目标?为什么不宜以"利润最大化"作为企业财务管理的目标?
5. 财务管理具体包括哪几大环节?
6. 什么是财务管理环境?
7. 金融市场对企业财务管理的作用主要表现在哪几个方面?
8. 金融市场上市场利率构成因素的表达式是什么?

第 2 章 施工企业财务管理的价值观念

[学习目标]

- 全面、深刻地理解财务管理的价值观念
- 掌握货币时间价值的概念，以及货币时间价值不同的计算形式
- 掌握风险的概念及种类、风险和报酬的关系及风险的衡量方法，并能够在财务管理工作中，熟练地运用货币时间价值和风险价值观念

2.1 货币时间价值

货币时间价值正确地揭示了不同时点上资金之间的换算关系，是财务决策的基本依据。

2.1.1 货币时间价值的含义

货币时间价值是指货币经历一定时间的投资和再投资所增加的价值，也称资金时间价值。

在市场经济条件下，即使不存在通货膨胀，等量资金在不同时点上的价值量也不相等，今天的1元钱和将来的1元钱不等值，前者要比后者的价值大一些。例如，将现在的1元钱存入银行，1年后可得到1.10元（假设存款利率为10%）。可见，经过1年的时间，这1元钱发生了0.1元的增值，今天的1元钱和1年后的1.10元钱等值。人们将资金在使用过程中随时间的推移而发生增值的现象，称为资金具有时间价值的属性。

货币投入生产经营过程后，其数额随着时间持续不断地增长，这是一种客观的经济现象。企业资金循环和周转的起点是投入货币资金，企业用它来购买所需的资源，然后生产出新的产品，产品出售时得到的货币量大于最初投入的货币量。货币的循环和周转以及因此实现的货币增值，需要或多或少的时间。每完成一次循环，货币就增加一定数额，周转次数越多，增值额也就越大。因此，随着时间的延续，货币总量在循环和周转中按几何级数增长，使得货币具有时间价值。

通常情况下，货币时间价值是没有风险和通货膨胀情况下的社会平均资金利润率，这是利润平均化规律作用的结果。由于时间价值的计算方法同有关利息的计算方法相同，因而时间价值与利率容易被混为一谈。实际上，财务管理活动或多或少地存在风险，而通货膨胀也是市场经济中客观存在的经济现象。因此，利率不仅包含时间价值，而且也包含风险价值和通货膨胀的因素。只有在购买国库券等政府债券时几乎没有风险，如果通货膨胀率很低的话，可以用政府债券利率来表现货币时间价值。

2.1.2 货币时间价值在施工企业财务管理中的作用

1. 货币时间价值是进行筹资决策的重要依据

在短期筹资决策中，短期借款筹资方式的选择、应付账款筹资方式以及票据贴现筹资方式的利用等，都涉及货币时间价值的计量。

在长期筹资决策中，一般都要计算资金成本。资金成本与货币时间价值之间有着密切的联系。首先，资金成本从筹资一方来看是筹资所付出的代价，但从投资一方来看是投资应得的报酬。筹资一方应付多少代价，投资一方应得多少报酬，主要决定于货币时间价值。当然，实际的资金成本还取决于风险价值等其他因素。其次，资金成本的计算应考虑货币时间价值并采用贴现方法确定。

在长期筹资决策中，会遇到还本方式、付息方式的选择，需要将各期现金流出量换算成现值，因此，也属于应用货币时间价值计量和比较的形式。

2. 货币时间价值是进行投资决策的重要依据

在短期投资决策中，货币时间价值的计算通常用机会成本来反映。例如，现金的持有量决策、应收账款的投资决策等，都存在着机会成本的计算问题。只有考虑货币时间价值，正确地计算机会成本，才能正确地进行短期投资决策。

在长期投资决策中，考虑货币时间价值的动态分析方法已经处于主要地位。不论是分析投资项目经济上是否可行，还是分析比较投资项目经济上的优劣，都需要将投资项目的现金流出量和现金流入量按时间价值率（及附加的风险率）换算成现值，才能做出进一步的经济评价。

综上所述，货币时间价值的作用贯穿于施工企业财务管理的过程，是施工企业进行投资决策和筹资决策的重要依据。

2.1.3 货币时间价值的计算

在施工企业财务管理中，要正确进行筹资决策、投资决策和经营决策，就必须弄清楚在不同时点上收到或付出的资金价值之间的数量关系，掌握各种终值和现值的计算方法。

1. 终值与现值

终值又称将来值，是指现在一定量现金在将来某一时点上的价值，俗称本利和。例如，年初存入银行一年定期存款 10 000 元，年利率为 10%，一年后的本利和 11 000 元即为终值。

现值又称本金，是指未来某一时点上的一定量现金折合为现在的价值。例如，上面提到的一年后的 11 000 元折合到现在的价值是 10 000 元，这 10 000 元即为现值。

终值与现值的计算涉及利息计算方式的选择，目前有两种利息计算方式，即单利和复利。

（1）单利终值和现值的计算

单利是指只就本金计算利息的方法。按照这种方法，不管利息期有多长，利息都不加入到本金中去再计算利息，即本金始终不变。其计算公式为

第2章 施工企业财务管理的价值观念

$$F = P + Pin = P(1+in)$$
$$P = \frac{F}{1+in} \qquad (2-1)$$

式中　P——现值；
　　　F——终值；
　　　i——每一利息期的利率（折现率）；
　　　n——计息期数。

[例2-1]　某企业从银行获得一笔贷款，金额为100 000元，贷款期限为3年。贷款年利率为8%，到期一次还本付息，则该企业到期应归还的本利和为多少？

$$F = P(1+in) = 100\,000\,元 \times (1 + 8\% \times 3) = 124\,000\,元$$

[例2-2]　某企业希望在5年后取得本利和10 000元，用以支付一笔款项，则在年利率为6%，单利方式计算条件下，现在需要存入银行的资金为多少？

$$P = F \div (1+in) = 10\,000\,元 \div (1 + 6\% \times 5) = 7\,692.31\,元$$

（2）复利终值和现值的计算

复利是指利息再生利息，也就是说，每经过一个计息期，要将所生利息加入本金再计利息，逐期滚算，俗称"利滚利"。这里所说的计息期，是指相邻两次计息的时间间隔，如年、月、日等。除非特别指明，一般计息期为1年。

现代财务管理中一般用复利方式计算终值与现值，即通常所说的复利终值和复利现值。

1）复利终值的计算。复利终值是指一定量的本金按复利计算若干期后的本利和。

[例2-3]　某企业将10 000元存放于银行，年存款利率为5%，则经过1年时间的本利和为

$$F = P + Pi = P(1+i)$$
$$= 10\,000\,元 \times (1 + 5\%) = 10\,500\,元$$

如果企业并不提走现金，将10 500元继续存在银行，则第2年本利和为：

$$F = P(1+i)(1+i) = P(1+i)^2$$
$$= 10\,000\,元 \times (1 + 5\%)^2 = 11\,025\,元$$

同理，第3年的本利和为：

$$F = P(1+i)^2(1+i) = P(1+i)^3$$
$$= 10\,000\,元 \times (1 + 5\%)^3 = 11\,576\,元$$

第n年的本利和为：

$$F = P(1+i)^n \qquad (2-2)$$

式中的$(1+i)^n$通常称为复利终值系数，用符号$(F/P, i, n)$表示。例如，本例中$(F/P, 5\%, 3)$表示利率为5%的3年期复利终值系数。复利终值系数可以通过查阅"附录A　复利终值系数表"直接获得。

[例2-4]　某企业在银行存入5年期定期存款5 000元，年利率为6%，5年后的本利和为：

$$F = P(1+i)^n = 5\,000\,元 \times (1 + 6\%)^5$$
$$= 5\,000\,元 \times (F/P, 6\%, 5)$$
$$= 5\,000\,元 \times 1.338\,2 = 6\,691\,元$$

2）复利现值的计算。复利现值是复利终值的对称概念，是指未来一定时间的特定资金按复利计算的现在价值，或者说是为了取得将来一定本利和现在所需要的本金。其计算公式为

$$P = F(1+i)^{-n} \tag{2-3}$$

式中的 $(1+i)^{-n}$ 通常称为复利现值系数，用符号 $(P/F, i, n)$ 表示。复利现值系数可以通过查阅"附录B 复利现值系数表"直接获得。

[**例2-5**] 某企业拟在3年后获得本利和50 000元，假设投资报酬率为10%，现在应投入多少元？

$$\begin{aligned} P &= F(1+i)^{-n} = 50\ 000\ 元 \times (1+10\%)^{-3} \\ &= 50\ 000\ 元 \times (P/F, 10\%, 3) \\ &= 50\ 000\ 元 \times 0.751\ 3 = 37\ 565\ 元 \end{aligned}$$

以上所述的终值和现值都是为了在某一特定时点上一次性支付（或收回），相隔一段时间相应地一次性收取（或支付）的款项。

2. 年金终值和现值

年金是指一定时期内，每间隔相同时间所收付的等额款项，即定时等额系列收付款项。年金按其每次发生的时点不同，可分为普通年金、即付年金、递延年金和永续年金等几种。

年金的形式多种多样，如保险费、养老金、折旧、租金、等额分期收款、等额分期付款以及零存整取、整存零取等。

（1）普通年金终值和现值的计算。

普通年金是指从第1期起，在一定时期内每期期末等额发生的系列收付款项，又称后付年金。普通年金的收付形式如图2-1所示。图中横线代表时间的延续，用数字标出各期的顺序号；竖线的位置表示支付的时刻，竖线下端数字表示支付的金额。

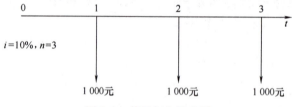

图2-1 普通年金示意图

1）普通年金终值的计算。普通年金终值是指其最后一次收付时的本利和，它是每次收付的复利终值之和。例如，按照图2-1中的数据，其第3期期末的普通年金终值的计算如图2-2所示。

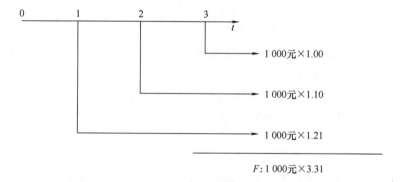

图2-2 普通年金终值计算示意图

第2章 施工企业财务管理的价值观念

如果年金的期数较多,运用上述方法计算年金终值就相当烦琐。由于每年支付金额相等,折算终值的系数又是有规律的,所以可以找出简便的计算方法。

设每年的支付金额为 A,利率为 i,期数为 n,则按复利计算的普通年金终值 F 为

$$F = A + A(1+i) + A(1+i)^2 + \cdots + A(1+i)^{n-1} \tag{2-4}$$

将式(2-4)两边同乘 $(1+i)$ 得:

$$F(1+i) = A(1+i) + A(1+i)^2 + \cdots + A(1+i)^n \tag{2-5}$$

将式(2-5)减去式(2-4)得:

$$F(1+i) - F = A(1+i)^n - A$$

$$F = A \frac{(1+i)^n - 1}{i} \tag{2-6}$$

式中的 $\frac{(1+i)^n - 1}{i}$ 称为年金终值系数,记作 $(F/A, i, n)$,可以通过查阅"附录C 年金终值系数表"求得有关数值。上式也可写为 $F = A(F/A, i, n)$。

[例2-6] 某项目在5年建设期内每年年末从银行借款100万元,借款年利率为8%,则该项目竣工时应付本息的总额为

$$F = A \frac{(1+i)^n - 1}{i} = 100 \, 万元 \times \frac{(1+8\%)^5 - 1}{8\%}$$

$$= 100 \, 万元 \times (F/A, 8\%, 5)$$

$$= 100 \, 万元 \times 5.8666 = 586.66 \, 万元$$

[例2-7] 某企业拟在5年后还清一笔20 000元的债务,从现在起每年年末等额存入一笔款项,假设年利率为5%,则每年应存入多少钱?

$$A = F \frac{i}{(1+i)^n - 1} = F \frac{1}{(F/A, i, n)}$$

$$= \frac{20\,000 \, 元}{(F/A, 5\%, 5)} = \frac{20\,000 \, 元}{5.5256} = 3\,619.52 \, 元$$

例2-7中是已知年金终值 F 求年金 A,其中 $\frac{i}{(1+i)^n - 1}$ 是年金终值系数的倒数,称为偿债基金系数,用符号表示为 $(A/F, i, n)$。

偿债基金是指为了在约定未来某一时点清偿某笔债务或积累一定数额的资金而必须分次等额提取的存款准备金,也就是为使年金终值达到既定金额,每年年末应收付的年金数额。偿债基金的计算实际上是年金终值的逆运算。其计算公式为

$$A = F(A/F, i, n) \tag{2-7}$$

或

$$A = F \frac{1}{(F/A, i, n)} \tag{2-8}$$

2)普通年金现值的计算。普通年金现值是指为在每期期末收付相等金额的款项,现在需要投入或收取的金额。

假设每期期末等额收取(或支付)款项为 $A = 1\,000$ 元,$i = 10\%$,$n = 3$,则普通年金现值的计算如图2-3所示。

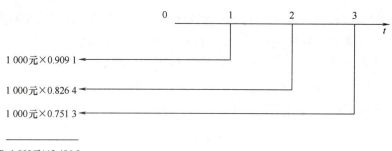

图 2-3 普通年金现值计算示意图

$$P = 1\,000\,\text{元} \times (1+10\%)^{-1} + 1\,000\,\text{元} \times (1+10\%)^{-2} + 1\,000\,\text{元} \times (1+10\%)^{-3}$$
$$= 1\,000\,\text{元} \times 0.909\,1 + 1\,000\,\text{元} \times 0.826\,4 + 1\,000\,\text{元} \times 0.751\,3$$
$$= 1\,000\,\text{元} \times 2.486\,8$$
$$= 2\,486.8\,\text{元}$$

由此可以推出普通年金现值的一般公式如下：

$$P = A(1+i)^{-1} + A(1+i)^{-2} + \cdots + A(1+i)^{-n} \tag{2-9}$$

等式两边同乘 $(1+i)$

$$P(1+i) = A + A(1+i)^{-1} + \cdots + A(1+i)^{-(n-1)} \tag{2-10}$$

将式 (2-10) 减去式 (2-9) 得：

$$P(1+i) - P = A - A(1+i)^{-n}$$

$$P = A\frac{1-(1+i)^{-n}}{i} \tag{2-11}$$

式中的 $\frac{1-(1+i)^{-n}}{i}$ 称为年金现值系数，记作 $(P/A, i, n)$，可以通过查阅"附录 D 年金现值系数表"求得有关数值。上式也可写作：$P = A(P/A, i, n)$。

[例 2-8] 某企业对一项目进行投资，预计今后 5 年内每年年末可以从被投资方分得收益 200 万元，若折现率按年利率 10%计算，则企业现在所能接受的投资额为：

$$P = A\frac{1-(1+i)^{-n}}{i} = 200\,\text{万元} \times \frac{1-(1+10\%)^{-5}}{10\%}$$
$$= 200\,\text{万元} \times (P/A, 10\%, 5)$$
$$= 200\,\text{万元} \times 3.790\,8 = 758.16\,\text{万元}$$

[例 2-9] 某企业现在借 100 万元的贷款，在 10 年内以年利率 8%等额偿还，则每年应付的金额为：

$$A = P\frac{i}{1-(1+i)^{-n}} = P\frac{1}{(P/A, i, n)} = 100\,\text{万元} \times \frac{1}{(P/A, 8\%, 10)}$$
$$= 100\,\text{万元} \times \frac{1}{6.710\,1} = 14.90\,\text{万元}$$

式中的 $\frac{i}{1-(1+i)^{-n}}$ 是普通年金现值系数的倒数，称为资本回收系数，用符号 $(A/P, i, n)$ 表示。

例 2-9 是在已知年金现值的条件下求年金 A，所求年金 A 称为年资本回收额，是指在约

定的年限内等额回收的初始投入资本额。因此，年资本回收额的计算公式可列为

$$A = P(A/P, i, n) \tag{2-12}$$

或

$$A = P \frac{1}{(P/A, i, n)} \tag{2-13}$$

（2）即付年金终值和现值的计算

即付年金是指在每期期初收付的年金，又称预付年金或先付年金。即付年金与普通年金的区别仅在于收付款时间的不同。

n 期即付年金与 n 期普通年金的关系如图2-4所示。

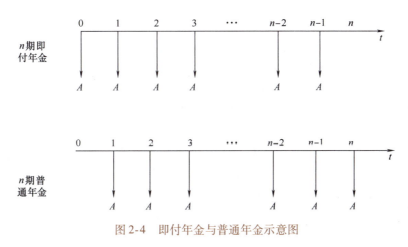

图 2-4 即付年金与普通年金示意图

1）即付年金终值的计算。即付年金终值是其最后一期期末时的本利和，是各期收付款项的复利终值之和。

从图2-4可以看出，n 期即付年金与 n 期普通年金的付款次数相同，但由于其付款时间不同，n 期即付年金终值比 n 期普通年金的终值多计算一期利息。因此，在 n 期普通年金终值的基础上乘上 $(1+i)$ 就是 n 期即付年金的终值。其计算公式为

$$\begin{aligned} F &= A \frac{(1+i)^n - 1}{i}(1+i) \\ &= A\left[\frac{(1+i)^{n+1} - 1}{i} - 1\right] \end{aligned} \tag{2-14}$$

式中的 $\left[\frac{(1+i)^{n+1} - 1}{i} - 1\right]$ 是即付年金终值系数，它是在普通年金终值系数的基础上，期数加1，系数值减1所得的结果。通常记作 $[(F/A, i, n+1) - 1]$。通过查阅"附录C 年金终值系数表"可得 $(n+1)$ 期的值，然后减去1，便可得到对应的即付年金终值系数的值。可用如下公式计算即付年金的终值：

$$F = A[(F/A, i, n+1) - 1] \tag{2-15}$$

[例2-10] 某公司决定连续5年于每年年初存入100万元作为住房基金，银行存款利率为6%。则该公司在第5年年末能一次取出的本利和为：

$$F = A[(F/A, i, n+1) - 1] = 100 \text{万元} \times [(F/A, 6\%, 6) - 1]$$
$$= 100 \text{万元} \times (6.9753 - 1) = 597.53 \text{万元}$$

2）即付年金现值的计算。即付年金现值是各期期初收付款项的复利现值之和。如前所

述，n 期即付年金现值与 n 期普通年金现值的期限相同，但由于其付款时间不同，n 期即付年金现值比 n 期普通年金现值少折现一期。因此，在 n 期普通年金现值的基础上乘以 $(1+i)$，便可求出 n 期即付年金的现值。其计算公式如下：

$$P = A\left[\frac{1-(1+i)^{-n}}{i}\right](1+i)$$

$$= A\left[\frac{1-(1+i)^{-(n-1)}}{i} + 1\right] \qquad (2\text{-}16)$$

式中的 $\left[\frac{1-(1+i)^{-(n-1)}}{i} + 1\right]$ 是即付年金现值系数，它是在普通年金系数的基础上，期数减 1，系数加 1 所得的结果。通常记作 $[(P/A,i,n-1)+1]$。通过查阅"附录 D 年金现值系数表"可得 $(n-1)$ 期的值，然后加 1，便可得到对应的即付年金现值系数的值。可用如下公式计算即付年金的现值：

$$P = A[(P/A,i,n-1)+1] \qquad (2\text{-}17)$$

[**例 2-11**] 某企业租入一台设备，若每年年初支付租金 10 000 元，年利率为 6%，则 5 年租金的现值为：

$$P = A[(P/A,i,n-1)+1] = A[(P/A,6\%,5-1)+1]$$
$$= 10\ 000\ 元 \times (3.465\ 1 + 1) = 44\ 651\ 元$$

（3）递延年金终值和现值的计算

递延年金是指第一次收付款项发生时间与第一期无关，而是隔若干期后才开始发生的系列等额收付款项，它是普通年金的特殊形式，凡是不从第一期开始的年金都是递延年金。递延年金的形式如图 2-5 所示。

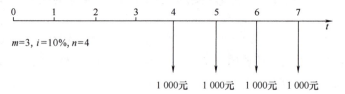

图 2-5 递延年金示意图

从图 2-5 可以看出，前 3 期没有支付，一般用 m 表示递延期数，图中 $m=3$。第一次支付在第 4 期期末，连续支付 4 次，即 $n=4$。

递延年金终值的计算方法与普通年金终值的计算方法相似，即

$$F = A(F/A,i,n) = 1\ 000\ 元 \times (F/A,10\%,4)$$
$$= 1\ 000\ 元 \times 4.641\ 0 = 4\ 641\ 元$$

递延年金现值的计算方法有两种。

第一种方法：把递延年金视为 n 期普通年金，求出递延期末的现值，然后再将此现值调整到第一期期初（即图 2-5 中 0 的位置）。

$$P_3 = A(P/A,i,n) = 1\ 000\ 元 \times (P/A,10\%,4)$$
$$= 1\ 000\ 元 \times 3.169\ 9 = 3\ 169.9\ 元$$
$$P_0 = P_3(P/F,i,m) = 3\ 169.9\ 元 \times (P/F,10\%,3)$$
$$= 3\ 169.9\ 元 \times 0.751\ 3 = 2\ 381.6\ 元$$

第二种方法：假设递延期中也进行支付，先求出（$m+n$）期的年金现值，然后，扣除实际并未支付的递延期（m）的年金现值，即可得出最终结果。

$$P_{m+n} = A(P/A, i, m+n) = 1\,000\,\text{元} \times (P/A, 10\%, 3+4)$$
$$= 1\,000\,\text{元} \times 4.868\,4 = 4\,868.4\,\text{元}$$
$$P_m = A(P/A, i, m) = 1\,000\,\text{元} \times (P/A, 10\%, 3)$$
$$= 1\,000\,\text{元} \times 2.486\,9 = 2\,486.9\,\text{元}$$
$$P_0 = P_{m+n} - P_m = 4\,868.4\,\text{元} - 2\,486.9\,\text{元} = 2\,381.5\,\text{元}$$

（4）永续年金的计算

永续年金是指无限期收付的年金，即一系列没有到期日的等额现金流，又称永久年金或终身年金。可视为普通年金的特殊形式，即期限趋于无穷的普通年金。现实中的存本取息可视为永续年金的一个例子。

永续年金没有终止的时间，也就没有终值。永续年金的现值可以通过普通年金现值的计算公式导出：

$$P = A\frac{1-(1+i)^{-n}}{i}$$

当 $n \to \infty$ 时，$(1+i)^{-n}$ 的极限为 0，故上式可写成：

$$P = \frac{A}{i} \tag{2-18}$$

[例 2-12] 某部门欲建立一永久性的希望工程助学金，每年计划提 10 000 元助学金，利率为 8%，现在应存入多少钱？

$$P = \frac{10\,000\,\text{元}}{8\%} = 125\,000\,\text{元}$$

3. 名义利率与实际利率

前面所述的复利计算都是按年度计息的，每年复利一次。但实际计息时间并非完全如此，有些款项在一年内不只复利一次。例如，有的抵押借款每月计息一次；有些债券每半年计息一次。当每年复利次数超过一次时，这样的年利率叫作名义利率，而每年只复利一次的利率才叫作实际利率。

在理论上，按实际利率每年复利一次计算的利息，应与按名义利率每年多次复利计算的利息是相等的，因此，对于一年内多次复利的情况，可采取两种方法计算时间价值。

方法一：按如下公式将名义利率调整为实际利率，然后按实际利率计算时间价值。

$$i = (1 + r/m)^m - 1 \tag{2-19}$$

式中　i——实际利率；

　　　r——名义利率；

　　　m——每年复利次数。

[例 2-13] 某施工企业于年初存入 10 万元，在年利率为 6%，半年复利一次的情况下，到第 10 年年末，该企业能得到多少本利和？

$$i = (1+r/m)^m - 1 = (1+6\% \div 2)^2 - 1 = 6.09\%$$
$$F = P(1+i)^{10} = 10\,\text{万元} \times (1+6.09\%)^{10} = 18.06\,\text{万元}$$

因此该施工企业于第 10 年年末可得本利和 18.06 万元。

这种方法的缺点是调整后的实际利率往往带有小数点，不利于查表。

方法二：不计算实际利率，而是相应调整有关指标，即利率变为 r/m，期数相应变为 mn。

[例 2-14] 承前例，用第二种方法计算本利和。

$$F = P(1+r/m)^{mn} = 10 \text{万元} \times (1+6\% \div 2)^{20} = 10 \text{万元} \times (F/P, 3\%, 20)$$
$$= 10 \text{万元} \times 1.806\ 1 = 18.06 \text{万元}$$

2.2 风险价值观念

货币时间价值是在没有风险和通货膨胀情况下的社会平均资金利润率。但企业投资往往是在有风险的情况下进行的。冒风险，就会期望得到相应的报酬。风险越大，期望得到的报酬就会越多。风险与报酬之间是相辅相成的。因此，当施工企业进行投资时，必须尽可能地减少风险或回避风险，最大限度地增加企业财富或提升企业价值。

2.2.1 风险和报酬的含义

1. 风险及其类别

（1）风险的概念

风险是个非常重要的财务概念，任何决策都有风险。理财活动中的风险与货币时间价值一样，也是一种客观存在，并对企业实现其财务管理目标有着重要的影响。

财务管理中的风险，一般是指一定条件下和一定时间内可能发生结果的不确定性。简单地说，如果做一件事有几种可能的结果就有风险；如果做一件事只能有一个预知的结果就没有风险。例如，同一笔资金如果用于买股票就有风险，如果将其购买国库券就没有风险。

与风险相联系的另一个概念是不确定性，即人们事先只知道采取某种行动可能形成的各种结果，但不知道它们出现的概率或者两者都不知道，而只能做粗略的估计。例如，参加某一工程投标、预计工程项目利润时，事前对工程标价、工程成本不可能十分确定，如果工程成本超支、工程标价低估，都可能使企业达不到预期利润，甚至发生亏损。经营决策一般都是在不确定的情况下做出的。在财务管理中通常对风险和不确定性这两个概念不做严格的区分，把不确定性视同风险而加以计量，以便进行定量分析。

风险是在"一定条件下"的风险。施工企业在参加工程项目投标时，选择什么地区、哪一类工程项目，其风险是不一样的。但一旦中标后，风险大小就无法加以改变，所以特定工程项目的风险是客观的。但企业是否要冒风险及冒多大风险，是可以选择的，是主观决定的。

风险的大小随时间延续而变化，是"一定时间内"的风险。施工企业对一个工程项目的施工成本，事前的估算可能不是很准确，越接近完工，越容易估算。随着时间的延续，工程成本的不确定性在缩小。因此，风险总是"在一定时间内"的风险。

风险作为不确定性，可能给投资者带来好的结果，也可能带来坏的结果。一般来说，投资者更担心坏结果出现的可能性大小。因此投资者对坏的结果的关切，要比对好的结果的关切强烈得多。投资者在研究风险时侧重减少损失，主要从不利方面来考查风险，把风险看成不利事件发生的可能性。从这个意义上讲，风险是指发生坏的结果的可能性。

综上所述，风险是指未来投资收益的不确定性，尤其是指发生负收益（即坏的结果）

的可能性。

（2）风险的类别

1）从个别投资主体的角度来看，可以把风险分为市场风险和企业特有风险两类。市场风险是指那些影响所有企业的风险，如战争、自然灾害、经济衰退和通货膨胀等。这类风险涉及所有企业，不能通过多样化投资来分散，因此又称不可分散风险或系统风险。

企业特有风险是指发生于个别企业的特有事项造成的风险，如罢工、诉讼失败和失去销售市场等。这类事件是随机发生的，可以通过多样化投资来分散。也就是说，当投资于多家公司时，若一家公司发生不利事件，其他公司发生的有利事件可以将其抵消。这类风险也称可分散风险或非系统风险。

2）从企业本身来看，按风险形成的原因可将风险进一步分为经营风险和财务风险两大类。

经营风险是指生产经营方面的原因给企业盈利带来的不确定性，它是任何商业活动都有的风险。施工企业生产经营的许多方面都会受到来源于企业外部和内部的诸多因素的影响，具有很大的不确定性。例如，由于原材料价格变动，新材料、新设备的出现等因素带来的供应方面的风险；生产组织不合理等因素带来的生产方面的风险等。所有这些生产经营方面的不确定性，都会引起企业的利润或利润率的高低变化。

财务风险是指企业由于负债融资导致的净资产收益率或每股收益的不确定性，也是企业到期不能还本付息的可能性，又称筹资风险。施工企业举债经营，全部资金中除自有资金外还有一部分借入资金，这会对自有资金的盈利能力造成影响；同时，借入资金需还本付息，一旦无力偿付到期债务，企业便会陷入财务困境，甚至破产。当企业资产息税前利润率高于借入资金利率时，使用借入资金获得的利润除了补偿利息外还有剩余，因而使自有资金利润率提高。但是，若企业资产息税前利润率低于借入资金利率，这时，使用借入资金获得的利润不够支付利息，还需动用自有资金的一部分利润来支付利息，从而使自有资金利润率降低。如果企业息税前利润还不够支付利息，就要用自有资金来支付，使企业发生亏损。若企业亏损严重，财务状况恶化，丧失支付能力，就会出现无法还本付息甚至招致破产的危险。对财务风险的管理，关键是要保证有一个合理的资本结构，维持适当的负债水平，既要充分利用举债经营这一手段获取财务杠杆收益，提高自有资金盈利能力，同时又要防止过度举债而引起财务风险的加大，避免陷入财务困境。

2. 报酬

报酬也称收益，是企业投资或经营所得到的超过投资成本的超额收益。它不同于会计上的利润概念。利润是按权责发生制原则确认的，不考虑货币时间价值。报酬是按收付实现制原则确认的，考虑货币时间价值，有时还要考虑风险价值。报酬的衡量有绝对数指标和相对数指标。报酬的绝对数指标即报酬额指标，如年金收益、净现值等。报酬的相对数指标即报酬率指标，如投资前测算的期望报酬率（又称期望收益率）以及应达到的必要报酬率（又称必要收益率），投资后已获得的实际报酬率（又称实际收益率）等。

（1）期望报酬率

当企业选择投资项目时，由于风险的存在，企业所关心的未来报酬率是不确定的。在这种情况下，就要分析计算该投资项目的期望报酬率。期望报酬率是根据未来各可能报酬率的均值来反映的。也就是说，一项投资的期望报酬率就是它未来各可能报酬率的均值。

（2）必要报酬率

必要报酬率是投资者要求得到的最低报酬率。只有当一个投资项目的期望报酬率高于必要报酬率时，才是有吸引力的。必要报酬率的确定有以下几种方式：

1）以机会成本率作为必要报酬率。选定一个投资项目，意味着必须放弃将该资本作为其他项目投资。被放弃的投资项目所能获得的报酬率，就是被选定项目的机会成本率。机会成本不是企业实际的损失，它是企业能够获得但放弃了的收益。

2）以资金成本率作为必要报酬率。投资是有其资金成本的，特别是当所使用的资金是借入或通过发行优先股筹集时，资金成本的高低比较容易确定。这时，企业可将资金成本率作为必要报酬率。也就是说，投资项目的报酬必须首先能够弥补资金成本，否则就是不可行的。资金成本率有时比机会成本率更难确定。例如，当投资所使用的资金是通过普通股筹集或内部积累方式取得时，资金成本率的高低很难确定。

3）以无风险报酬率加风险报酬率作为必要报酬率。无风险报酬率（用 R_F 表示）即货币时间价值率，是无风险情况下所要求得到的报酬率。通常以短期国债的利率作为无风险报酬率。风险报酬率（用 R_R 表示），又称风险收益率或风险补偿率，是投资者因为冒风险而期望得到更高的超过货币时间价值率的额外报酬。风险越大，期望得到的风险报酬率越高。无风险报酬率加风险报酬率，实际上仍然是一个机会成本率，它是与拟投资项目相同风险的其他投资项目的报酬率。

$$必要报酬率 = 无风险报酬率(R_F) + 风险报酬率(R_R) \qquad (2-20)$$

（3）实际报酬率

实际报酬率是投资项目结束后或进行过程中已经实际赚得的报酬率。实际报酬率由于已成为事实是不可改变的，只能作为新的决策的依据。企业当然希望实际的报酬率越高越好，但若情况相反，也无计可施。这正是风险所造成的。由于风险的存在，实际报酬率与期望报酬率、必要报酬率之间没有必然的联系。实际报酬率的高低，决定于实际报酬额、投资额和收益期。实际报酬额是指一定期间的实际所得超过投资额的部分。实际报酬率是实际报酬额与投资额的百分比。

$$实际报酬率 = 实际报酬额/投资额 \times 100\% \qquad (2-21)$$

2.2.2 风险的衡量

在确定性情况下，报酬率是进行投资决策的最好依据，在不确定性情况下，仅仅靠期望报酬率一个指标来判断优劣并进行投资决策是不够的，投资者还必须考虑不能实现期望报酬的风险。对于投资者来说，期望报酬率并不等于实际报酬率，实际报酬率可能高于、低于或等于期望报酬率。投资者如果只是根据期望报酬率一个指标来进行投资决策，往往不可能获得期望的结果。

实际报酬率高于或低于期望报酬率的现象被称为围绕期望报酬率的波动。这种波动的程度越大，实际报酬率与期望报酬率之间的差距也就越大，投资者不能实现期望报酬率的可能性也就越大，投资的风险也就越大。这样，资产的实际报酬率围绕期望报酬率波动的程度实际上就成为判断一项资产优劣的第二个指标，即风险指标。

正视风险并将风险程度予以量化，进行较为准确的衡量，便成为施工企业财务管理中的一项重要工作。风险与概率直接相关，并由此而与期望值、离散程度等相联系。对风险进行衡量通常采取以下测算步骤。

1. 确定概率分布

在经济生活中，某一事件在相同的条件下可能发生也可能不发生，可能出现这样的结果也可能出现那样的结果，这类事件称为随机事件。概率就是用百分数或小数值表示的随机事件发生可能性大小的数值。通常，把必然发生的事件的概率定为1，把不可能发生的事件的概率定为0，而一般随机事件的概率是介于0和1之间的一个数值，即：概率的数值大于等于0，小于等于1；并且所有事件的概率之和等于1。概率越大，表示随机事件发生的可能性就越大。

设 P_i 为第 i 个事件的概率，n 为所有可能出现的事件的个数，概率分布必须符合以下两条原则：

$$0 \leq P_i \leq 1$$

$$\sum_{i=1}^{n} P_i = 1$$

将随机事件各种可能的结果按一定的规则进行排列，同时列出各结果出现的相应概率，这一完整的描述称为概率分布。

[例 2-15] 某企业有两个投资机会，A投资项目是一个高科技项目，该领域竞争激烈，如果经济发展迅速并且该项目搞得好，取得较大市场占有率，利润会很大；否则，利润很小甚至亏损。B投资项目生产的是一个老产品而且是必需品，销售的前景可以准确预测。假设A投资项目和B投资项目都只受未来经济状况的影响，而未来的经济状况只有三种，即繁荣、一般和衰退。有关概率分布和投资报酬率如表2-1所示。

表2-1　A投资项目和B投资项目投资报酬率的概率分布

未来经济状况	发生概率 P_i	投资报酬率 K_i	
		A投资项目	B投资项目
繁荣	0.2	80%	30%
一般	0.6	20%	20%
衰退	0.2	-40%	10%

2. 计算期望值

期望值（即期望报酬率）是一个概率分布中的所有可能结果，以各自相应的概率为权数计算的加权平均值，是加权平均的中心值，通常用符号 $\overline{K}$ 表示，其计算公式如下：

$$\overline{K} = \sum_{i=1}^{n} P_i K_i \tag{2-22}$$

式中　$\overline{K}$——期望报酬率；

K_i——第 i 种可能结果的投资报酬率；

P_i——第 i 种可能结果的概率；

n——可能结果的个数。

根据上述期望报酬率的计算公式，分别计算A投资项目和B投资项目的期望报酬率。

A投资项目 $\overline{K}_A = P_1 K_1 + P_2 K_2 + P_3 K_3$

$= 80\% \times 0.2 + 20\% \times 0.6 - 40\% \times 0.2 = 20\%$

$$B \text{ 投资项目} \overline{K}_B = P_1K_1 + P_2K_2 + P_3K_3$$
$$= 30\% \times 0.2 + 20\% \times 0.6 + 10\% \times 0.2 = 20\%$$

A、B 两个投资项目的期望报酬率都是 20%，但 A 投资项目各种经济状况下的投资报酬率比较分散，而 B 投资项目的投资报酬率却比较集中。因而，B 投资项目的风险相对较小，如图 2-6、图 2-7 所示。

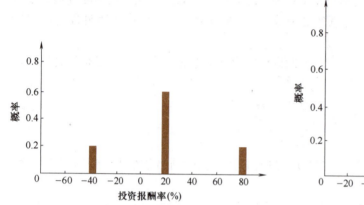

图 2-6　A 投资项目投资报酬率的概率分布图　　　图 2-7　B 投资项目投资报酬率的概率分布图

图 2-6、图 2-7 反映的是未来经济状况只有繁荣、一般和衰退三种情况下的概率分布。投资报酬率作为一个随机变量只取了三个数值，即概率分布在几个特定的随机变量点上，概率分布图形成几条个别的直线，则该随机变量属于离散型分布。

在实践中，经济状况在极度繁荣和极度衰退之间可能发生许多可能的结果，有着很多的概率，而不是只有繁荣、一般和衰退三种可能性。如果对每一个可能的结果都确定出一个投资报酬率，并赋予相应的概率，便可得到连续型的概率分布，如图 2-8 所示，它是呈正态分布的曲线。

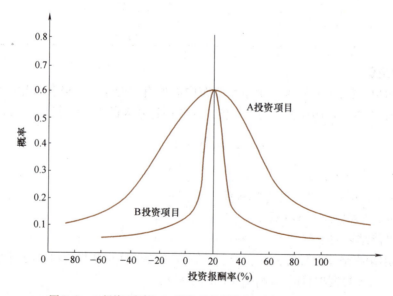

图 2-8　A 投资项目和 B 投资项目投资报酬率的连续分布图

3. 计算标准离差

标准离差简称标准差，是衡量随机变量脱离其期望值离散程度的指标，一般用希腊字母 δ 表示，有时带一个起识别作用的下标。标准离差越大，说明随机变量脱离其期望值的幅度越大，项目的风险程度越高。对两个项目的风险程度进行比较时，当两个项目的期望值相同时，标准离差越大，风险就越大；反之，标准离差越小，风险就越小。标准离差的平方称为方差。

$$\delta = \sqrt{\sum_{i=1}^{n} P_i (K_i - \overline{K})^2} \tag{2-23}$$

式中 δ ——标准离差；

$\overline{K}$ ——期望报酬率；

K_i ——第 i 种可能结果的投资报酬率；

P_i ——第 i 种可能结果的概率；

n ——可能结果的个数。

根据标准离差的计算公式，分别计算 A 投资项目和 B 投资项目的标准离差：

$$\delta_A = \sqrt{(80\% - 20\%)^2 \times 0.2 + (20\% - 20\%)^2 \times 0.6 + (-40\% - 20\%)^2 \times 0.2}$$
$$= 37.95\%$$

$$\delta_B = \sqrt{(30\% - 20\%)^2 \times 0.2 + (20\% - 20\%)^2 \times 0.6 + (10\% - 20\%)^2 \times 0.2}$$
$$= 6.32\%$$

通过计算，A 投资项目的标准离差大于 B 投资项目的标准离差。标准离差越大，说明实际报酬率偏离期望报酬率的可能性越大，因此风险也越大。所以，A 投资项目的风险大于 B 投资项目的风险。这一结论是在 A 投资项目与 B 投资项目的期望报酬率相等的情况下得出的。如果 A 投资项目与 B 投资项目的期望报酬率不相等，上面得出的结论就可能是错误的。这时应计算标准离差率，通过标准离差率大小的比较，来判断风险的大小。

4. 计算标准离差率

标准离差率是标准离差同期望值的比，通常用符号 q 表示，其计算公式为

$$q = \frac{\delta}{\overline{K}} \tag{2-24}$$

标准离差率是一个相对指标，它以相对数反映决策方案的风险程度。方差和标准离差作为绝对数，只适用于期望值相同的决策方案风险程度的比较，对于期望值不同的决策方案，评价和比较其各自的风险程度只能借助于标准离差率这一相对数值。在期望值不同的情况下，标准离差率越大，风险越大；标准离差率越小，风险越小。

根据标准离差率的计算公式，分别计算 A 投资项目和 B 投资项目的标准离差率：

$$q_A = 37.95\% \div 20\% = 1.90$$
$$q_B = 6.32\% \div 20\% = 0.32$$

通过计算，A 投资项目的标准离差率大于 B 投资项目的标准离差率。因此，A 投资项目的风险大于 B 投资项目的风险。

5. 计算风险报酬率

标准离差率可以代表投资者所冒风险的大小，反映投资者所冒风险的程度。而计算风险

的目的是要确定风险补偿率，即风险报酬率。

标准离差率越小，风险越小，要求得到的风险补偿率或风险报酬率就越小；标准离差率越大，风险越大，要求得到的风险补偿率或风险报酬率就越大。假设标准离差 δ 或标准离差率 q 与风险报酬率 R_R 之间呈线性关系，那么，风险报酬率会随着标准离差或标准离差率的不断上升而呈直线上升。这条直线的斜率称为风险报酬斜率或风险报酬系数，用字母 b 表示，如图 2-9 所示。

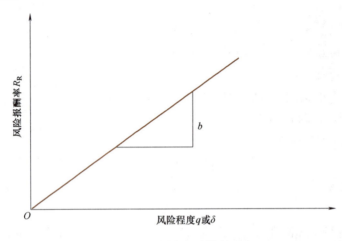

图 2-9 风险与报酬的关系

根据图 2-9 所示，风险报酬斜率是风险报酬率与标准离差或标准离差率的比值，它关系到这条直线的倾斜程度。风险报酬率是标准离差或标准离差率与风险报酬斜率的乘积。用公式表示为

$$b = R_R/q \quad 或 \quad b = R_R/\delta \tag{2-25}$$

$$R_R = bq \quad 或 \quad R_R = b\delta \tag{2-26}$$

根据公式，在已知标准离差 δ 或标准离差率 q 的情况下，要想求得风险报酬率（R_R），必须先确定风险报酬斜率 b。风险报酬斜率的高低，影响风险报酬率的高低。风险报酬斜率越低，风险报酬率就越低，即要求得到的风险补偿越低。风险报酬斜率越高，风险报酬率就越高，即要求得到的风险补偿越高。

假设 A 投资项目的风险报酬斜率为 8%，B 投资项目的风险报酬斜率为 6%，根据风险报酬率的计算公式（$R_R = bq$），分别计算 A 投资项目和 B 投资项目的风险报酬率：

$$R_R(A) = 8\% \times 1.90 = 15.20\%$$
$$R_R(B) = 6\% \times 0.32 = 1.92\%$$

根据计算结果，A 投资项目的风险报酬率高于 B 投资项目的风险报酬率。这是因为 A 投资项目的风险大于 B 投资项目的风险。毫无疑问，风险大的 A 投资项目要求得到的风险补偿，高于风险小的 B 投资项目要求得到的风险补偿。当然，风险报酬率的高低还取决于风险报酬斜率的高低。风险报酬斜率的确定通常有以下两种方法。

（1）根据以往同类项目的有关数据确定

假设必要报酬率用 K 表示，它是无风险报酬率（R_F）与风险报酬率（R_R）的和，即

$$K = R_F + R_R$$

由于
$$R_R = bq \text{ 或 } R_F = b\delta$$
有
$$K = R_F + bq \text{ 或 } K = R_F + b\delta$$
因此
$$b = (K - R_F)/q \text{ 或 } b = (K - R_F)/\delta$$

在这里,将必要报酬率理解为机会成本率,它是同等风险投资项目的报酬率。因此根据以往同类投资项目的历史资料,只要能够找到一个同等风险的投资项目,并掌握投资报酬率、无风险报酬率和标准离差或标准离差率等有关数据,就可以求得拟投资项目的风险报酬斜率。

假设企业进行某项投资,同等风险投资项目的实际报酬率为10%,标准离差率为50%,无风险报酬率为6%,则拟投资项目的风险报酬斜率为:
$$b = (K - R_F)/q = (10\% - 6\%)/50\% = 8\%$$

(2)决策者根据主观经验确定

在没有同等风险的投资项目可供参考的情况下,可由决策者根据以往的主观经验加以确定。这时,风险报酬斜率的确定,在很大程度上会受到决策者个性特点及其对待风险的态度的影响。一般来讲,敢于冒风险的决策者,会把风险报酬斜率确定得低一些,因此要求得到的风险补偿少一些,有利于高风险投资项目的被选取。反之,比较保守的决策者,会把风险报酬斜率确定得高一些,因而要求得到的风险补偿多一些,有利于高风险投资项目的被否决。

2.2.3 风险与报酬的关系

1. 对待风险的态度

人们在进行投资谋取报酬时,一般都对风险有一定的反感,因为它有可能使投资者受到一定的损失。在报酬相等的情况下,投资者肯定会选择没有风险的投资项目。但是,没有风险的投资项目是极其少见的,大多数投资项目都或多或少带有一定的风险。因此,投资者不得不面对风险。在报酬相等的情况下,投资者肯定会选择风险相对较小的投资项目。在风险相等的情况下,投资者肯定会选择报酬相对较大的投资项目。在报酬不等、风险也不等的情况下,投资者会盘算高风险的投资项目是否值得去冒险。这是投资者的正常心态。当然,每个人的个性特点是有区别的,有的人宁可少得报酬也不愿意去冒险,而有的人为得到较高的报酬情愿去冒险。

[例2-16] 有三种资产,市场条件为好、一般或差的概率都为1/3,其报酬率与风险如表2-2所示。

表2-2 三种资产的报酬率与风险对比

项目	A资产		B资产		C资产	
	市场条件	报酬率(%)	市场条件	报酬率(%)	市场条件	报酬率(%)
	好	16	好	15	好	19
	一般	10	一般	9	一般	10
	差	4	差	3	差	1

(续)

项目	A 资产	B 资产	C 资产
期望报酬率（%）	10	9	10
方差（%）	0.24	0.24	0.54
标准离差（%）	4.90	4.90	7.35

显然，C 资产的风险远远高于 A 资产和 B 资产。而 A 资产与 B 资产的风险相同，但期望报酬率不同，前者比后者高（在 A 资产和 B 资产中进行选择时，理性投资者会选择 A 资产，因为两者风险相同，而 A 资产的期望报酬率更高）。

同样，在期望报酬率相同时，理性投资者会选择风险小的或标准离差小的资产。例如，在 A 资产和 C 资产之间选择时，投资者会偏好于风险更小的 A 资产。

如果要在 B 资产和 C 资产之间做选择，又会如何呢？B 资产的期望报酬率比 C 资产低，但是其风险也较小。这时的选择就取决于投资者的风险偏好程度。风险厌恶型的投资者追求稳妥，为了安全宁肯牺牲掉较高的报酬；风险偏好型的投资者为了得到较大的报酬而宁愿冒高风险。投资者必须在风险与报酬之间做出权衡，牢记期望报酬率越高，风险也会越高的道理。

在对待风险的态度上，股东与经营者是不同的。冒风险有可能带来意外的报酬，也可能带来意外的损失。无论是意外的报酬，还是意外的损失，最终基本上都是由股东承担。如果冒风险的决策是由股东自己做出，则承担报酬或损失是理所当然的；但如果冒风险的决策是由经营者做出，若取得意外的报酬，股东去承担当然会很高兴，但若遭到意外的损失，由股东去承担岂不是很恼火。股东高兴的时候，可能会想到奖励一下经营者，但若忘记了呢？股东恼火的时候，则肯定会迁怒于经营者。那么，经营者做出决策去冒风险能得到什么呢？有意外报酬的时候，报酬基本上都被股东所获得；而有意外损失的时候，直接的损失虽然主要由股东承担，但经营者将会面临下岗的风险，其职业声誉也会受到很大的消极影响。所以，一般来说，经营者对风险的态度比股东更保守。

2. 风险与报酬之间的关系

根据前面所讲，风险是不可避免的，问题是风险是否值得去冒。也就是说，冒风险是否能够得到足够的额外报酬，即是否能够得到足够的超过货币时间价值的风险补偿或风险报酬（也称为风险收益）。或者说，冒风险必须能够得到一个必要报酬率。

$$必要报酬率(K) = 无风险报酬率(R_F) + 风险报酬率(R_R)$$

根据风险报酬率的计算公式 $R_R = bq$ 或 $R_R = b\delta$，有：

必要报酬率$(K) = $无风险报酬率$(R_F) + $风险报酬斜率$(b) \times $风险程度$(q$ 或 $\delta)$

(2-27)

各因素之间的关系如图 2-10 所示。

投资者从思想上要求得到一个必要报酬率，那么，实际情况怎样呢？市场上，各个投资项目的风险是不相同的。人们都尽量选择风险小的投资项目，由于竞争的加剧，会使其期望报酬率很低。一方面，竞争的加剧会使风险加大，迫使一部分投资者退出，从而使期望报酬率有所上升。对于风险较高的投资项目，由于人们对风险有反感，投资者较少，会使其期望报酬率较高。另一方面，竞争的弱化会使风险有所下降，较高的期望报酬会诱使一部分投资者进入，从而使期望报酬率有所降低。总而言之，市场竞争的结果，使风险较小的投资项目期望报酬率较低，使风险较大的投资项目期望报酬率较高。这样，便形成了思想与实际的统一。投资者冒风险想要得到适当的风险补偿，而风险较高的投资项目恰恰有着较高的期望报酬率，能够给投资者提供适当的风险补偿。

根据西方财务理论，在一个完全有效的资本市场体系中，每一个投资者都能够得到必要报酬率，而投资项目的必要报酬率正好与其期望报酬率相等。

$$必要报酬率(K) = 期望报酬率(\overline{K}) \tag{2-28}$$

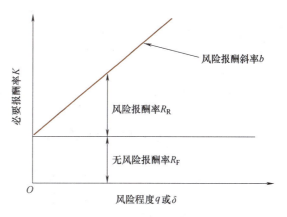

图 2-10 风险与报酬关系图

然而，目前完全有效的资本市场体系还只是一个假说，现实中许多投资者由于冒风险而蒙受了损失。那么，在风险不可避免，蒙受损失的可能不可避免的情况下，投资者该如何去做呢？有限责任制，筹集社会资本，以及实施投资组合是比较有效的选择。当蒙受损失时，有限责任制可使所蒙受的损失不至于超过所投入的资本，而筹集社会资本则增加了一些承担损失的人，减少了自己承担损失的额度。投资组合分散了风险，盈亏调剂，不至于全盘皆输。

2.2.4 风险管理

1. 风险管理的目的

风险既可能使企业获得收益，也可能使企业遭受损失。风险管理就是预先确定一系列的政策、措施，将那些可能导致利润减少的可能性降低到最小的程度，从而保证企业经营活动按预定的目标进行。由于风险的大小与风险报酬率是成正比例的，因此，风险管理的目的不在于一味地追求降低风险，而在于在收益和风险之间做出恰当的选择。

2. 风险管理的程序

（1）确定风险

明确可能发生的风险性质和风险类型，并确定风险发生的可能性。

（2）设定目标

对可能发生的风险进行分析研究，分析其对企业财务活动的影响程度和影响范围，在此基础上设立风险管理的目标。

（3）制定策略

为了保证风险管理的目标得以实现，应针对风险的性质、种类及其对企业财务活动的影响，制定相应的风险管理策略，以避免可能出现的各种损失。

（4）实施评价

将制定的风险管理策略付诸实施，在实施中，对照风险管理的目标，定期或经常地进行检查，并对风险管理工作的业绩进行评价和考核。

3. 风险管理的策略

（1）接受风险策略

这种策略是指对可能发生的风险，提前做好准备，以应付风险带来的损失。企业中的风险有些是不可避免的，如赊销商品的坏账风险、市场波动引起的库存风险等。对于这些风险，企业应采取自我保护的接受风险策略，即每期提存一笔准备金，用作将来发生风险给企业带来损失的补偿。如实践中的提取坏账准备、长期财产保值都是这种策略的具体运用。

（2）减少风险策略

减少风险策略即在风险管理中，采取相应的措施，减少因发生风险可能给企业带来的损失，也称为控制风险策略，这种策略在实践中经常采用。减少风险策略还可做进一步分类。按控制风险的目的可分为预防性控制和抑制性控制。前者是指预先确定可能发生的损失，提出相应的措施，防止损失的实际发生；后者是指对可能发生的损失，采取相应的措施，尽量降低损失的程度，缩减损失的延续性。按控制风险的方式可分为技术控制和行为控制。前者是指用相应的工程技术措施，减少可能发生的风险；后者是通过强化对有关人员的行为管理，减少可能发生的风险。

（3）转移风险策略

这种策略是针对某些可能发生风险损失的财产或项目，用转移的方式转出企业，并换回较为保险的财产或项目。例如，用转手承包的形式把有风险的项目转包给他人；以参加保险的形式，通过支付保险费，把风险转移给保险公司；把风险大的股票抛出购回风险小的股票等。

（4）回避风险策略

这是一种保守的风险管理策略。对于那些厌恶风险的决策者来说，他们总是以无风险或低风险作为衡量各种备选方案优劣的标准，把那些可能发生风险的备选方案拒之于外。这种策略尽管较为稳健简便易行，但并不经常采用，因为风险总是和收益联系在一起的，没有风险也就没有丰厚的收益。一个成功的经营者往往很少采用这种策略。

本章小结

货币时间价值和风险价值是施工企业财务管理中的两个基本概念。在本章中，首先介绍了货币时间价值的计量方法，包括复利终值和现值、普通年金终值和现值、即付年金终值和现值、递延年金终值和现值、永续年金现值的计算；在此基础上，讨论了名义利率和实际利率的换算。最后介绍了风险的基本衡量方法，探讨了风险与报酬之间的关系以及风险管理的程序和策略。

复习思考题

1. 什么是货币时间价值？货币时间价值如何计算？
2. 货币时间价值在施工企业财务管理中有哪些作用？
3. 什么是风险？风险如何衡量？
4. 风险的种类有哪些？
5. 风险和报酬的关系如何？

习　　题

1. 某公司 2015 年年初对甲项目投资 100 000 元，该项目 2017 年年初完工投产；2017 年、2018 年、

2019 年年末预期收益各为 20 000 元、30 000 元、50 000 元；年利率为 10%。

要求：

（1）按复利计算 2017 年年初投资额的终值。

（2）按复利计算 2017 年年初各年预期收益的现值。

2. 某家长准备为孩子存入银行一笔款项，以便以后 10 年每年年底得到 10 000 元学杂费，假设银行存款利率为 6%。

要求：计算该家长目前应存入银行的款项额。

3. 某公司拟购买一处房产，房主提出两种付款方案。

（1）从现在起，每年年初支付 100 000 元，连续支付 10 次，共 1 000 000 元。

（2）从第 5 年开始，每年年初支付 125 000 元，连续支付 10 次，共 1 250 000 元。

要求：假设该公司的最低报酬率为 10%，你认为该公司应选择哪个方案？

4. A 银行复利利率为 8%，每季复利一次。B 银行每月复利一次，与 A 银行的实际年利率相等。

要求：

（1）计算 A 银行的实际年利率。

（2）计算 B 银行的复利利率。

5. 企业欲将部分闲置资金对外投资，可供选择的 A、B 两公司股票的报酬率及其概率分布情况如表 2-3 所示。

表 2-3　A、B 公司股票的报酬率及其概率分布

经济状况	概率	报酬率	
		A 公司	B 公司
繁荣	0.20	40%	70%
一般	0.60	20%	20%
衰退	0.20	0	−30%

要求：

（1）分别计算 A、B 公司的期望报酬率。

（2）分别计算 A、B 公司的标准离差。

（3）若想投资风险较小的公司，做出合理的选择。

第 3 章 施工企业资金的筹集和管理

[学习目标]

- 了解施工企业筹集资金的主要动机和筹资结果,资金筹集的基本原则,资金成本的性质和意义,经营风险、财务风险的内涵及其影响因素,杠杆效应的基本原理
- 熟悉企业资金筹集的主要渠道和特点,权益筹资和债务筹资的主要筹资方式,筹资方式与筹资渠道的配合
- 掌握资金成本的计算方法,杠杆效应及杠杆系数的计算,最佳资本结构的决策方法及所要考虑的决策因素

3.1 施工企业资金筹集概述

企业持续的生产经营活动不断地产生对资金的需求,同时企业开展对外投资活动和调整资本结构,也需要筹集和融通资金。施工企业资金筹集(Financing for Construction Enterprises)是指企业根据其施工生产经营、对外投资及调整资本结构的需要,通过筹资渠道和资金市场并运用筹资方式,经济有效地筹措和集中所需资金的一种行为。资金筹集是施工企业资金运动的起点,是组建施工企业并保证企业持续发展的前提,也是决定资金运动规模和生产经营发展程度的重要环节,是企业财务管理的重要内容。

3.1.1 企业筹集资金的主要动机

1. 创建筹资动机

创建筹资动机是企业创建时为满足正常生产经营活动所需的铺底资金而产生的筹资动机。按照《中华人民共和国企业法人登记管理条例》(2016年2月6日修正)的规定,企业申请开业,必须要有符合国家规定并与其生产经营和服务规模相适应的资金数额。为此,要想设立企业,必须采用吸收投资、发行股票等方式筹集一定数量的资金,然后取得资金信用证明、验资证明或资金担保等,并经登记主管机关核准登记注册,才能开展正常的生产经营活动。

2. 扩张筹资动机

任何一个现代化的施工企业,都不可能单靠投资者投入的资本金来从事施工生产经营,

还必须通过银行、社会等不同渠道来筹集所需的资金。因为施工经营不但需要的资金量大，而且资金占用时间长。随着施工规模的不断扩大，还需要不断对机械设备、构件加工厂等进行投资，从而增加对资金的需求量。同时为了降低施工成本，谋求相关企业如建筑材料生产企业等配合施工生产，也需要筹集资金对其他企业投资控股，以参与其生产经营决策。这种因企业扩大生产经营规模或追加对外投资的需要而产生的筹资动机，称为扩张筹资动机。

扩张筹资动机所产生的直接结果，是企业资产总额和筹资总额的等量增加。

[例3-1] 某施工企业扩张筹资前的资产负债状况如表3-1中A栏所示。该企业根据扩大生产经营的需要，现筹资4 500万元，其中长期借款4 000万元，所有者又投入资本500万元，用于增加设备价值1 500万元，增加存货3 000万元。假定其他项目没有变动，扩张筹资后的资产负债状况如表3-1中B栏所示。

表3-1 资产负债状况 （单位：万元）

资产	初始金额 A	扩张筹资后 B	偿债筹资后 C	负债及所有者权益	初始金额 A	扩张筹资后 B	偿债筹资后 C
货币资金	1 500	1 500	1 500	应付账款	3 100	3 100	1 100
应收账款	4 800	4 800	4 800	短期借款	0	0	5 000
存货	2 200	5 200	5 200	长期借款	3 500	7 500	4 500
固定资产	10 000	11 500	11 500	所有者权益	11 900	12 400	12 400
合计	18 500	23 000	23 000	合计	18 500	23 000	23 000

比较表3-1中A、B栏金额可以看出，该企业扩张筹资后，资产总额从筹资前的18 500万元扩大到23 000万元，负债及所有者权益总额也从筹资前的18 500万元增加到23 000万元。这是企业扩张筹资所带来的直接结果。

3. 满足资本结构调整的需要

资本结构又称资金结构，是指各种长期资金来源在总资本中所占的比率。资本结构的调整是企业为了降低资金成本、回避筹资风险而对资本金与债务资金之间比例关系的调整。资本结构调整属于企业重大的财务决策事项，同时也是企业筹资管理的主要工作内容。资本结构调整的方式很多，如为增加企业资本金比例而增资、为提高资本利润率和降低资金成本而增加债务资金、为改善债务期限结构而进行长短期债务搭配等，这些行为都属于为优化资本结构而进行的筹资活动。它属于企业筹集资金活动的另一个主要目的。

[例3-2] 某企业调整资本结构前的资产负债状况如表3-1中B栏所示。现企业应付款项中有2 000万元到期，长期借款中有3 000万元到期，企业决定向银行借入短期借款5 000万元清偿到期债务，并同时调整企业资本结构。企业举债筹资后的资产负债状况如表3-1中C栏所示。

本例中，企业尚有货币资金1 500万元可以用于偿还到期债务，但为了保持一定的货币额度，使债务结构更趋合理，仍然决定举债还债，这种偿债筹资的结果并没有扩大企业的资产总额和筹资总额，而只是改变了企业的债务结构，可称为调整性偿债筹资。

应该说明的是，企业出现财务状况恶化时，也会被迫举借新债还旧债，这种筹资动机称为恶化性偿债筹资，也是企业容易出现的筹资动机之一。

3.1.2 筹集资金的渠道和方式

筹集资金的渠道（Sources of Funds），是指企业筹措资金来源的方向和通道，体现着资金的来源与流量。筹集资金的方式（Financing Tools），是指企业取得资金所采取的具体形式，体现着资金的属性。资金从哪里来和如何取得资金，既有区别又有联系。一定的筹资方式可能只适用于某一特定的筹资渠道，但同一渠道的资金却往往可采用不同方式取得；而同一筹资方式又往往适用于不同的筹资渠道。因此，企业筹集资金时，必须实现两者的合理配合。

1. 企业筹资渠道

目前我国施工企业筹集资金的渠道，主要有以下七种。

（1）国家财政资金

国家对企业的直接投资是国有企业最主要的资金来源渠道，特别是国有独资企业。我国现有国有企业的资金来源中，其资本部分大多是国家以直接拨款的形式形成的。除此以外，还有国家对企业"税前还贷"或减免所得税和各种税款形成的。这些资金来源，从产权关系上看，都属于国家作为所有者投入的资金，产权归国家所有。

（2）银行信贷资金

银行通过信贷途径向企业发放的各种贷款是我国目前企业最重要的资金来源。我国银行分为商业性银行和政策性银行两种。商业性银行是以营利为目的的从事信贷资金投放的金融机构，它主要为企业提供各种商业贷款；而政策性银行则是为特定企业提供政策性贷款的机构，不以营利为主要目的。银行信贷资金有居民储蓄、企业存款等经常性的资金源泉；贷款方式多种多样，可以适应各类企业的多种资金需要。

（3）非银行金融机构资金

非银行金融机构包括信托投资公司、保险公司、租赁公司、证券公司和财务公司等。它们所提供的各种金融服务，如承销证券、融资融物等方面，虽然其财力弱于银行，但具有广阔的发展前景。

（4）其他企业资金

企业在生产经营过程中，往往形成部分暂时闲置的资金，同时，在市场经济条件下，企业间的相互投资和商业信用，也成为筹资企业的重要资金来源。

（5）居民个人资金

企业员工和城乡居民的个人结余资金，可以通过购买企业发行的债券或股票等途径间接对企业进行投资，形成民间资金渠道，为企业所利用，成为企业资金来源的补充渠道。

（6）企业自留资金

企业自留资金是指企业内部形成的资金，包括企业计提的折旧、计提的公积金和未分配利润等。这是企业生产经营过程中自然形成的资金，不需要企业去特殊筹集。

（7）外商资金

外商资金是指外国投资者及我国香港、澳门和台湾投资者投入的资金，它是我国外商投资企业经营资金的重要来源。

各种筹资渠道在资金供应量的大小方面，存在着较大的差异。有些渠道的资金供应量大，如银行信贷资金，而有些渠道的资金供应量相对较小。这种资金供应量的大小，在一定程度上取决于财务环境的变化,特别是货币政策和财政政策的实施和调整等。

2. 企业筹资方式

目前我国施工企业筹集资金的方式主要有吸收直接投资、发行股票、企业内部积累、银行借款、发行企业债券、融资租赁和商业信用等。如果说,筹集资金的渠道属于客观存在,那么筹集资金的方式则属于企业的主观能动行为。企业筹资管理的重要内容是如何针对客观存在的筹资渠道,选择合理的筹资方式来筹集资金。认识筹集资金方式的种类及各种筹集资金方式的属性,有利于企业选择合理的筹资方式并有效地进行筹资组合,达到降低资金成本,最大限度地回避筹资风险的目的。施工企业筹资方式与筹资渠道的配合情况如表3-2所示。

表3-2 筹资方式与筹资渠道的配合情况

筹资渠道 \ 筹资方式	吸取直接投资	发行股票	企业内部积累	银行借款	发行企业债券	融资租赁	商业信用
国家财政资金	√	√					
银行信贷资金				√			
非银行金融机构资金	√	√			√	√	
其他企业资金	√	√			√	√	√
居民个人资金	√	√			√		
企业自留资金			√				
外商资金	√	√			√		√

3.1.3 筹集资金的分类

1. 按所筹集资金的性质分类

企业筹措的资金可以按照不同的标志分类,这些分类有助于企业掌握不同种类的筹资对资金成本和筹资风险的影响,便于企业选择与决策。

施工企业按所筹集资金的性质不同,分为自有资金和债务资金。

(1) 自有资金

自有资金又称权益资金或权益资本。它是企业依法筹集的资本金和积累的资金,能长期拥有、自主支配,包括资本金、资本公积金、盈余公积金和未分配利润。自有资金具有以下特点:

1) 自有资金的所有权归属于企业的所有者,所有者据此参与企业投资经营的重大决策,取得收益,并对企业的经营承担有限责任。

2) 自有资金属于企业长期占用的"永久性"资金,形成法人资产权。在企业存续期内,投资者除依法转让外,不得以任何方式抽回资金;企业经营者依法对该项资本拥有完整、独立的财产支配权。

3) 自有资金没有还本付息压力,筹资风险较低。

4) 自有资金主要通过财政资金、其他企业资金、居民个人资金和外商投资资金等渠道,采用吸收直接投资、发行股票和企业留存收益等方式筹集和取得。

(2) 债务资金

债务资金又称负债资金或借入资金。它是企业依法筹集并依约使用、按期偿还本息的资金。它包括来自银行或非银行金融机构的各种借款、应付债券和应付票据等。与自有资金比较，债务资金具有如下特征：

1）它体现企业与债权人的债权债务关系，属于企业债务。

2）企业对债务资金在约定期限内享有使用权，并承担按期付息还本的责任，偿债压力和筹资风险较大。

3）债权人有权按期索取利息和到期要求还本，但无权参与企业经营和管理决策，对企业的经营状况不承担责任。

4）企业的债务资金主要来源于银行、非银行金融机构和其他企业等渠道，采用银行借款、发行企业债券、融资租赁和商业信用等方式筹集取得。

必须指出，在特定的条件下，有些债务资金如可转换企业债券能转换为自有资金，在企业财务困难不能偿还债务时，经过债务重组，也可以将债务转为股权，成为企业自有资金；但自有资金不能转换为债务资金。

2. 按筹资活动是否通过金融机构分类

施工企业按筹资活动是否通过金融机构，分为直接筹资和间接筹资。

（1）直接筹资

直接筹资是指企业不经过银行等金融机构，而直接以吸收资金供应者投入、向资金供应者借入或发行股票、债券等方式进行的筹资。在直接筹资过程中，供求双方借助融资手段直接实现资金的转移，不必通过银行等金融中介机构。直接筹资的筹资渠道和筹资方式多，企业选择余地较大，但须依赖金融市场机制的作用，筹资费用及成本依资金供求情况而改变，当金融市场突变时，容易导致筹资失败或损失，筹资风险较高。

（2）间接筹资

间接筹资是指企业借助于银行等金融机构进行的筹资，其主要形式为银行借款、非银行金融机构借款和融资租赁等。它是目前我国企业最为重要的筹资途径，具有手续简便和筹资效率高等优点；但筹资范围相对较窄，筹资渠道和筹资方式相对单一。

3.1.4　筹集资金的原则

施工企业在筹集资金过程中，必须对影响筹资活动的各项因素，如资金成本、筹资风险、资本结构、投资项目的经济效益和筹资难易程度等进行综合分析，并充分考虑到筹资的顺利程度、资金使用的约束条件、筹资活动的社会反应和筹资后对企业控制权的影响等方面，遵循以下原则进行筹资。

1. 根据资金需要量，合理确定筹资规模，力求提高资金利用效果

企业在筹资过程中，不论通过何种渠道、采用什么方式筹集资金，都应事前确定资金的需要量。筹集资金固然要广开财路，但必须有一定合理的界限。资金不足，当然会影响企业施工经营；资金过多，也会影响资金使用的效益。因此，企业在筹资之前，必须做好各个施工、投资项目资金需要量的估算，编制分月现金预算，预测各月资金流量，合理安排资金的投放和回收，使筹资量与需要量相互平衡。

2. 研究资金投向，讲求资金使用效益

企业确定投资项目，都必须进行可行性研究，认真分析项目的投资效益。筹资是为了投资，在一般情况下，总是先确定有利的施工投资项目，有了明确的资金用途，然后才选择筹资渠道和方式。要防止那种把资金筹集同资金投放割裂开来的做法，应通过对投资收益与资金成本权衡的过程，决定是否需要筹资及筹资方式与额度。

3. 选择合理的资金渠道，力求降低资金成本

企业使用资金要付出一定的代价。筹资的代价即资金成本，包括资金占用费和资金筹集费。各种渠道的资金往往各有优缺点，不同渠道的资金成本和财务风险各不相同，而且取得资金的难易程度也不一样。因此，企业必须综合研究各种筹资渠道和筹资方式，合理考虑各种资金来源的构成，选择最经济、最方便的资金来源，力求降低综合资金成本。

4. 适度负债经营，防范筹资风险

企业依靠债务资金开展施工经营活动，叫作负债经营。进行负债经营不但可以缓解自有资金不足的矛盾，而且由于借款利息和债券利息可以计入财务费用，在税前利润中列支，可以抵减一部分企业所得税，使企业由此获得部分节税收益，从而降低资金成本，提高资金利润率。此外，在企业营运状况较好的情况下采用负债筹资一般会促使权益资本的相对收益增大。但如果企业负债过多，可能引发财务风险，甚至丧失偿债能力、面临破产。因此，企业在筹资时，必须使自有资金和债务资金保持合理的比例关系，既要利用负债经营的积极作用，又要防止负债过多而增加筹资风险。

3.2 权益筹资

3.2.1 企业资本金制度

资本金是企业在工商行政管理部门登记注册的资本，也就是开办企业的注册资金。它是企业从事生产经营活动、承担有限民事责任的本钱。2014年3月1日开始施行的最新修订的《公司法》取消了实收资本的限制，也没有分期缴纳和最低缴款限制，取而代之的是股东认缴的注册资本。注册资本实缴登记制度转变为认缴登记制度，意味着工商行政管理部门只登记公司认缴的注册资本总额，无须登记实收资本，不再收取验资证明文件。但对于从事建筑施工工程的企业而言，获得相应级别的企业资质至关重要。住房和城乡建设部2014年11月6日下发的《建筑业企业资质标准》（自2015年1月1日起施行）中虽然取消了对企业最低注册资本的规定，但适当提高了对企业净资产的要求。例如，要求建筑工程施工总承包资质的一级资质企业净资产要在1亿元以上，二级资质企业净资产在4 000万元以上等。

1. 资本金的构成

施工企业筹集的资本金，按投资主体分为国家资本金、法人资本金、个人资本金和外商资本金等。国家资本金为有权代表国家投资机构以国有资本投入企业形成的资本金。法人资本金为其他法人单位以其依法可以支配的资产投入企业形成的资本金。个人资本金为社会个人或者企业内部职工以个人合法财产投入企业形成的资本金。外商资本金为国外投资者以及我国香港、澳门和台湾投资者投入企业形成的资本金。

2. 资本金的筹集

企业筹集资本金的方式可以多种多样，主要有国家投资、各方集资、发行股票等。筹资企业既可以吸收货币资金（人民币和外币）的投资，也可以吸收有形实物、无形资产等形式的投资作为企业的资本金。但企业无论采取什么方式筹集资本金，都必须符合国家法律、法规的规定。

资本金可以一次或者分次筹集。企业筹集资本金是一次筹集还是分期筹集，应根据国家有关法律、法规以及合同、章程的规定来确定。新修订的《公司法》规定，有限责任公司的注册资本为在公司登记机关登记的全体股东认缴的出资额。法律、行政法规以及国务院决定对有限责任公司注册资本实缴、注册资本最低限额另有规定的，从其规定。股份有限公司采取发起设立方式设立的，注册资本为在公司登记机关登记的全体发起人认购的股本总额。在发起人认购的股份缴足前，不得向他人募集股份。股份有限公司采取募集方式设立的，注册资本为在公司登记机关登记的实收股本总额。法律、行政法规以及国务院决定对股份有限公司注册资本实缴、注册资本最低限额另有规定的，从其规定。

企业吸收无形资产投资是现代企业的通常做法。只要对企业提高工程产品质量、降低消耗、提高经济效益有利的，国家应从政策上予以支持。但是，如果企业在全部投资中无形资产投资所占的比例过高，货币资金和实物投资过少，也不利于施工企业稳定的生产经营和发展。

股东或者发起人不得以劳务、信用、自然人姓名、商誉、特许经营权或设定担保的财产等作价出资。

3. 资本金的管理

企业筹集的资本金，必须聘请依法设立的验资机构验资并出具验资证明，由企业据以发给投资者出资证明书。

为了保证企业能够及时、足额筹集资本金，企业对筹集资本金的数额、方式和投资者的出资期限等，都应在投资合同或协议中约定，并在企业章程中做出规定。如果投资者未按合同、协议和企业章程的约定按时足额出资，即为投资者违约。企业和其他投资者可以依法追究其违约责任；国家有关部门还应按照国家有关规定对企业和违约者进行处罚。

为了加强对企业筹集资本金的管理，施工企业财务制度明确了资本金保全的管理原则以及投资者对其出资所拥有的权利和承担的义务。

资本金保全原则要求，企业筹集的资本金，在企业施工生产经营期间内，投资者除依法转让外一般不得抽回投资；即使依法转让，也有相应的条件和程序。但有一种情况例外，就是中外合作经营企业。如果在合作企业合同中约定合作期满时将其全部固定资产归中方所有，可以在合同中约定外国合作者在合同期限内先行收回投资的办法，但须按照法律规定和合同约定承担债务责任。如果外方合作者在缴纳所得税前收回投资，必须报经有关部门批准。

从投资者对其出资所拥有的权利和承担的责任来看，我国法律规定投资者按照出资比例或者合同、章程的规定，分享企业的利润和分担风险及亏损，也就是我们通常所说的将本求利，以本负亏。现代企业的组织形式一般为有限责任公司，以股东认缴的注册资本为限对公司的债务承担有限责任。

4. 资本公积金

资本公积金是在公司的生产经营之外，由资本、资产本身及其他原因形成的股东权益收入。资本公积金是一种可以按照法定程序转为资本金的公积金，也可以说是一种准资本金，是企业所有者权益的组成部分。新修订的《公司法》规定，股份有限公司以超过股票票面金额的发行价格发行股份所得的溢价款以及国务院财政部门规定列入资本公积金的其他收入，应当列为公司资本公积金。其中股票溢价是资本公积的最主要来源，"国务院财政部门规定列入资本公积金的其他收入"所形成的"其他资本公积"则是其他综合收益（与企业生产经营活动无关、由相关资产计价方式不同所产生的权益）形成的，如权益法核算下的长期股权投资、存货或自用房地产转换为公允价值计量的投资性房地产等。资本公积金主要用于扩大公司生产经营和增加公司资本，不得用于弥补公司的亏损。

5. 资本金的增加和减少

《中华人民共和国企业法人登记管理条例施行细则》（根据2016年4月29日国家工商行政管理总局令第86号第五次修订）中规定，除国家另有规定外，企业的注册资金应与实有资金一致。该施行细则还规定，企业法人实有资金比原注册资金数额增加或者减少超过20%时，应持资金信用证明或者验资证明，向原登记主管机关申请变更登记。登记主管机关在核准企业法人减少注册资金的申请时，应重新审核经营范围和经营方式。

3.2.2 股份有限公司普通股筹资

股份有限公司是指全部注册资本由等额股份构成并通过发行股票筹集资本的企业法人。股票的性质是一种资本证券，是持股人拥有公司股份的入股凭证，因此它既是集资工具，又是项目的产权存在形式，它代表股份有限公司的所有权。普通股（Common Stock）是股份有限公司发行的无特别权力的股份。通常情况下，股份有限公司只发行普通股。股票持有者为企业的股东，股东有权出席或委托代理人出席股东大会，并依公司章程规定行使表决权；其持有的股份可以自由转让，但必须符合《公司法》、其他法规和公司章程规定的条件和程序；在董事会宣布发放普通股股利时，有股利分配请求权；在公司增加股本时，有权按持有股份的比例，优先认购新股；当公司结束清理时，有权参加公司剩余财产的分配并依法承担以购股份额为限的公司经营亏损的责任等。

3.2.2.1 股份有限公司的设立

股份有限公司可以采取发起方式或募集方式设立。采取发起方式设立的，公司全部股份由发起人认购，注册资本为在公司登记机关登记的全体发起人认购的股本总额。发起人以书面认足公司章程规定发行的股份后，应立即缴纳全部股款。以实物、工业产权、非专利技术或者土地使用权抵作股款的，必须先进行评估作价，核实财产，并折合为股份，然后依法办理其财产权的转移手续。

股份有限公司采取募集方式设立的，发起人认购的股份不得少于公司股份总额的35%，其余股份应当向社会公开募集。注册资本为在公司登记机关登记的实收股本总额。发起人向社会公开募集股份时，必须向国务院证券管理部门递交募股申请，并报送下列主要文件：①批准设立公司的文件；②公司章程；③经营估算书；④发起人姓名或者名称，发起人认购的股份数、出资种类及验资证明；⑤招股说明书；⑥代收股款银行的名称及地址；⑦承销机构名称及有关的协议。

未经国务院证券管理部门批准，发起人不得向社会公开募集股份。发起人向社会公开募集股份必须公告招股说明书，并制作认股书。招股说明书应当附有发起人制作的公司章程，并载明：①发起人认购的股份数；②每股的票面金额和发行价格；③无记名股票的发行总数；④认股人的权利、义务；⑤本次募股的起止期限及逾期未募足时认股人可撤回所认股份的说明。认股书应当载明上述所列事项,由认股人填写所认股数、金额、住所,并签名盖章。认股人应按照所认股数缴纳股款。发起人向社会公开募集股份,应当由依法设立的证券经营机构承销,签订承销协议,并应同银行签订代收股款协议。代收股款的银行应当按照协议代收和保存股款,向缴纳股款的认股人出具收款单据,并负有向有关部门出具收款证明的义务。发行股份的股款缴足后,必须经法定的验资机构验资并出具证明。发行的股份超过招股说明书规定的截止期限尚未募足的,或者发行股份的股款缴足后,发起人在30日内未召开创立大会的,认股人可以按照所缴股款并加算银行同期存款利息,要求发起人返还。

3.2.2.2　普通股的种类

1. 按股票记名与否分类

股份有限公司发行的普通股按其记名与否分为记名股票和无记名股票。记名股票是在股票票面上记载股东姓名或名称的股票,其股权的行使和股份的转让有严格的法律程序和手续。公司向发起人、国家授权投资的机构、法人发行的股票,应当为记名股票,并应当记载该发起人、机构或者法人的名称,不得另立户名或者以代表人姓名记名。对社会公众发行的股票,可以为记名股票,但一般为无记名股票。这类股票持有人即股份所有人,具有股东资格,股票的转让较为自由、方便,无须办理过户手续。

2. 按股票是否标明金额分类

按股票是否标明金额可分为面值股票和无面值股票。面值股票是在票面上标有一定金额的股票。持有这种股票的股东,对公司享有的权利和承担的义务大小,依其所持有的股票票面金额占公司发行在外股票总面值的比例而定。无面值股票是不在票面上标出金额,只载明所占公司股本总额的比例或股份数的股票。无面值股票的价值随公司财产的增减而变动,而股东对公司享有的权利和承担义务的大小,直接依股票标明的比例而定。目前,我国《公司法》不承认无面值股票,规定股票应记载股票的面额,并且其发行价格不得低于票面金额。

3. 按股票的投资主体分类

按投资主体的不同,股票可分为国家股、法人股、个人股等。国家股是有权代表国家投资的部门或机构以国有资产向公司投资而形成的股份;法人股是企业法人依法以其可支配的财产向公司投资而形成的股份,或具有法人资格的事业单位和社会团体以国家允许用于经营的资产向公司投资而形成的股份;个人股是社会个人或公司内部职工以个人合法财产投入公司而形成的股份。

4. 按股票发行对象和上市地区分类

按发行对象和上市地区的不同又可将股票分为 A 股、B 股、H 股和 N 股等。A 股是供我国大陆地区个人或法人买卖的,以人民币标明票面金额并以人民币认购和交易的股票。B 股、H 股和 N 股是专供外国和我国港、澳、台地区投资者买卖的,以人民币标明票面金额但以外币认购和交易的股票(注:自 2001 年 2 月 19 日起,B 股开始对境内居民开放),其中 B 股在上海、深圳上市;H 股在香港上市;N 股在纽约上市。

以上第 3、4 种分类,是我国目前实务中为便于对公司股份来源的认识和股票发行而进行的分类。筹资公司以普通股筹措资本时,应选择较为适宜的某种普通股。

3.2.2.3　普通股的发行

股份有限公司在设立时要发行股票。此外,公司设立之后,为了扩大经营、改善资本结构,也会增资发行新股。股份的发行,实行公开、公平、公正的原则,必须同股同权、同股同利。同次发行的股票,每股的发行条件和价格应当相同。任何单位或个人所认购的股份,每股应支付相同的价款。同时,发行股票还应接受国务院证券监督管理机构的管理和监督。股票发行具体应执行的管理规定,主要包括股票发行条件、发行程序和方式、销售方式等。

1. 股票发行的规定与条件

按照我国《公司法》的有关规定,股份有限公司发行股票,应符合以下规定与条件:

1) 同次发行的股票,每股的发行条件和价格应当相同。

2) 股票发行价格可以按票面金额,也可以超过票面金额,但不得低于票面金额。

3) 股票应当载明公司名称、公司登记日期、股票种类、票面金额及代表的股份数、股票编号等主要事项。

4) 向发起人、国家授权投资的机构、法人发行的股票,应当为记名股票;对社会公众发行的股票,可以为记名股票,也可以为无记名股票。

5) 公司发行记名股票的,应当置备股东名册,记载股东的姓名或者名称、住所、各股东所持股份、各股东所持股票编号、各股东取得其股份的日期;发行无记名股票的,公司应当记载其股票数量、编号及发行日期。

6) 公司发行新股,必须具备下列条件:①具备健全且运行良好的组织机构;②具有持续盈利能力,财务状况良好;③最近3年财务会计文件无虚假记载,无其他重大违法行为;④经国务院批准的国务院证券监督管理机构规定的其他条件。

7) 公司发行新股,应由股东大会就新股种类及数额、新股发行价格、新股发行的起止日期、向原有股东发行新股的种类及数额等事项做出决策。

2. 股票发行的程序

股份有限公司在设立时发行股票与增资发行新股在程序上有所不同。

(1) 设立时发行股票的程序

设立时发行股票的程序是:①提出募集股份申请;②公告招股说明书,制作认股书,签订承销协议和代收股款协议;③招认股份,缴纳股款;④召开创立大会,选举董事会、监事会;⑤办理设立登记,交割股票。

(2) 增资发行新股的程序

增资发行新股的程序是:①股东大会做出发行新股的决议;②由董事会向国务院批准的国务院证券监督管理机构报送募股申请和相关文件并经批准;③公告新股招股说明书和财务报表及附属明细表,与证券经营机构签订承销合同,定向募集时向新股认购人发出认购公告或通知;④招认股份,缴纳股款;⑤改组董事会、监事会,办理变更登记并向社会公告。

3. 股票发行方式、销售方式和发行价格

公司发行股票筹资,应当选择适宜的股票发行方式和销售方式,并恰当地制定发行价格,以便及时募足资本。

(1) 股票发行方式

股票发行方式指的是公司通过何种途径发行股票。总的来讲,股票的发行方式可分为以下两类:①公开间接发行。公开间接发行是指通过中介机构公开向社会公众发行股票。我国股份有限公司采用募集设立方式向社会公开发行新股时,须由证券经营机构承销的做法,就属于股票的公开间接发行。这种发行方式的发行范围广、发行对象多,易于足额募集资本；股票的变现性强，流通性好；股票的公开发行还有助于提高发行公司的知名度和扩大其影响力。但这种发行方式也有不足，主要是手续繁杂，发行成本高。②不公开直接发行。不公开直接发行是指不公开对外发行股票，只向少数特定的对象直接发行，因而不需经中介机构承销。我国股份有限公司采用发起设立方式和以不向社会公开募集的方式发行新股的做法，即属于股票的不公开直接发行。这种发行方式弹性较大，发行成本低；但发行范围小，股票变现性差。

（2）股票销售方式

股票的销售方式指的是股份有限公司向社会公开发行股票时所采取的股票销售方法。股票销售方式有以下两类：

1）自销方式。它是指发行公司自己直接将股票销售给认购者。这种销售方式可由发行公司直接控制发行过程，实现发行意图，并可以节省发行费用；但往往筹资时间长，发行公司要承担全部发行风险，并需要发行公司有较高的知名度、信誉和实力。

2）承销方式。它是指发行公司将股票销售业务委托给证券经营机构代理。这种销售方式是发行股票所普遍采用的。

我国《公司法》规定股份有限公司向社会公开发行股票，必须与依法设立的证券经营机构签订承销协议，由证券经营机构承销。股票承销又分为包销和代销两种具体办法。所谓包销，是根据承销协议商定的价格，证券经营机构一次性全部购进发行公司公开募集的全部股份，然后以较高的价格出售给社会上的认购者。对发行公司来说，包销的办法可及时筹足资本，免于承担发行风险（股款未募足的风险由承销商承担）；但股票以较低的价格售给承销商会损失部分溢价。所谓代销，是证券经营机构代替发行公司代售股票，并由此获取一定的佣金；但不承担股款未募足的风险。

（3）股票发行价格

股票发行价格是股票发行时所使用的价格，也就是投资者认购股票时所支付的价格。以募集设立方式设立公司首次发行的股票价格，由发起人决定；公司增资发行新股的股票价格，由股东大会根据股票面额、股市行情和其他有关因素做出决议。

股票的发行价格可以和股票的面额一致，但多数情况下不一致。股票的发行价格一般有以下三种：

1）等价（Issuance at Par），就是以股票的票面额为发行价格，也称为平价发行。这种发行价格一般在股票的初次发行或在股东内部分摊增资的情况下采用。等价发行股票容易推销，但无从取得股票溢价收入。

2）时价（Issuance of Stock at Market Price），就是以本公司股票在流通市场上买卖的实际价格为基准确定的股票发行价格。其原因是股票在第二次发行时已经增值，收益率已经变化。选用时价发行股票，考虑了股票的现行市场价值，对投资者也有较大的吸引力。

3）中间价（Issuance of Stock at Mean Price），就是以时价和等价的中间值确定的股票发行价格。按时价或中间价发行股票，股票发行价格会高于或低于其面额。前者称溢价发行，后者称折价发行。如属溢价发行，发行公司所获得的溢价款列入资本公积。

我国《公司法》规定，股票发行价格可以等于票面金额（等价），也可以超过票面金额（溢价——Issuance of Stock at a Premium），但不得低于票面金额（折价——Issuance of Stock at a Discount）。

股票发行价格的确定既要有利于股票的顺利发行，为公司筹集施工投资所需的资金，又要有利于投资者认购股票和长期投资获得收益，以增强投资者的信心，在具体确定股票发行价格时，还应适当考虑以下因素：

1）每股收益。每股收益即每股净利润。每股收益高，说明公司盈利水平高，其发行价格可以定得高些。

2）同行业公司股票平均市盈率。股票发行价格一般按市盈率来计算。市盈率是股票每股市价为每股收益的倍数。同行业公司股票平均市盈率，反映该行业公司股票的平均价格水平。股票发行的市盈率一般低于同行业公司股票平均市盈率。

3）公司在行业中所处的地位。公司的信誉好、施工经营管理水平高，有成长性，市盈率可高于同行业公司平均市盈率。

3.2.2.4 股票上市

股份有限公司股票经国务院授权的证券管理部门批准，可以在证券交易所上市交易。股票进入证券交易所上市交易，需要符合一定的条件。

1）股票经国务院证券管理部门批准已向社会公开发行。

2）公司股本总额不少于人民币3 000万元。

3）向社会公开发行的股份达公司股份总额的25%以上；公司股本总额超过4亿元的，其向社会公开发行股份的比例为10%以上。

4）公司在最近3年内无重大违法行为，财务报告无虚假记载。经批准上市交易的股票发行公司，应在每个会计年度的中间，向证券管理部门报送中期财务报告书；在每个会计年度末，向证券管理部门报送经会计师事务所及其注册会计师签证的年末财务报告，并向公众公布。

3.2.2.5 普通股筹资的优缺点

1. 普通股筹资的优点

与其他筹资方式相比，普通股筹措资本具有如下优点：

1）发行普通股筹措资本具有永久性，无到期日，不需归还。这对保证公司对资本的最低需要、维持公司长期稳定发展极为有益。

2）发行普通股筹资没有固定的股利负担，股利的支付与否和支付多少，视公司有无盈利和经营需要而定，经营波动给公司带来的财务负担相对较小。由于普通股筹资没有固定的到期还本付息的压力，所以筹资风险较小。

3）发行普通股筹集的资本是公司最基本的资金来源。它反映了公司的实力，可作为其他方式筹资的基础，尤其可为债权人提供保障，增强公司的举债能力。

4）由于普通股的预期收益较高并可一定程度地抵消通货膨胀的影响（通常在通货膨胀期间，不动产升值时普通股也随之升值），因此，普通股筹资容易吸收资金。

2. 普通股筹资的缺点

与其他筹资方式相比，普通股筹措资本具有如下缺点：

1）普通股的资金成本较高。一方面，从投资者的角度来讲，投资于普通股风险较高，相应地要求有较高的投资报酬率；另一方面，对于筹资公司来讲，普通股股利从税后利润中支付，不像债券利息那样可以作为费用从税前支付，因而不具有抵税作用；此外，普通股的发行费用一般也高于其他证券。

2）以普通股筹资会增加新股东，这可能会分散公司的控制权，削弱原有股东对公司的控制权。

3.2.3 有限责任公司资本金的筹集和增减

有限责任公司是指由 50 个以下股东出资，每个股东以其认缴的出资额为限对公司承担责任，公司以其全部财产对公司的债务承担责任的企业法人。

有限责任公司与股份有限公司的区别主要表现在以下方面：①有限责任公司的全部资产不分为等额股份，公司向股东签发出资证明书而不发行股票。②有限责任公司的注册资本为在公司登记机关登记的全体股东认缴的出资额。③有限责任公司股东向股东以外的人转让其出资，必须经全体股东半数以上的同意，不同意转让的股东应当购买其转让的出资，经股东同意转让的出资，在同等条件下，其他股东对该出资有优先购买权；而股份有限公司股东持有的普通股可以在依法设立的证券交易所自由转让。

1. 有限责任公司资本金的筹集

有限责任公司资本金的筹集一般采用吸收直接投资的方式进行，即不以股票为媒介，而是通过协议等方式直接吸收国家、其他企业、个人和外商等投入资本，形成企业资本金的一种方式。这种方式也广泛适用于国有独资企业、私人独资企业、外资企业、合伙企业等非股份制企业。

有限责任公司的参股股东应当足额缴纳公司章程中规定的各自所认缴的出资额。股东以货币出资的，应当将货币出资足额存入准备设立的有限责任公司在银行开设的临时账户；以实物、知识产权或者土地使用权出资的，应当依法办理其财产权的转移手续。但在公司成立后，如发现作为出资的实物、知识产权、土地使用权的实际价值显著低于公司章程所定价额的，应当由交付该出资的股东补交其差额，公司设立时的其他股东对其承担连带责任。

有限责任公司成立后，应当向股东签发出资证明书。出资证明书应当载明：①公司名称、公司登记日期；②公司注册资本；③股东的姓名或者名称；④缴纳的出资额和日期；⑤出资证明书的编号和核发日期。出资证明书由公司盖章。

2. 有限责任公司资本金的增减

（1）有限责任公司增加资本金

有限责任公司增加资本金，必须经股东会议决议。股东认缴新增资本的出资，按照设立有限责任公司缴纳出资的规定进行。对作为增资的实物或土地使用权，必须进行评估作价。股东的增资只能将其约定投资比例计算的部分，作为其资本金；实际缴付超出其资本金的增资额，属于资本溢价，作为资本公积金。

（2）有限责任公司减少资本金

有限责任公司股东在公司登记后，不得抽回出资。如因工程任务长期不足等原因需要减少注册资本时，须经股东会议决议后，编制资产负债表及财产清单，并自做出减少注册资本决议之日起 10 日内通知债权人，于 30 日内在报纸上公告，清偿各项债务或为债务提供清偿保证。公司减少资本金后的注册资本不得低于法定的最低限额。

有限责任公司减少资本金一般采用发还出资的方式。如发还股款，应按约定投资比例的部分，作为投入资本金的发还。实际发还数超出资本金的数额，凡投入时有资本溢价的，首先冲销资本溢价减少资本公积金，而后依次冲销盈余公积金和未分配利润。

3.2.4 企业留存收益

企业留存收益（Cost of Retained Earnings），即内部积累，也是形成资本金来源的一条间接途径。留存收益是指企业从历年实现利润中提取或形成的留存于企业内部的积累，来源于企业经营活动所实现的利润。在我国的企业中，留存收益由盈余公积和未分配利润两部分组成。一般来说，企业的税后利润并不全部分配给投资者，还应按照规定的比例提取法定盈余公积金，有条件的还可以提取任意盈余公积金。此项公积金可以用来购建固定资产、进行固定资产更新改造、增加流动资产储备、采取新的生产技术措施和试制新产品、进行科学研究和产品开发等。企业可通过少支付现金股利，保留较多的留存收益以满足企业扩大再生产的资金需要。

留存收益属于企业权益资本的一部分，是企业进行权益筹资的重要方式。同其他筹资方式相比，留存收益基本上不存在筹资费用问题，可以节约筹资成本；利用留存收益筹资可以为股东获得节税上的好处；留存收益筹资属于权益融资，可以增强公司的资金实力，改善公司的资本结构，提高公司信用价值。但该形式也存在一些不利之处，例如，其筹资数量往往受股东意见等各因素的影响，不确定性较大；对股份公司而言，留存收益过多，则股利分派过少，可能会打击股票投资者的积极性，给公司股票价格的上涨带来不利影响；留存收益筹资的成本较高，几乎接近于普通股的筹资成本。

3.3 负债筹资

施工企业除了筹集资本金外，还可以根据施工生产经营和投资等需要，通过负债进行资金的筹集。负债筹资是现代企业一项重要的资金来源，是企业发展壮大自己的一种重要手段，几乎没有一个企业仅靠自有资本就能满足资金需要的。当前许多施工企业营运资金高度匮乏，高额负债成为其维系经营的主要手段，资产负债率平均高达85%~90%。

与普通股（资本金）筹资相比，负债筹集的资金具有使用上的时间性，须到期偿还；不论企业经营效果如何，须固定支付债务利息，从而形成企业的固定负担，增大财务风险。当企业负债率过高时，财务波动往往会对企业形成致命打击。负债筹资的途径主要包括发行企业债券、银行借款、融资租赁、以商业信用形式暂时占用其他企业单位的资金等。根据所筹资金可使用时间长短的不同，负债筹资可分为长期负债筹资和短期负债筹资两大类。

3.3.1 长期负债筹资

长期负债是指期限超过1年的负债。筹措长期负债资金，可以解决企业长期资金的不足，如满足长期性固定资产投资的需要；同时由于长期负债的归还期长，债务人可安排长期的还债计划，财务风险较小。但长期负债筹资成本一般较高，负债的限制条件较多，即债权人会通过一些限制性条款来保证债务人能够及时、足额地偿还债务本金和利息，从而形成对债务人的种种约束。

目前我国施工企业的长期负债筹资方式主要有发行企业债券、长期借款筹资和融资租赁三种。

1. 发行企业债券

企业债券（Bond）又称公司债券，它是企业为筹集资金而发行的，用以记载和反映债权债务关系的有价证券，是持券人拥有企业债权的债权证书。这里所说的债券指的是期限超过1年的公司债券，持券人可按期或到期取得规定利率的利息，到期收回本金。债券与股票不同，持券人无权参与企业施工生产经营管理决策，不能参加企业分红，对企业的经营亏损也不承担责任。

（1）企业债券的类型

企业债券的类型包括以下几种：

1）企业债券按其记名与否，分为记名债券和无记名债券。记名债券是在券面上记有持券人的姓名或名称的债券。企业发行此类债券时，只对记名人付息、还本。记名债券的转让由债券原持有人以背书等方式进行，并由发行企业将受让人的姓名或名称记载于企业债券存根簿；无记名债券是指在券面上不记有持券人姓名或名称的债券。付息还本以债券为凭，一般采用剪票付息方式，流动比较方便。

2）企业债券按其能否转换为公司股票，分为可转换债券和不可转换债券。可转换债券是指根据发行契约允许持券人按预定的条件、时间和转换率将持有的债券转换为公司普通股股票的债券。按照《公司法》的规定，上市公司经股东大会决议和国务院证券管理部门的批准，可发行可转换为股票的公司债券。发行可转换债券的企业，除具备发行企业债券的条件外，还应符合发行股票的条件。不可转换债券是指不能转换为公司股票的债券。

以上两种分类为我国《公司法》所确认。此外，按照国际通行做法，企业债券还有另外一些类别。

3）企业债券按其有无财产担保，分为抵押债券和信用债券。抵押债券是指发行企业有特定的财产作为担保品的债券。它按担保品的不同，又可分为不动产抵押债券、动产抵押债券和信托抵押债券。其中信托抵押债券是以企业持有的有价证券为担保而发行的债券。设定作为抵押担保的财产，企业没有处置权。如债券到期不能偿还，持券人可行使其抵押权，拍卖抵押品作为补偿。信用债券是指发行企业没有设定担保品，而仅凭其信用而发行的债券，通常由信用较好、盈利水平较高的企业发行。

4）按是否参加公司盈余分配，企业债券可以分为参加公司债券和不参加公司债券。债权人除享有到期向公司请求还本付息的权利外，还有权参加公司盈余分配的债券称为参加公司债券；反之则为不参加公司债券。

5）企业债券按其偿还方式的不同，分为定期偿还债券和随时偿还债券。定期偿还债券包括到期一次偿还和分期偿还两种：前者是指到期一次性全额偿还本息的债券；后者是指按规定时间分批偿还部分本息的债券。随时偿还债券包括抽签偿还和买入偿还两种：前者是指按抽签确定的债券号码偿还本息的债券；后者是指由发行企业根据资金余缺情况通知持券人还本付息的债券。

6）按利率的不同，企业债券分为固定利率债券和浮动利率债券。固定利率债券将利率明确记载于债券上，并按这一利率向债权人支付利息；浮动利率债券在发放利息时利率水平按照某一标准（如政府债券利率、银行存款利率等）的变化而同方向进行调整。

7）按能否上市，企业债券可以分为上市债券和非上市债券。可以在证券交易所挂牌交易的债券为上市债券，反之为非上市债券。上市债券信用度高，价值高，且变现速度快，所以非常吸引投资者；但债券上市条件严格，企业要承担上市费用。

8）其他分类还有收益公司债券、附认股权债券、附属信用债券等。收益公司债券是只有当公司获得盈利时才向持券人支付利息的债券。这种债券不会给发行公司带来固定的利息支出压力，但对投资者而言风险也较大，因此要求较高的回报。附认股权债券是附带允许债券持有人按特定价格（低于市场价）认购公司股票权利的债券，其票面利率通常低于一般公司债券。附属信用债券在发行公司清偿时，受偿权排列顺序低于其他债券，作为一种补偿，该类债券的利率高于一般债券。

(2) 企业发行债券的条件和程序

为了加强企业债券的管理，引导资金的合理流向，有效地利用社会闲散资金、保护各方合法权益。

企业发行债券，必须符合以下条件：①股份有限公司的净资产不低于人民币 3 000 万元，有限责任公司的净资产不低于人民币 6 000 万元；②累计债券余额不超过企业净资产额的 40%；③最近 3 年平均可分配利润足以支付企业债券一年的利息；④所筹集资金的投向符合国家产业政策；⑤债券的利率不得超过国务院限定的利率水平以及其他国务院规定的条件。

发行企业债券筹集的资金，必须用于审批机关批准的用途，不得用于弥补亏损和非生产性支出。有下列情况之一的企业，不得再次发行企业债券：①前一次发行的企业债券尚未募足的；②对已发行的企业债券或其债务有违约或者延迟支付本息的事实，且仍处于继续状态的。

股份有限公司、有限责任公司发行企业债券，应由董事会制定方案，经股东会议做出决议。国有独资企业发行企业债券，应由国家授权投资的机构做出决定。

企业向国务院证券管理部门申请批准发行企业债券时，应提交企业登记证明、企业章程、企业债券募集办法、资产评估报告和验资报告等文件。

发行企业债券的申请经批准后，应公告企业债券募集办法。在企业债券募集办法中应载明的主要事项包括企业名称、债券总额和债券的票面金额、债券的利率、还本付息的期限和方式、债券发行的起止日期、企业净资产额、已发行的尚未到期的企业债券总额、企业债券的承销机构（我国不允许公司直接向社会发行债券）。

(3) 企业债券发行价格的确定

企业债券的发行价格即投资者购买债券时所支付的价格，通常有平价发行、溢价发行和折价发行三种形式。平价发行即以债券的票面金额为发行价格；溢价发行即以高出债券票面金额的价格为发行价格；折价发行即以低于债券票面金额的价格为发行价格。债券发行价格的形成取决于以下四个因素：①债券面值。它是确定债券价格的基本因素。债券面值越大，发行价格越高。②票面利率又称息票率。票面利率越高，投资价值越大，其发行价格也越高。③市场利率又称贴现率。在债券面值与票面利率一定的情况下，市场利率越高，其发行价格越低。④债券期限。一般期限越长，其投资风险越大，要求的投资报酬率越高，债券发行价格可能越低。债券发行价格主要取决于票面利率与市场利率的一致程度。当两者一致时，债券采取平价发行；当票面利率高于市场利率时，债券采取溢价发行；反之，债券采取折价发行，以弥补投资者的利益损失。

从理论上来讲，债券发行价格由债券到期还本面值按市场利率折现的现值与债券各期利

息的现值两个部分组成。对到期一次还本付息的债券发行价格，其计算公式为

$$债券发行价格 = \frac{债券面值 \times (1 + 票面利率 \times 债券期限)}{(1 + 市场利率)^{债券期限}} \quad (3-1)$$

对分次付息到期还本的债券发行价格，其计算公式为

$$债券发行价格 = \sum_{t=1}^{n} \frac{债券面值 \times 票面利率}{(1 + 市场利率)^t} + \frac{债券面值}{(1 + 市场利率)^n} \quad (3-2)$$

式中　t——付息期数；
　　　n——债券期限。

上列公式表明：在债券面值与市场利率一定的情况下，债券发行价格取决于票面利率，即票面利率越低，债券发行价格越低；反之，则债券发行价格越高。

[例3-3]　某施工企业发行债券面值为1 000元，市场年利率为8%，债券期限为3年，每年年末付息一次，则在票面利率为10%、8%、6%时的发行价格分别如表3-3所示。

表3-3　某施工企业债券发行价格计算表　　　　　　　　　　（单位：元）

各年利息及还本现值	票面利率10%	票面利率8%	票面利率6%
第1年年末利息现值	92.59	74.07	55.56
第2年年末利息现值	85.73	65.59	51.44
第3年年末利息现值	79.38	63.51	47.63
第3年年末还本现值	793.83	793.83	793.83
债券发行价格	1 051.53	1 000.00	948.46

从表3-3可知：由于债券票面利率与市场利率的差异，债券发行价格可能出现三种情况，即溢价、等价和折价。当票面利率高于市场利率时，债券高于其面值溢价发行；当票面利率等于市场利率时，债券等于其面值等价发行；当票面利率低于市场利率时，债券低于其面值折价发行。

必须指出，上述债券发行价格的计算，没有考虑风险因素和通货膨胀等的影响。如持券期限较长，投资者要承担较大投资风险；如存在通货膨胀情况，会使今后还本付息贬值，这些都应通过贴现率的调整加以考虑。

2. 长期借款筹资

施工企业在施工生产经营过程中，如要扩大施工生产经营规模，进行基本建设、购建固定资产、更新改造工程和满足长期流动资金的需要，在自有资金不足的情况下，可向银行或其他金融机构借款。企业借入的使用期限超过一年的借款，称为长期借款，属于长期负债筹资方式。长期借款的种类很多，企业可以根据自身需要和借款条件不同分别选用。

（1）长期借款的种类

目前我国金融机构开设的长期借款种类主要有以下几种情况：

1）按照用途，可分为固定资产投资借款、更新改造借款、科技开发和新产品试制借款等。

施工企业向经办银行提出借款申请书并经审查同意后，即可与贷款银行签订借款合同。借款合同要规定借款项目的名称、用途、借款金额、借款利率、借款期限及分年用款计划、还款期限与分年还款计划、还款资金来源与还款方式、保证条件及违约责任，以及双方商定

的其他条款。通过签订借款合同，明确双方的经济责任。

借款合同签订后，借款企业在核定的贷款指标范围内，按银行对贷款的管理方法，根据用款计划支用借入资金。贷款银行如对该项借款采用分次转存支付的办法，则在按照合同分次支付借款时，先存入企业存款户，再从存款户中支付使用。贷款银行如采用指标管理的办法，则借款企业应按规定用途，支一笔借一笔。在这种情况下，借款企业应根据银行核定的年度借款指标，按照项目进度、工程建设支出的需要，向经办行支用借款。为了便于经办行对支用借款进行监督，借款企业应将工程进度计划等监管文件送经办行。

2）按照提供贷款的机构，可分为政策性银行贷款、商业银行贷款和保险公司贷款等。此外企业还可以从信托投资公司取得实物或货币形式的信托投资贷款，从财务公司取得各种中长期贷款等。

政策性银行贷款一般指执行国家政策性贷款业务的银行向企业发放的贷款。例如，国家开发银行为满足施工企业承建国家重点建设项目的资金需要而提供的贷款；中国进出口银行为大型施工机械设备的进出口提供的买方或卖方信贷。

保险公司贷款的期限一般长于银行贷款，但对贷款对象的选择较为严格。

3）按照有无担保，分为信用贷款和抵押贷款。信用贷款无须企业提供抵押品，仅凭借其信用或担保人信誉即可发放贷款；抵押贷款则要求借款企业以抵押品作为担保，长期贷款的抵押品一般是不动产、机械设备、股票和债券等。

企业申请长期贷款必须具备一定的条件：①独立核算、自负盈亏、有法人资格；②经营方向和业务范围符合国家产业政策，借款用途属于贷款管理办法规定的范围；③借款企业具有一定的物资和财产保证，担保单位具有相应的经济实力；④具有偿还贷款的能力；⑤财务管理和经济核算制度健全，资金使用效益及企业经济效益良好；⑥在银行设有账户，办理结算。

具备上述条件的企业欲取得贷款，先要向金融机构提出申请，陈述借款原因与金额、用款时间与计划、还款期限与计划。银行根据企业的借款申请，针对企业的财务状况、信用情况、盈利的稳定性、发展前景、借款投资项目的可行性等进行审查。经审查同意贷款后，再与借款企业进一步协商贷款的具体条件，明确贷款的种类、用途、金额、利率、期限、还款的资金来源及方式、保护性条件和违约责任等，并以借款合同的形式将其法律化。借款合同生效后，企业便可取得借款。

（2）长期借款合同的保护性条款

由于长期借款的期限长、风险大，按照国际惯例，金融机构通常要对借款企业提出一些有助于保证贷款按时足额偿还的条件。这些条件写入贷款合同中，形成了合同的保护性条款。归纳起来，保护性条款大致有以下两类。

1）一般性保护条款。一般性保护条款应用于大多数借款合同，但根据具体情况会有不同内容，主要包括：①对借款企业流动资金保持量的规定，其目的在于保持借款企业资金的流动性和偿债能力；②对支付现金股利和再购入股票的限制，其目的在于限制现金外流；③对资本支出规模的限制，其目的在于减小企业日后不得不变卖固定资产以偿还贷款的可能性，仍着眼于保持借款企业资金的流动性；④限制其他长期债务，其目的在于防止其他贷款人取得对企业资产的优先求偿权；⑤借款企业定期向银行提交财务报表，其目的在于及时掌握企业的财务情况；⑥不准在正常情况下出售较多资产，以保持企业正常的生产经营能力；

⑦如期缴纳税金和清偿其他到期债务，以防被罚款而造成现金流失；⑧不准以任何资产作为其他承诺的担保或抵押，以避免企业过重的负担；⑨不准贴现应收票据或出售应收账款，以避免或有负债；⑩限制租赁固定资产的规模，其目的在于防止企业负担巨额租金以致削弱其偿债能力并防止企业以租赁固定资产的办法摆脱对其资本支出和负债的约束。

2）特殊性保护条款。特殊性保护条款是针对某些特殊情况而出现在部分借款合同中的。它主要包括：①贷款专款专用；②不准企业投资于短期内不能收回资金的项目；③限制企业高级职员的薪金和奖金总额；④要求企业主要领导人在合同有效期间担任领导职务；⑤要求企业主要领导人购买人身保险等。

（3）长期借款的利息及偿还方式

长期借款的利率相对较高，但信誉好或抵押品流动性强的借款企业，仍然可以争取到较低的长期借款利率。长期借款利率有固定利率和浮动利率两种。浮动利率通常有最高、最低限制，并在借款合同中明确。对于借款企业来讲，若预测市场利率将上升，则应与金融机构签订固定利率合同；反之，则应签订浮动利率合同。

长期借款的偿还方式不一，包括定期支付利息、到期一次性偿还本金的方式；如同短期借款那样的定期等额偿还方式；平时逐期偿还小额本金和利息、期末偿还余下的大额部分的方式。第一种偿还方式会加大企业借款到期时的还款压力；而定期等额偿还又会提高企业使用贷款的实际利率。

（4）长期借款与长期债券的特点比较

与发行长期债券的筹资方式相比，长期借款筹资的特点包括以下几方面：

1）筹资速度快。长期借款的手续比发行债券简单得多，得到借款所花费的时间较短。

2）借款弹性较大。借款时企业与金融机构直接交涉，有关条件可谈判确定；用款期间发生变动，也可与对方再协商。而债券筹资所面对的是社会广大投资者，协商改善筹资条件的可能性很小。

3）借款成本较低。长期借款利率一般低于债券利率，且由于借款属于直接筹资，筹资费用也较少。

4）长期借款的限制性条款比较多，制约了企业的生产经营和对借款的利用。

3. 融资租赁

施工企业需要大型机械设备，在没有资金来源时，可采用融资租赁的办法获得。所谓融资租赁，就是由租赁公司按承租单位的要求融通资金购买承租单位所需的大型机械设备，在较长的契约或合同期内提供给承租单位使用的租赁业务。它是以融通资金为主要目的的租赁，是融资与融物相结合的、带有商品销售性质的借贷活动，是现代企业筹集资金的一种新形式。通过融资租赁，施工企业通过"融物"的形式达到了"融资"的目的，因此是承租人筹集长期借入资金的一种特殊方式。我国融资租赁行业近年来得到迅猛发展，截至2016年年底，我国融资租赁资产规模超过4.7万亿元，融资租赁公司总数达到7400多家，其中，国内公司220多家，外商投资公司7210多家。

（1）融资租赁业务的特征

融资租赁业务与传统的经营租赁业务相比较，具有如下特征：

1）兼有融资、融物两种职能。它通过为企业购买所需设备，并将所购设备租给企业使用的"融物"方式达到使企业完成特定方向的"融资"目的。

2）出租人保留租赁资产的所有权，但与该资产所有权有关的全部营运风险等环节已经全部转移给承租方。

3）该项业务涉及三方当事人的关系，至少要订立两个合同：一个是出租方与承租方之间订立的租赁合同；另一个是出租方与供货方之间订立的购货合同。这两个合同是相互联系、同时订立的。在两个合同的条款中，都需明确规定相互间的关系、权利和义务。如在租赁合同中，要规定承租方负责验收设备，出租方不负责所购设备质量、数量不符的责任，但出租方授权承租方负责向供货方交涉索赔。在购货合同中，则规定所购设备出租给承租方使用，授权承租方验收设备和索赔。

4）融资租赁合同一经订立，任何一方不得撤销。为了保护各方的利益，承租方不能因为市场利率降低而在租期未到前提前终止合同，也不能因为有了新型高效率设备而撤销合同，退还设备；同样，出租方也不能因为市场利率提高或设备涨价而要求提高租赁费。

5）承租方对设备和供货商有选择的权利。在融资租赁中，设备是由出租方根据承租方的设备清单和选定的厂商购买的，承租方参加谈判，设备按承租方所指定的地点由供货方直接运交承租方并由承租方对设备的质量、规格、技术性能和数量等方面进行验收。出租方凭承租方的验收合格通知书向供货方支付货款。

6）租赁期满，承租方有权按合同中规定的归承租方留购、续租或退回出租方等方式对设备进行处置。在国外，承租方要将租赁设备留归自己所有，必须以议定价格或名义价格购买。所谓名义价格，就是以一元或若干元的价格，实质上是为了完成法律手续，将出租方对设备的所有权转让给承租方。我国财务制度曾规定，只要租赁期满，就可将融资租赁设备按合同规定转归承租方所有，不必办理所有权转让法律手续。

7）在大多数情况下，出租人不承担保险和税收义务，而是由承租人履行这些义务并承担租赁资产的折旧、修理及其他相关费用，即承租人在租赁期间应将所承租设备视同本公司所有财产。

（2）融资租赁设备租赁费的计算

融资租赁设备的租赁费，除租赁设备的购置成本、利息和有关费用外，还应包括出租方一定的利润。计算融资设备的租赁费，首先要确定租赁利率。租赁利率也叫内含利率，即包括手续费和一定利润在内的利率。租赁利率的确定，要考虑多方面因素，其中主要是租赁合同签订时出租方在金融市场上所能筹措到的资金成本，即金融市场利率加上一次性的筹资费用如担保费、法律费用等。利率有固定和浮动两种，用固定利率计算的租赁费在整个租赁期间不变；以浮动利率计算的租赁费，每期的租赁费随每期期初利率的变化而变化。一般来讲，融资租赁大都采用固定利率。因为就承租方来说，固定租赁费有利于较正确地预计施工生产成本，而且无利率变动的风险，特别是在通货膨胀期间。

融资租赁设备的租赁费的计算，一般可根据设备成本（包括买价、运输费、途中保险费及安装调试费等）和租赁利率、租赁期限、租赁费支付次数，按照下列公式进行计算：

$$每年支付租赁费 = 租赁设备成本 \times \frac{i(1+i)^n}{(1+i)^n - 1} \quad (3-3)$$

式中　　i——租赁利率；

n——租赁费支付次数，即租赁年限乘以每年支付次数；

$\dfrac{i(1+i)^n}{(1+i)^n - 1}$——资本回收系数，是普通年金现值系数的倒数。

[**例3-4**] 某施工企业向机械设备租赁公司融资租赁一台大型起重机，该台起重机购置成本为500万元，租赁年利率为10%，每年年底支付一次，租赁期为5年，则

$$每年支付租赁费 = 500 万元 \times \dfrac{0.1 \times (1+0.1)^5}{(1+0.1)^5 - 1} = 500 万元 \times 0.2638$$

$$= 131.9 万元$$

假如融资租赁固定资产的安装调试费由承租方用自有资金支付，则在计算租赁费时的融资租赁固定资产成本，不应包括安装调试费。

又如租赁费不是按年支付，而是按月支付，则要将年利率换算成月利率，并将租赁费支付次数按60次（12次×5）考虑，然后按照上列公式计算每次支付的租赁费用。

（3）融资租赁的优缺点

施工企业采用融资租赁方式解决资金融通问题有如下优点：

1）在企业资金短缺的情况下，可以引进先进机械设备，加速技术改造的步伐。融资租赁这种筹资渠道可以先不付或先付很少的钱，却能得到所需的机械设备，进一步增加了公司筹资的灵活性。机械设备投产后，企业可以用施工经营所得在一定年度内分期偿付租赁费。这样，企业可以早引进、早投产、早得益，争取到技术竞争优势。当今世界，技术日新月异，有先进技术、先进机械设备的企业才能承担大型建筑安装工程，才能建造优质、低成本的工程。如果单纯依靠企业自身积累资金购买机械设备，就可能会错失良机、失去市场。

2）融资与融物相结合，可以加速技术设备的引进。企业购买国内外机械设备，一般至少需要两个环节：首先是筹措资金环节，向银行申请贷款，经审查批准需要相当长的时间；第二个环节是向生产厂商采购国内机械设备或委托外贸公司采购国外机械设备。环节增多，手续、费用也就增加。利用融资租赁方式，融资与引进机械设备，都由机械设备租赁公司承担，使施工企业能迅速获得所需机械设备，又可节约费用开支；并且采用融资租赁方式，承租企业与生产厂商直接见面，直接参加洽谈，择优选购，可以获得较满意的机械设备。

3）可以促使企业加强管理，努力提高经济效益。企业采用融资租赁方式租入机械设备，要按期支付租赁费用，这就促使企业在租赁机械设备以前，要从经济上、财务上很好地分析计算投产后的经济效益和还款能力。机械设备引进后，为了支付租赁费，企业势必要提高机械设备的完好率和利用率，加强管理。

4）租赁费用可以在所得税前扣除，承租公司因此可以享受税收上的优惠。

融资租赁与其他筹资方式相比，也存在以下一些不足之处：

1）融资成本相对较高。尽管融资租赁没有明显的利息成本，但出租人所获得的报酬必定隐含于其租金中。一般来说，融资租赁的租金总额通常要高于一次性购买设备的价值的30%左右。而且在财务困难时期，每期固定支付的租金也容易成为企业的一项沉重的负担。

2）承租人对资产进行改良需要经过出租人同意，否则不得随意进行。采用融资租赁方式，如果不能享有设备残值，也可以视为是企业的一项机会损失。

3）承租人要承担市场利率降低或技术更新过快所带来的风险。

3.3.2 短期负债筹资

短期负债筹资一般是指企业筹资期限不超过1年的筹资行为。与长期负债筹资相比较，

短期负债筹资有如下一些特点：

1）筹资速度快，容易取得。长期负债的债权人为了保护自身利益，往往要对债务人进行全面的财务调查，因此筹资所需时间一般较长且不易取得。短期负债在较短时间内即可归还，债权人承担风险较低，因此，在财务审查方面较简单，借款容易取得。

2）筹资富有弹性。举借长期负债，债权人或有关方面经常会向债务人提出很多限定性条件或管理规定；而短期负债的限制则相对宽松，使筹资企业的资金使用较为灵活，富有弹性。

3）筹资成本相对较低。由于债权人承担的风险相对较小，因此短期负债的利率低于长期负债，筹资成本相对较低。

4）筹资风险高。短期负债需要在短期内偿还，因而要求筹资企业在短期内拿出足够的资金偿还债务；若企业届时资金安排不当，就会陷入财务危机。此外，短期负债利率的波动性较大，一时高于长期负债的利率水平的可能性也是有的。

目前我国施工企业短期负债筹资的主要形式是商业信用和短期借款。

1. 商业信用

商业信用是企业在商品购销活动过程中因预收货款或延期付款而形成的企业间的借贷关系。它是在商品交易中因货物与钱款在时间上的分离而形成的企业间的直接信用行为。因此，在西方国家又称之为自然筹资方式。由于商业信用是企业间相互提供的，因此在大多数情况下，商业信用筹资属于无成本筹资。该形式运用广泛，在短期负债筹资中占有相当大的比重。

商业信用的种类一般包括预收工程款、应付账款、应付票据等。

（1）预收工程款

预收工程款从建设单位角度又称为工程预付款，是建设工程施工合同订立后由发包人按照合同约定，在正式开工前预先支付给承包人的工程款。它是施工准备和所需要材料、结构件等流动资金的主要来源，国内习惯上又称为预付备料款。工程预付款的具体事宜由承发包双方根据建设行政主管部门的规定，结合工程款、建设工期和包工包料情况在合同中约定。

在《建设工程施工合同（示范文本）》（GF—2013—0201）中，对有关工程预付款做了如下约定：实行工程预付款的，预付款的支付按照专用合同条款约定执行，但至迟应在开工通知载明的开工日期7天前支付。预付款应当用于材料、工程设备、施工设备的采购及修建临时工程、组织施工队伍进场等。

除专用合同条款另有约定外，预付款在进度付款中同比例扣回。在颁发工程接收证书前，提前解除合同的，尚未扣完的预付款应与合同价款一并结算。

发包人逾期支付预付款超过7天的，承包人有权向发包人发出要求预付的催告通知，发包人收到通知后7天内仍未支付的，承包人有权暂停施工，并按《建设工程施工合同（示范文本）》第16.1.1项〔发包人违约的情形〕执行。

发包人要求承包人提供预付款担保的，承包人应在发包人支付预付款7天前提供预付款担保，专用合同条款另有约定除外。预付款担保可采用银行保函、担保公司担保等形式，具体由合同当事人在专用合同条款中约定。在预付款完全扣回之前，承包人应保证预付款担保持续有效。

发包人在工程款中逐期扣回预付款后，预付款担保额度应相应减少，但剩余的预付款担保金额不得低于未被扣回的预付款金额。

工程预付款额度,各地区、各部门的规定不完全相同,主要是为保证施工所需材料和构件的正常储备。它一般是根据施工工期、建安工作量、主要材料和构件费用占建安工作量的比例以及材料储备周期等因素经测算来确定的。发包人根据工程的特点、工期长短、市场行情和供求规律等因素,招标时在合同条件中约定工程预付款的百分比。

预收工程款或工程预付款是施工工程发包单位和承包单位之间的直接信用行为。它不但可以缓和施工企业收支不平衡的矛盾,而且可以防止发包建设单位在投资上留有缺口,或因通货膨胀导致投资不足时拖欠工程款,给施工企业的流动资金周转带来困难。

(2) 应付账款

应付账款是赊购商品或延期支付劳务款时形成的应付欠款,是一种典型的商业信用形式。施工企业向销货单位购买机械设备、建筑材料,商定在收到货物后一定时期内付款,在这段时期内,等于施工企业向销货单位借了款。销货单位利用这种方式促销,而从购货方的角度来说可以弥补企业暂时的资金短缺。应付账款不同于应付票据,它采用"赊购"的方式,依据企业之间的信用来维系。

1) 应付账款的成本。同应收账款相对应,应付账款也有付款期限、折扣率、折扣期等信用条件。根据筹资企业对信用条件的利用情况,应付账款可以分为免费信用,即筹资企业在规定折扣期内享受折扣而获得的信用;有代价信用,即筹资企业放弃折扣(付出代价)而获得的信用;展期信用,即筹资企业超过规定信用期延迟付款而强行获得的信用。展期信用一般意味着企业无形资产(信誉)的损失,对企业影响较大。

[例3-5] 某企业按2/10、N/30(即10天内付款可以享受2%的折扣,30天内则按照发票金额付款)的条件购入货物100万元。如果该企业在10天内付款,便享受了10天的免费信用期,并获得折扣2万元(100万元×2%),倘若该企业放弃折扣,在10天后(不超过30天)付款,该企业便要承受因放弃折扣而造成的隐含利息成本。一般而言,企业如若放弃折扣优惠,则会将付款期推迟到信用期的最后一天,所以放弃现金折扣的成本可由下式求得:

$$\frac{\text{放弃现金}}{\text{折扣成本}} = \frac{\text{折扣百分比}}{1-\text{折扣百分比}} \times \frac{360 \text{天}}{\text{信用期}-\text{折扣期}} \tag{3-4}$$

可以计算,该企业放弃折扣所负担的筹资成本为:

$$\frac{2\%}{1-2\%} \times \frac{360 \text{天}}{30 \text{天} - 10 \text{天}} = 36.73\%$$

式(3-4)表明,放弃现金折扣的成本与折扣百分比的大小、折扣期的长短同方向变化,与信用期的长短反方向变化。可见,如果买方企业放弃折扣而获得信用,其代价是较高的。然而,企业在放弃折扣的情况下,推迟付款的时间越长,其成本便会越小。例如,如果企业能够延至50天付款,则其成本为:

$$\frac{2\%}{1-2\%} \times \frac{360 \text{天}}{50 \text{天} - 10 \text{天}} = 18.37\%$$

因此企业一旦放弃折扣,就都会将付款期延至信用期最后一天。而企业展期付款虽能降低放弃折扣成本,但无形资产的损失将是巨大的。展期付款带来的损失主要是指因企业信誉恶化而丧失供应商乃至其他贷款人的信任以至日后招致苛刻的信用条件。

2) 利用现金折扣的决策。在附有信用条件的情况下,因为获得不同信用要负担不同的代价，买方企业便需要针对信用政策的利用做出决策。一般来说，如果能以低于放弃折扣的隐含利息成本（实质是一种机会成本）的利率借入资金，便应在现金折扣期内用借入的资金支付货款，享受现金折扣。例如，若与上例同期的银行短期借款年利率为12%，则买方企业应利用借款在折扣期内偿还应付账款享受折扣；反之，企业应放弃折扣。

如果在折扣期内将应付账款用于短期投资，所得的投资收益高于放弃折扣的隐含利息成本，则应放弃折扣而去追求更高的收益。当然，假使企业放弃折扣优惠，也应将付款日推迟至信用期内的最后一天以降低放弃折扣的成本。

如果企业因缺乏资金而欲展期付款（如上例中将付款日推迟到第50天），则需在降低了的放弃折扣成本与展期付款带来的损失之间做出选择。

如果面对两家以上提供不同信用条件的卖方，应通过衡量放弃折扣成本的大小，选择信用成本最小（或所获利益最大）的一家。如上例中另有一家供应商提出2/20、N/45的信用条件，则其放弃折扣的成本为

$$\frac{2\%}{1-2\%} \times \frac{360 \text{ 天}}{45 \text{ 天} - 20 \text{ 天}} = 29.39\%$$

与上例中2/10、N/30信用条件的情况相比，后者的放弃折扣成本略低。

（3）应付票据

应付票据是企业进行延期付款购货时，根据购销合同，向卖方开出或承兑的反映债权债务关系的商业票据。根据承兑人不同，应付票据分为商业承兑汇票和银行承兑汇票两种。应付票据的付款期限，最长不超过6个月。应付票据分为带息和不带息两种。带息票据要加计利息，不属于免费筹资；而不带息票据，则不计利息，与应付账款一样，属于免费信用。我国目前大多数应付票据属于不带息票据。应付票据的利率一般低于银行借款利率，且无须保持相应的补偿性余额和支付协议费，所以其筹资成本低于银行短期借款。但应付票据到期必须归还，延期则要交付罚金，因而财务风险相对大些。

从西方企业结算业务来看，一般是企业在无力按期支付应付账款时，才由买方开出带息票据。因此，它是在应付账款逾期未付时，以票据方式重新建立信用的一种做法，与我国商业票据的应用不完全相同。

商业信用筹资最大的优越性在于容易取得。首先，对于多数企业来说，商业信用是一种持续性的信贷形式，且无须正式办理筹资手续；其次，如果没有现金折扣或使用不带息票据，则商业信用筹资不负担成本。其缺点在于筹资期限较短，通常在放弃现金折扣时所付出的成本较高。

2. 短期借款

短期借款是指企业向银行和其他非银行金融机构借入的期限在一年以内（含一年）的借款。

（1）短期借款的种类

我国目前的短期借款按照目的和用途来划分，主要有生产周转借款、临时借款、结算借款等。按照国际通行的做法，短期借款还可依偿还方式的不同，分为一次性偿还借款和分期偿还借款；依利息支付方法的不同，分为收款法借款、贴现法借款和加息法借款；依有无担保物，分为抵押借款和信用借款等。

企业通过短期借款筹资，也必须首先提出申请，经审查同意后借贷双方签订借款合同，

注明借款的用途、金额、利率、期限、还款方式和违约责任等;然后企业才能根据借款合同办理借款手续并取得借款。

(2) 短期借款的信用条件

按照国际通行的做法,金融机构发放短期借款也往往带有一些信用条件以减少风险,企业在申请借款时,应根据各种借款的条件和需要加以选择。这些约束性的信用条件主要有以下几个:

1) 信贷限额 (Line of Credit)。它是指金融机构对借款人规定的无担保贷款的最高限额。信贷限额的有效期限通常为一年,但根据情况也可延期一年。一般来讲,企业在批准的信贷限额和有效期内,可随时使用银行借款。但是,银行并不承担必须提供全部信贷限额的义务;如果企业信誉恶化,即使银行曾同意过按信贷限额提供贷款,企业也可能得不到借款。这种情况下银行无须承担任何法律责任。

2) 周转信贷协定 (Revolving Credit Agreement)。它是指银行具有法律义务地承诺在一定期限内提供不超过某一最高限额的贷款协定。在协定的有效期内,只要企业的借款总额未超过最高限额,银行就必须满足企业任何时候提出的借款要求。企业享用周转信贷协定,通常要就贷款限额的未使用部分付给银行一笔承诺费 (Commitment Fee)。

[例3-6] 某周转信贷额为1 000万元,承诺费率为0.5%,借款企业年度内共使用了600万元,尚有400万元未曾动用,借款企业该年度要向银行支付承诺费2万元 (400万元 × 0.5%)。这是银行向企业提供此项贷款的一项附加条件。

周转信贷协定的有效期通常超过一年,但实际上贷款每几个月发放一次,所以这种信贷条件具有短期借款和长期借款的双重属性。

3) 补偿性余额 (Compensating Balances)。它是指银行要求借款企业在银行中保持按贷款限额或实际借用额一定比例 (一般为10%~20%) 计算的最低存款余额。从银行的角度来讲,补偿性余额可降低贷款风险,必要时用以补偿放贷方可能遭受的贷款损失;而对于借款企业来讲,补偿性余额则提高了借款的实际利率。

[例3-7] 某企业按年利率8%向银行借款100万元,银行要求维持贷款额度15%的补偿性余额,这就相当于企业实际可用的借款只有85万元,计算该项借款的实际利率。

$$\frac{100\text{万元} \times 8\%}{100\text{万元} \times (1-15\%)} \times 100\% = 9.41\%$$

短期借款筹资中的周转信贷协定、补偿性余额等条件也同样适用于长期借款,并提高长期借款的实际利率水平。

4) 借款抵押。金融机构向财务风险较大的企业或对其信誉不甚有把握的企业发放贷款,会要求企业提供抵押品做担保,以减少自己蒙受损失的风险。短期借款的抵押品通常是借款企业的应收账款、存货、股票、债券等。金融机构接受抵押品后,将根据抵押品的核定价值决定贷款金额,一般为抵押品核定价值的30%~90%。这一比例的高低,取决于抵押品的变现能力和贷款方的风险偏好。抵押借款的筹资成本通常偏高,因为贷款方将抵押贷款看成是一种风险投资,故而收取较高的利率;同时金融机构管理抵押贷款要比管理非抵押贷款困难,为此往往另外收取手续费。

企业向贷款人提供抵押品,会限制其财产的自由使用和未来的借款能力。

5) 偿还条件。贷款的偿还有到期一次偿还和在贷款期内定期 (每月、季) 等额偿还两种方式。一般来讲，企业不希望采用后一种偿还方式，因为这会提高借款的实际利率；而银行不希望采用前一种偿还方式，因为这会加重企业的财务负担，增加企业拒付的可能性。

6）其他承诺。银行有时还要求企业为取得贷款而做出其他承诺，如及时提供财务报表、保持适当的财务水平（如特定的流动比率）等。如企业违背所做出的承诺，银行可要求企业立即偿还全部贷款。

（3）短期借款利率及利息支付方法

短期借款的利率多种多样，利息支付方法也各不相同，金融机构将根据借款企业的具体情况选用。

1）短期借款利率。短期借款的优惠利率是银行向财力雄厚、经营状况好的企业贷款时收取的名义利率，为贷款利率的最低限；浮动优惠利率则是一种随其他短期利率的变动而浮动的优惠利率，即随市场条件的变化而随时调整变化的优惠利率；非优惠利率是银行贷款给一般企业时收取的高于优惠利率的利率，这种利率经常在优惠利率的基础上加一定的百分比。例如，银行按高于优惠利率1%的利率向某企业贷款，若当时的最优利率为8%，向该企业贷款收取的利率即为9%。非优惠利率与优惠利率之间差距的大小，由借款企业的信誉、与银行的往来关系及当时的信贷状况所决定。

2）借款利息的支付方法。一般来讲，借款企业可以用三种方法支付银行贷款利息。

①收取法是在借款到期时向银行支付利息的方法。银行向工商企业发放的贷款大都采用这种方法收息。

②贴现法是银行向企业发放贷款时，先从本金中扣除利息部分，到期时借款企业偿还贷款全部本金的一种计息方法。采用这种方法，企业可利用的贷款额只有本金减去利息部分后的差额，因此贷款的实际利率高于名义利率。

[例3-8] 某企业从银行取得借款100万元，期限1年，年利率（即名义利率）8%，利息额8万元（100万元×8%）；采用贴现法付息，企业实际可利用的贷款额只有92万元（100万元－8万元）。计算该项贷款的实际利率。

$$\frac{8\ 万元}{100\ 万元-8\ 万元}\times100\%=8.7\%$$

③加息法是银行发放分期等额偿还贷款时采用的利息收取方法。在分期等额偿还贷款的情况下，银行要将根据名义利率计算的利息加到贷款本金上，计算出贷款的本息和，要求企业在贷款期内分期偿还本息之和的金额。由于贷款分期均衡偿还，借款企业实际上只平均使用了贷款本金的半数，却支付全额利息。这样，企业所负担的实际利率便高于名义利率大约1倍。

（4）短期借款筹资的特点

在短期负债筹资中，短期借款的重要性仅次于商业信用。短期借款可以随企业的需要合理安排，便于灵活使用，且取得也较简便；但其突出的缺点是短期内要归还，特别是在带有诸多附加条件的情况下更使财务风险加剧。

施工企业的季节性储备贷款是企业短期借款中较为特别的项目。因为施工生产大都在露天进行，要受气候的影响。在有些季节，施工生产比较集中，所需材料储备就要增加。又如某些建筑材料，在生产、供应和运输等方面也存在季节性因素，需要提前采购储备，如河捞卵石只能在雨季或汛期前供应；北方水运原木要在封冻期前储备等。这样，施工企业在某一时期实际需要的流动资金，就会超出定额流动资金，如果企业没有多余流动资金，就得向银行或其他金融机构举借季节性储备贷款。

但无论何种借款，借款企业都应按照合同规定按期偿还借款本息或续签合同。如不能归还，贷款方可按合同规定，从借款企业的存款中扣回借款本息及罚金。借款企业如因资金调度困难需要延期归还借款时，应向贷款方提出延期还款计划。经审查同意后，按照延期还款计划归还借款。

3.3.3 债务资金的优化组合

由于各种债务资金性质和筹资成本、便利程度有很大区别，施工企业在筹集债务资金时，要注意债务资金的优化组合，优选债务种类、优化债务期限及利率结构，使这种筹资方式发挥更大的优势。

1. 债务种类优化

在各种债务资金中，预收工程款、应付账款、应付票据等商业信用的筹资成本最低，一般不存在资金成本，且可以滚动使用；但用款期限较短。银行借款手续比较简便，利率低于债券资金；但通常附带一些限制性条款。债券资金用款期限较长，受债权人干涉较小；但发行债券手续较烦琐，资金成本较高。由于银行借款、债券资金和商业信用占用资金各有利弊，企业必须根据资金市场情况，依据自身条件，优选债务资金种类，在债务资金成本与债务约束之间寻求平衡，以求少约束、多功能而又低成本地利用债务资金。

2. 债务期限优化

一般来说，债务资金偿还期限越长越好。因为债务偿还期限越长，举债单位使用债权人资金的时间越长，有利于合理使用资金并加以偿还；但债务资金使用期越长，资金成本也就越高。债务资金使用期短的资金成本虽低，但不能按时还本付息的风险较大。因此，企业对不同期限的债务资金应合理搭配，以保持每年还款额的相对均衡，避免还款期限的过度集中。合理的债务还款期限组合，应以中长期债务为主，短期债务为辅，并从整体上形成较长的使用期限，以防由于债务资金偿还期限结构的不合理造成一时之间财务危机的局面。

3. 债务资金利率结构优化

企业债务资金利率结构的优化是指债务资金的利息支付结构和利息习性结构的合理搭配。利息的支付结构由单利法和复利法组成，在其他条件相同的情况下，企业应尽可能选择到期按单利法付款的方式，这种方式的实际利率相对最低。利率的习性结构由固定利率和浮动利率组成，在通货膨胀持续、预期利率会上升的情况下，企业应选择固定利率以减少筹资成本；反之，则应选择浮动利率以避免风险。

必须指出，债务资金和资本金在本质上存在不同，体现着不同的经济关系。资本金是所有者的投资，体现所有权关系，可长期使用。它同企业利润分配有密切的联系，投资者既享有权利，又承担有限责任，权益资本收益是对净利润分配的一种途径；债务资金是债权人的资金，体现债权债务关系，企业要按期偿还，一般要按固定利率付息，利息多少同企业利润分配没有联系。在我国，债务资金的利息计入财务费用，在计提企业所得税前扣除，而不从税后净利润中支付。企业在筹集资金时，应权衡这两类资金的经济性质和相应的经济利益问题，有选择地加以利用并保持两者的结构平衡。

3.4 资金成本的计算

施工企业筹集资金，必须在考虑货币时间价值的基础上研究资金利用的成本问题。只有当企业的资金利润率或项目投资报酬率高于资金成本时，企业才能利用所筹集和使用的资金取得较好的经济效益。

3.4.1 资金成本概述

1. 资金成本的含义

资金成本是一种机会成本，是在商品经济条件下由于资金所有权和资金使用权分离而形成的一个经济概念。从企业筹资的角度来讲，它是资金使用者向资金所有者和融资机构支付的资金占用费和资金筹集费。

施工企业筹集资金的资金成本就是企业为取得和使用资金而支付的各种费用。其中，资金筹集费是指企业在资金筹集过程中支付的各项费用，包括向银行借款支付的手续费、股票债券印刷费、委托金融机构代理发行股票债券的手续费和注册费、律师费、资信评估费、公证费、担保费、广告费等。这项费用通常是一次性支付的。资金占用费主要包括货币时间价值补偿和投资者要考虑的投资风险补偿两部分。投资风险大的资金，其占用费率也较高，如长期借款利率高于短期借款利率、债券利率高于银行借款利率、股利率高于债券利率等。资金占用费同筹集资金额度、资金占用期限有直接联系，可看作资金成本的变动费用，是在资金占用期间每期发生的；资金筹集费同筹集资金额度、资金占用期限一般没有直接的联系，可看作资金成本的固定费用。

2. 资金成本的定义及计算公式

在不同条件下筹集资金的成本并不相同。为了便于分析比较，资金成本通常以相对数表示。施工企业使用资金所负担的费用同筹集资金净额的比率，称为资金成本率（通常也叫资金成本）。资金成本率和筹集资金总额、资金筹集费、资金占用费的关系，可用下列公式表示：

$$K = \frac{D}{P-f} \qquad (3-5)$$
$$= \frac{D}{P(1-F)}$$

式中 K——资金成本率；
D——资金占用费；
P——筹集资金总额；
f——资金筹集费；
F——筹资费率。

即 $$资金成本率 = \frac{资金占用费}{筹集资金总额 - 资金筹集费} \times 100\%$$
$$= \frac{资金占用费}{筹集资金总额 \times (1 - 筹资费率)} \times 100\%$$

$$筹资费率 = \frac{资金筹集费}{筹集资金总额} \times 100\%。$$

当然，在筹集资金时估算的资金成本只是一个预测的估计值。因为据以测定资金成本的各项因素，都不是实际发生的数字，而是根据现在和未来的情况来确定的，今后都可能发生变动。

资金成本具有一般产品成本的基本属性，又有不同于一般产品成本的某些特征。产品成本既是资金耗费，又是补偿价值。资金成本是企业的耗费，企业要为此付出代价，而这代价最终也要作为收益的扣项来获得补偿，并且只能由企业自身进行补偿。但是资金成本又不同于一般产品成本，它不是都能计入工程、产品成本的财务费用的，其中有的如股利是作为利润的分配额而不直接表现为费用开支。

3. 资金成本的作用

（1）正确计算和合理降低资金成本是制定筹资决策的基础

资金成本是财务管理的一个重要概念。企业要达到股东财富最大化就必须使所有投入最小化，其中包括资金成本最小化。因此，正确计算和合理降低资金成本，是制定筹资决策的基础。

（2）资金成本是企业选择资金来源、拟定筹资方案的依据

企业从不同来源取得的资金，其成本是不同的。企业资金构成发生变动，综合的资金成本率也会变动。为了以最少的代价、最方便地取得企业所需的资金，就必须分析各种资金来源资金成本的高低，并合理地加以配置。当然，资金成本并不是选择筹资方式所要考虑的唯一因素。在各种筹资方式中，资金使用期的长短、资金取得的难易、资金偿还的条件等也是应该综合考虑的因素。但资金成本作为一项经济因素，直接关系到筹资的经济效益，是一个不容回避的问题。

（3）资金成本是评价企业固定资产投资项目可行性的主要经济标准

西方把资金成本定义为"一个投资项目必须挣得的最低收益率，以证明分配给这个项目的资金是合理的"。任何投资项目，如果它预期的投资报酬率不能达到资金成本率，则企业的收益在支付资金成本后将发生亏损，这个项目在经济上就是不可行的。只有预期的投资报酬率超过资金成本率，这个项目在经济上才是可行的。

3.4.2 不同筹资方式资金成本的计算

施工企业资金筹集的方式很多，各种筹资方式所获取的资金成本的计算方法也不一样。在同等条件下计算不同筹资方式的资金成本，有利于企业进行横向对比，进行资本结构决策。

1. 银行借款资金成本（Cost of Loan）

施工企业向银行借款，需要支付按规定利率计算的利息，一般不产生或只产生很少的筹集费用，如手续费、代理费、杂费、担保费、承诺费等。手续费是借款人按贷款额一定比例支付给贷款银行，属于银行在业务经营中的成本开支，包括房租、水电、人员工资和各种税金等；代理费是由银团贷款中的牵头银行向借款人收取的电报、电传、办公和联系等费用开支；杂费是由银团贷款中的牵头银行向借款人收取的为在借贷双方谈判至签订贷款协议期间而支付的差旅费和律师费等；担保费是按借款金额的一定比例支付给担保人的费用；承诺费

是借款人在借贷双方签订协议后没有按期使用贷款,造成贷款银行资金闲置而由借款人给予补偿的一种费用。上列各项费用,不一定在每项借款时都会发生,要根据贷款银行或银团的有关规定估算,一般可估算一个筹资费率。如果该项费用在贷款额度中所占比例非常小,通常在计算资金成本时可以忽略不计。由于借款利息可以计入财务费用,在计算企业所得税的应纳税所得额之前列支,因此,在企业盈利的情况下,就可少缴一部分所得税。这样,企业净利润中实际负担的借款利息就应扣除少缴所得税部分。银行借款资金成本的计算公式为

$$K_1 = \frac{I_1(1-T)}{L(1-F_1)} \tag{3-6}$$

式中 K_1——银行借款资金成本;

I_1——银行借款资金成本年利息;

T——企业所得税税率;

L——银行借款筹资额度,即借款本金;

F_1——银行借款筹资费用率。

因为银行借款年利率可以表示为 $R_1 = \frac{I_1}{L}$,所以上式也可以写作 $K_1 = \frac{R_1(1-T)}{1-F_1}$。

[例3-9] 某施工企业向银行借款500万元,年利率为10%,企业所得税税率为25%,筹资费用率为0.5%,计算年度借款资金成本。

$$K_1 = \frac{500\,\text{万元} \times 10\% \times (1-25\%)}{500\,\text{万元} \times (1-0.5\%)} = 7.54\%$$

如果银行借款附带补偿性余额条款,则应在借款本金中先扣除补偿性余额后再计算借款资金实际成本。

2. 债券筹资成本(Cost of Bond)

企业发行债券通常都事先规定给付的年利率(一般高于同期银行存款利率),因为购买企业债券不但要承担风险,而且不能随时提取。企业支付的债券利息,同银行借款利息一样,可以计入财务费用,在税前利润列支。因此,在企业盈利的情况下也可少缴一部分所得税,企业实际负担的债券利息,也应扣除少缴所得税部分。

企业发行债券,要发生申请发行的手续费、债券注册费、债券印刷费和代理发行费等筹资费用。筹资费的发生使企业实际取得的资金要少于债券的发行额。因此,企业债券筹资成本的计算公式为

$$K_b = \frac{I_b(1-T)}{B(1-F_b)} \tag{3-7}$$

式中 K_b——债券筹资成本;

I_b——债券年利息;

T——企业所得税税率;

B——债券筹资总额;

F_b——债券筹资费用率。

[例3-10] 某施工企业因扩大施工生产经营规模的需要,经申请批准按票面价值向社会发行债券500万元。债券年利率为12%,筹资费率为1%,企业所得税税率为25%,计算该债券的筹资成本。

$$K_\text{b} = \frac{500\ \text{万元} \times 12\% \times (1-25\%)}{500\ \text{万元} \times (1-1\%)} = 9.09\%$$

债券的发行价格有平价（面值）发行、溢价发行、折价发行三种情况。由于不同发行价格直接影响最终企业可以获得的筹资总额，而企业承诺的债券利率却不可变动，所以造成不同发行价格债券筹资的资金成本不同。

[例3-11] 承前例，假定该施工企业实际筹措资金600万元，计算该债券资金的筹资成本。

$$K_\text{b} = \frac{500\ \text{万元} \times 12\% \times (1-25\%)}{600\ \text{万元} \times (1-1\%)} = 7.58\%$$

[例3-12] 承前例，假定该施工企业实际筹措资金400万元，计算该债券资金的筹资成本。

$$K_\text{b} = \frac{500\ \text{万元} \times 12\% \times (1-25\%)}{400\ \text{万元} \times (1-1\%)} = 11.36\%$$

3. 普通股筹资成本（Cost of Common Stock）

普通股筹资成本属于权益资金成本，普通股股票持有人的索赔权在债券持有人之后，其投资风险最大，因而其预期的投资收益率也应比债券利率高。这是筹措资金的股份制企业必须考虑的。普通股的股利发放是不固定的，通常随着经营状况的改变而逐年变化，而且股利的发放是在缴纳了企业所得税之后的净利润中支出的，因此不能起到抵税的作用。

普通股筹资成本的高低取决于该股票的投资风险状况。个股风险越大，投资者要求的投资回报就越高，因此企业必须努力使所发放的股利满足投资预期。

如果股利的发放每年以固定比率 G 增长，第 1 年的股利为 D_c，则第 2 年为 $D_\text{c}(1+G)$，第 3 年为 $D_\text{c}(1+G)^2$，第 n 年为 $D_\text{c}(1+G)^{n-1}$。因此，普通股筹资成本的计算公式为

$$K_\text{c} = \frac{D_\text{c}}{P_\text{c}(1-F_\text{c})} + G \tag{3-8}$$

式中　K_c——普通股筹资成本；
　　　D_c——普通股第 1 年发放股利额；
　　　P_c——普通股股金总额；
　　　F_c——筹资费率；
　　　G——普通股股利预计每年增长率。

[例3-13] 某施工企业发行普通股股金总额为 1 000 万元，筹资费率为2%，预计第一年发放的股利率为15%，以后每年增长2%，计算其普通股筹资成本。

$$K_\text{c} = \frac{1\ 000\ \text{万元} \times 15\%}{1\ 000\ \text{万元} \times (1-2\%)} + 2\% = 17.31\%$$

在发行股票时，如按超出股票面值溢价发行，则应按实际发行价格（企业实际所筹措到的资金）计算筹资成本。

企业还可以按照"资本资产定价模型法"来计算普通股筹资成本 K_s，其计算公式为

$$K_\text{s} = R_\text{F} + \beta(R_\text{m} - R_\text{F}) \tag{3-9}$$

式中　R_F——无风险报酬率；
　　　R_m——平均风险股票必要报酬率；

β——个股风险系数。

[例 3-14] 某期间市场无风险报酬率为 10%，平均风险股票必要报酬率为 14%，某公司普通股 β 系数为 1.2。计算其普通股筹资成本。

$$K_s = 10\% + 1.2 \times (14\% - 10\%) = 14.8\%$$

4. 留存收益成本（Cost of Retain Earning）

留存收益是企业内部形成的资金来源，实际上是普通股股金的增加额。普通股股东虽没有以股利形式取得这部分收益，但可以从股票价值（因每股净资产额增加）的提高中得以补偿，等于股东对企业追加了投资。对普通股股东，这一部分追加投资也要给以相同比率的报酬。留存收益成本的计算方法，基本上与普通股股金相同。由于留存收益来源于企业净利润的直接提留，不需要支付资金筹集费，所以它的筹资成本要略低于普通股筹资成本。留存收益成本的计算公式为

$$K_r = \frac{D_c}{P_c} + G \tag{3-10}$$

式中　K_r——留存收益成本；
　　　D_c——普通股年发放股利额；
　　　P_c——留存收益资金总额；
　　　G——普通股股利预计每年增长率。

[例 3-15] 设例 3-13 中施工企业的留存收益共 1 000 万元，其他条件与上述普通股股金相同，计算留存收益成本。

$$K_r = \frac{1\,000\,\text{万元} \times 15\%}{1\,000\,\text{万元}} + 2\% = 17\%$$

与其他投资者相比，企业所有者承担的风险最大，要求的报酬也最高；因此，各种资金来源中，权益资本的筹资成本也最高。

以上介绍的是几种主要筹资方式的资金成本计算方法，用来说明影响有关资金来源的资金成本的基本因素，以及计算时应考虑的一些问题。但在实践中，资金成本的计算，要远较上述复杂。因为：①资金来源不仅限于以上几种；②每一种资金来源的资金成本计算方法又可能多种多样；③对未来时期的资金占用费如股利、利息的计算，还应考虑货币时间价值的因素，即把未来支出的终值换算成现值；④在有通货膨胀时，还要考虑通货膨胀和汇率变动等因素。

5. 综合资金成本（Overall Cost of Capital）

施工企业通过不同方式、从不同来源取得的资金，其筹资成本是各不相同的。由于种种条件的制约，企业往往不可能只从某种资金成本较低的来源来筹集施工项目所需要的全部资金。为了能够以最少的投入换取最大的产出，企业往往需要统筹衡量多种筹资方式的资金成本，再计算各种筹资方式组合的综合资金成本，即加权平均资金成本（Weighted Average Cost of Capital，WACC）。然后根据不同的筹资方式组合，寻找综合资金成本最低的筹资组合，以满足财务决策和经营决策的需要。综合资金成本的计算公式为

$$K_w = \sum_{j=1}^{n} K_j W_j \tag{3-11}$$

式中　K_w——综合资金成本；

K_j——某种筹资方式的资金成本；

W_j——某种筹资方式的筹资额占全部筹资额的比重，即权数，$\sum_{j=1}^{n} W_j = 1$。

[**例 3-16**] 某施工企业按账面价值权数确定的各种资金来源及其资金成本如表 3-4 所示。

表 3-4　某施工企业资金构成表

资金来源	筹资额/万元	资金成本（%）
普通股股金	1 000	17.31
留存收益	100	17.00
债券资金	500	8.12
银行借款	500	6.70

则该企业的综合资金成本可计算如下：

$$K_w = \frac{1\,000 \text{ 万元}}{2\,100 \text{ 万元}} \times 17.31\% + \frac{100 \text{ 万元}}{2\,100 \text{ 万元}} \times 17\% + \frac{500 \text{ 万元}}{2\,100 \text{ 万元}} \times 8.12\% + \frac{500 \text{ 万元}}{2\,100 \text{ 万元}} \times 6.7\% = 12.58\%$$

上述计算中的不同资金来源的筹资额度占全部筹集资金额度的比重，是按照账面价值确定的，称为账面价值权数（Book Value Weights）。其资料容易取得，但反映的是企业过去的资本结构。当资金的账面价值与市场价值差别较大时，如股票和债券的市场价格发生较大变动，计算结果会与实际有较大的差距，从而贻误筹资决策。为了克服这一缺陷，某种筹资方式的筹资额占全部筹资额的比重的确定还可以按市场价值或目标价值确定，分别称为市场价值权数和目标价值权数。

市场价值权数（Market Value Weights）是指债券筹资和股票筹资以市场价格确定权数。这样计算的加权平均资金成本能反映企业目前的实际情况。同时，为弥补证券市场价格变动频繁的不便，也可选用平均交易价格来确定权数。

目标价值权数（Target Value Weights）是指债券筹资和股票筹资以未来预计的目标市场价值确定权数。这种权数能体现企业所期望的合理的资本结构，而不是像账面价值权数和市场价值权数那样只反映过去和现在的资本结构，所以按目标价值权数计算的加权平均资金成本更适用于企业未来的资本结构预测和调整决策。然而，企业很难客观合理地确定证券的目标价值，因而这种计算方法在实际操作上有一定的局限性。

3.5　筹资风险及风险回避

施工企业负债经营，一方面要承受由于企业经营管理和市场环境变化引起的经营风险，而经营风险的存在会导致利润发生变动；另一方面企业负债筹资必须按时还本付息。如果企业经营状况恶化就可能导致不能按时还本付息，这种可能性称为财务风险。经营风险与财务风险的双重作用构成企业的筹资风险。

3.5.1 经营风险与经营杠杆

1. 经营风险（Business Risks）

经营风险是指企业因经营上的原因而导致利润变动的风险。影响企业经营风险的因素很多，主要有以下几种：

1）产品需求。市场对企业产品的需求越稳定，经营风险就越小；反之，经营风险则越大。

2）产品售价。产品售价变动不大，经营风险则小；否则经营风险就大。

3）产品成本。产品成本是收入的抵减，成本不稳定，会导致利润不稳定，因此产品成本变动大的，经营风险就大；反之，经营风险就小。

4）企业调整价格的能力。当产品成本变动时，若企业具有较强的调整价格的能力，经营风险就小；反之，经营风险就大。

5）固定成本的比重。在企业全部成本中，固定成本所占比重较大时，单位产品分摊的固定成本额就多，若产品量发生变动，单位产品分摊的固定成本会随之变动，最后导致利润更大幅度地变动，经营风险就大；反之，经营风险就小。

2. 经营杠杆（Operating Leverage）

在上述影响企业经营风险的诸因素中，固定成本比重的影响很重要。在某一固定成本比重的作用下，销售量变动对利润产生的作用，被称为经营杠杆。由于经营杠杆对经营风险的影响最为综合，因此常常被用来衡量经营风险的大小。

经营杠杆的大小一般用经营杠杆系数（Degree of Operating Leverage，DOL）表示。它是企业计算利息和所得税之前的利润（Earning Before Interests and Taxes，EBIT，简称息税前利润）变动率与销售量（Q）变动率之间的比率，其计算公式为

$$\text{DOL} = \frac{\Delta \text{EBIT}/\text{EBIT}}{\Delta Q/Q} \tag{3-12}$$

式中　DOL——经营杠杆系数；

　　ΔEBIT——息税前利润变动额；

　　EBIT——变动前的息税前利润；

　　ΔQ——销售变动量；

　　Q——变动前的销售量。

假定企业的成本—销量—利润之间保持线性关系，变动成本在销售收入中所占的比例不变，固定成本支出额度也保持稳定，经营杠杆系数便可通过销售额和成本来表示。从单一产品的角度可写为

$$\text{DOL}_Q = \frac{Q(P-V)}{Q(P-V)-F}$$

式中　DOL_Q——销售量为 Q 时的经营杠杆系数；

　　P——产品单位销售价格；

　　V——产品单位变动成本；

　　F——总固定成本；

　　Q——产品销售量。

如果企业经营的产品种类较多，则该公式也可以从企业销售总额方面记作：

$$DOL_S = \frac{S - VC}{S - VC - F}$$

式中 DOL_S——销售额为 S 时的经营杠杆系数；
VC——变动成本总额；
S——销售额。

[例3-17] 某施工企业附属的工业企业生产 A 产品，固定成本为 60 万元，变动成本率为 40%，当企业的销售额分别为 400 万元、200 万元、100 万元时，计算其经营杠杆系数。

$$DOL_{S_1} = \frac{400 \text{万元} - 400 \text{万元} \times 40\%}{400 \text{万元} - 400 \text{万元} \times 40\% - 60 \text{万元}} = 1.33$$

$$DOL_{S_2} = \frac{200 \text{万元} - 200 \text{万元} \times 40\%}{200 \text{万元} - 200 \text{万元} \times 40\% - 60 \text{万元}} = 2$$

$$DOL_{S_3} = \frac{100 \text{万元} - 100 \text{万元} \times 40\%}{100 \text{万元} - 100 \text{万元} \times 40\% - 60 \text{万元}} \to \infty$$

以上计算结果说明以下问题：

1）在固定成本不变的情况下，经营杠杆系数说明了销售额增长（减少）所引起利润增长（减少）的幅度。例如，DOL_{S_1} 说明在销售额为 400 万元时，销售额的增长（减少）会引起利润 1.33 倍的增长（减少）；DOL_{S_2} 说明在销售额为 200 万元时，销售额的增长（减少）将引起利润 2 倍的增长（减少）。

2）在固定成本不变的情况下，销售额越大，经营杠杆系数越小，经营风险也就越小；反之，销售额越小，经营杠杆系数越大，经营风险也就越大。例如，当销售额为 400 万元时，DOL 为 1.33；当销售额为 200 万元时，DOL 为 2。显然后者利润的不稳定性大于前者，故而后者的经营风险大于前者。

3）当销售额达到盈亏临界点时，经营杠杆系数趋于 ∞，此时企业经营只能保本；若销售额稍有增长便可出现盈利，而销售额稍有下降便会发生亏损。

企业一般可以通过增加销售额、降低产品单位变动成本、降低固定成本支出等措施使经营杠杆系数下降，降低经营风险；但这往往受到一些外在不可控条件的制约。因此，在一定程度上可以说经营风险带有较强的不可控性，而经营杠杆系数的高低往往受到行业性质和市场环境的影响较大。

3.5.2 财务风险和财务杠杆

1. 财务风险（Financial Risks）

财务风险即由于采取负债筹资方式而引起的债务到期不能偿还的可能性。不同的筹资方式表现为偿债压力的大小并不相同。自有资金属于企业可长期占用的资金，不存在还本付息的压力，因而不会给企业带来财务风险；债务资金则需要还本付息，而且不同期限、不同金额、不同使用效益的资金，其偿债压力也不相同。因此，必须确定不同负债筹资方式下债务资金的风险，以便于降低或回避风险和进行风险管理。

2. 财务杠杆（Financial Leverage）

企业负债经营，不论利润多少，债务利息是固定支出的。当利润增大时，每一元利润所负担的利息就会相对减少，从而给权益资本投资者带来更大的收益。这种债务对权益资本投

第3章 施工企业资金的筹集和管理

资者收益的影响称为财务杠杆。当企业的资本结构中债务资本比率较高时，所有者将负担更多的债务资金成本，从而加大财务风险；反之当债务资本比率较低时，财务风险就小。

财务杠杆作用的大小通常用财务杠杆系数（Degree of Financial Leverage，DFL）表示。在固定成本支出比重不变的情况下，企业的销售量变化会引起息税前利润发生相应的波动（经营杠杆作用），而息税前利润的波动最终将导致投资者收益发生怎样的变动，则取决于企业资本结构中债务资本的比重，所以财务杠杆系数是用息税前利润的波动程度对资本收益率变化的影响程度来表示的。财务杠杆系数越大，表明财务风险越大；财务杠杆系数越小，也就表明财务风险越小。财务杠杆系数的计算公式为

$$DFL = \frac{\Delta EPS/EPS}{\Delta EBIT/EBIT} \tag{3-13}$$

式中　DFL——财务杠杆系数；
　　　ΔEPS——普通股每股收益变动额；
　　　EPS——变动前的普通股每股收益；
　　　$\Delta EBIT$——息税前利润变动额；
　　　EBIT——变动前的息税前利润。

据前文，上述公式还可以推导为

$$DFL = \frac{EBIT}{EBIT - I}$$

[例3-18]　A、B、C为三家经营业务相同的公司，具体情况如表3-5所示。

表3-5　三家经营业务相同的公司具体情况表　　　　　　　　　（单位：元）

公司 项目	A	B	C
普通股股金	2 000 000	1 500 000	1 000 000
发行股数	20 000	15 000	10 000
债务（年利率8%）	0	500 000	1 000 000
资本总额	2 000 000	2 000 000	2 000 000
息税前利润	200 000	200 000	200 000
债务利息	0	40 000	80 000
税前利润	200 000	160 000	120 000
所得税（税率为25%）	50 000	40 000	30 000
税后利润	150 000	120 000	90 000
普通股每股收益	7.5	8	9
息税前利润增加	200 000	200 000	200 000
债务利息	0	40 000	80 000
税前利润	400 000	360 000	320 000
所得税（税率为25%）	100 000	90 000	80 000
税后利润	300 000	270 000	240 000
普通股每股收益	15	18	24
财务杠杆系数	1	1.25	1.67

表 3-5 说明以下情况：

1）财务杠杆系数表明的是息税前利润增长所引起的每股收益的增长幅度。例如，A 公司的息税前利润增长 1 倍时，其每股收益也增长 1 倍（15÷7.5－1）；B 公司的息税前利润增长 1 倍时，其每股收益增长 1.25 倍(18÷8－1)；C 公司的息税前利润增长 1 倍时，其每股收益增长 1.67 倍(24÷9－1)。

2）在资本总额、息税前利润相同的情况下，负债比率越高，财务杠杆系数越高，财务风险越大，但预期每股收益（投资者收益）也越高。例如，B 公司与 A 公司比较，负债比率高（B 公司资本负债率为 25%，A 公司资本负债率为 0），财务杠杆系数也高（B 公司为 1.25，A 公司为 1），财务风险大，但每股收益也高（B 公司为 8 元，A 公司为 7.5 元）；C 公司与 B 公司比较，负债比率高（C 公司资本负债率为 50%），财务杠杆系数高（C 公司为 1.67），财务风险大，但每股收益也高（C 公司为 9 元）。

负债比率是可以控制的。企业可以通过合理安排资本结构，适度负债，使财务杠杆利益抵消风险增大所带来的不利影响。

由于存在财务杠杆作用，当企业的息税前利润增长较快时，适当地利用负债经营，可使企业净利润更快增长，提高资本利润率，增加所有者权益；相反，当企业的息税前利润负增长时，负债经营可使资本利润率更快降低，为企业带来较大的财务风险。

3.5.3 总杠杆系数

从以上介绍可知，经营杠杆通过扩大销售影响息税前利润，而财务杠杆通过扩大息税前利润影响收益。如果两种杠杆共同起作用，那么销售稍有变动就会使每股收益产生更大的变动。通常把这两种杠杆的连锁作用称为总杠杆作用。

总杠杆作用的程度，可用总杠杆系数（Degree of Total Leverage，DTL）表示，它是经营杠杆系数和财务杠杆系数的乘积，其计算公式为

$$\begin{aligned} DTL &= DOL \times DFL \\ &= \frac{Q(P-V)}{Q(P-V)-F-I} \\ &= \frac{S-VC}{S-VC-F-I} \end{aligned} \tag{3-14}$$

[例 3-19] 甲公司的经营杠杆系数为 2，财务杠杆系数为 1.5，计算其总杠杆系数。

$$DTL = 2 \times 1.5 = 3$$

总杠杆系数的意义首先在于能够估计出销售变动对每股收益造成的影响。例如，上例中销售每增长（减少）1 倍，就会造成每股收益增长（减少）3 倍。其次，它使我们看到了经营杠杆与财务杠杆之间的相互关系。总杠杆系数的高低意味着企业所承担的总体风险的高低，企业为了将总杠杆系数控制在一定范围内，经营杠杆和财务杠杆可以采取很多不同的组合，因为经营杠杆的作用是不可控的，而财务杠杆的作用则是公司可以控制的。例如，经营杠杆系数较高的公司可以在较低的程度上使用财务杠杆；经营杠杆系数较低的公司可以在较高的程度上使用财务杠杆等。

3.5.4 筹资风险的回避

施工企业筹资风险的回避，应从以下几个方面考虑。

(1) 施工经营所需资金应与施工周期匹配

企业在筹资时，对施工经营所需的资金，其借款期限的安排，应与施工周期匹配。如不收预收款并在竣工后一次结算的施工项目的施工周期为2年。在负债筹资时，对第1年所需的资金用2年期的长期债务来提供；第2年所需的资金，用1年期短期债务来提供。当然，如果企业信用度好，也可用短期资金在期限上的合理搭配，即一面举债、一面还款来满足长期在建工程占用需要资金，以降低债务资金成本。同时，企业要按季分月编制现金收支预算，根据月度现金收支预算，组织日常现金收支的调度和平衡，既做到增收节支，保证现金收支在数额上的平衡，又采取措施，保证现金收支数额在时间上的相互协调，确保债务资金的及时偿还。

(2) 调整负债比重，减少筹资风险

根据企业资产息税前利润率是否高于债务资金利率，调整负债比重，从总体上减少筹资风险。当企业的盈利水平不高，资产息税前利润率低于债务资金利率时，如果负债筹资，就会降低资本利润率，可能出现收不抵支，不能偿还债务本息。在这种情况下，一方面要从静态上优化资本结构，增加企业自有资金的比重，降低总体上的债务风险；另一方面要从动态上根据资金需要与负债的可能，自动调节其债务结构，加强财务杠杆对企业筹资的自我约束。同时，要预测今后几年利率变动趋势，在利率趋于上升时期，筹集固定利率借款；在利率趋于下降时期，采用浮动利率举债，以减轻付息压力。

(3) 加强施工经营管理，提高企业经济效益

企业在承包工程项目以前，必须进行可行性研究，对项目施工经济效益加以分析，同时要加强施工过程的成本管理，并做好工程价款的结算工作。经济效益的提高是保证企业按时归还债务本息的根本保证。

(4) 企业发生财务困难时及时实施债务重组

当企业施工经营不善、出现财务困难时，应主动与债权人协商，进行债务重组，争取债权人做出让步，同意现在或将来以低于重组债务账面价值的金额偿还债务。例如，银行免除企业积欠的利息，只收回本金；用部分设备抵偿债务；将债务转成债权人股权等，可使企业度过财务困境。

3.6 资本结构及其调整

3.6.1 资本结构概述

资本结构也叫资金结构，是指企业各种长期资金来源的构成及其比例关系，一般划分为长期债务资本和权益资本两部分。例如，某施工企业全部资本总额为1 000万元，其中包含银行借款200万元，债券筹资260万元，普通股筹资300万元，企业留用利润240万元，其构成比例为银行借款占20%，债券筹资占26%，普通股筹资占30%，企业留用利润占24%。其中权益资本包括发行普通股和企业留用利润，共占资本总额的54%；债务资本包括发行债券和银行借款，共占资本总额的46%。资本结构问题总的来说就是债务资本的比率问题，即债务资本在全部资本中的比重为多少的决策问题。

由于短期资金的需求量和资金的筹集是经常变化的，在整个资金总量中所占比重不稳

定,因此不列入资本结构管理范畴,而作为营运资金管理。

要决策债务资本在全部资本中的比重问题,首先要研究自有资金在全部资金中所占的合理比例。对债权人来说,如果自有资金在企业资金中所占比例过小,债权人的债权就不安全。所以,西方国家的银行都把借款人的资本充足率作为贷款首要的衡量标准。英美银行规定,不论借款人背景如何,其本身所有的资金,一般应占全部资金的30%~40%,只有这样,才能给予贷款。若达不到这个标准,银行一般不予贷款。这是因为根据他们的研究论证,当资本充足率低于这个标准时,借款人若遇到经营不佳,放弃从业走破产道路的可能性和欲望就会增加。当其本身所出资本很少、大部分为银行借款时,这些有限责任公司的破产只会给其本身带来比例很少的资本损失,而银行的贷款将遭受重大的损失。

从我国施工企业向银行借款的条件来看,大都要求投资项目先有30%的自有资金,这说明施工企业的自有资金在全部资金中的比例应在30%以上。至于它应占多大的比例,与建筑市场的景气度和能否向承包建设单位预收工程款等有关。在建筑市场繁荣时期,施工规模较大,工程盈利水平较高,企业根据财务杠杆原理可以借用较多资金,一般还能预收较多的工程款,自有资金所占比例可以相对较小。在建筑市场萧条时期,施工任务较少,工程盈利水平低,企业根据财务杠杆原理不宜过多向银行举债,而为了获得工程任务,有时还要承诺垫资施工,必然要求企业自有资金所占比例较大。

3.6.2 最佳资本结构决策

1. 每股收益无差别点分析法

判断资本结构合理与否,简单的方法可以通过分析每股收益的变化来衡量。这种方法认为能提高每股收益的资本结构是合理的;反之则不够合理。由此前的分析已经知道,每股收益的高低不仅受资本结构(总资本中负债比例)的影响,还受到销售水平高低的影响。每股收益分析是利用每股收益的无差别点进行的。所谓每股收益的无差别点,是指每股收益不受融资方式影响的销售水平。根据每股收益无差别点,可以分析判断在什么样的销售水平下适于采用何种资本结构。该方法也叫税后资本利润率平衡点法。

每股收益无差别点可以通过计算得出。

每股收益(EPS)的计算公式为

$$\mathrm{EPS} = \frac{(S - \mathrm{VC} - F - I)(1 - T)}{N} = \frac{(\mathrm{EBIT} - I)(1 - T)}{N} \tag{3-15}$$

式中 S——销售额;
VC——变动成本总额;
F——总固定成本;
I——债务利息;
T——企业所得税税率;
N——流通在外的普通股股数;
EBIT——息税前利润。

在每股收益无差别点(即某一销售水平)上,无论是采用负债筹资,还是采用权益筹资,每股收益都是相等的。若以 EPS_1 代表负债筹资,以 EPS_2 代表权益筹资,则:

$$\mathrm{EPS}_1 = \mathrm{EPS}_2$$

$$\frac{(S_1 - VC_1 - F_1 - I_1)(1-T)}{N_1} = \frac{(S_2 - VC_2 - F_2 - I_2)(1-T)}{N_2}$$

在每股收益无差别点上，$S_1 = S_2$，则：

$$\frac{(S - VC_1 - F_1 - I_1)(1-T)}{N_1} = \frac{(S - VC_2 - F_2 - I_2)(1-T)}{N_2}$$

能使得上述条件公式成立的销售额 S 即为每股收益无差别点销售额。

[例3-20] 某公司原有资本700万元，其中债务资本200万元（每年负担利息24万元），普通股资本500万元（发行普通股10万股，每股面值50元）。由于扩大经营业务，现需追加筹资300万元，其筹资方式有以下两种：

1) 全部发行普通股：需要增发6万股，每股面值50元。
2) 全部筹借长期债务：债务利率仍为12%，年利息36万元。

公司的变动成本率为60%，固定成本为180万元，所得税税率为25%。

将上述资料中的有关数据代入条件公式，则

$$\frac{(S - 0.6S - 180\text{万元} - 24\text{万元})(1-25\%)}{10\text{万股} + 6\text{万股}}$$
$$= \frac{(S - 0.6S - 180\text{万元} - 24\text{万元} - 36\text{万元})(1-25\%)}{10\text{万股}}$$

计算得出

$$S = 750\text{万元}$$

此时的每股收益为

$$\frac{(750\text{万元} - 750\text{万元} \times 0.6 - 180\text{万元} - 24\text{万元})(1-25\%)}{16\text{万股}} = 4.5\text{元}$$

上述每股收益无差别点分析，可描绘如图3-1所示。

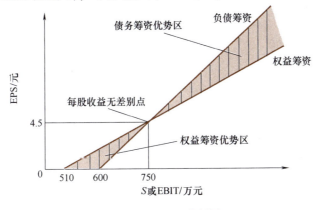

图3-1 S—EPS 分析图

从图3-1可以看出，当销售额高于750万元（每股收益无差别点的销售额）时，运用负债筹资可获得较高的每股收益；当销售额低于750万元时，运用权益筹资可获得较高的每股收益。

以上每股收益无差别点的计算，建立在债务永久存在的假设前提下，没有考虑债务本金偿还问题。实际上，尽管企业随时借入新债以偿还旧债，努力保持债务规模的延续，也不能不安排债务本金的清偿。这是因为施工企业的很多债务合同要求企业设置偿债基金,强制企业每年投入固定的金额。设置偿债基金使得企业每年有一大笔费用支出,并不能用来抵减税负。设置偿债基金后的每股收益称为每股自由收益(VEPS),是企业的可供自由支配的资金,既可用于支付红利,也可用于进行其他新的投资。这种情况下的每股收益无差别点分析公式可改为

$$\frac{(S-VC_1-F_1-I_1)(1-T)-SF_1}{N_1}=\frac{(S-VC_2-F_2-I_2)(1-T)-SF_2}{N_2}$$

或

$$\frac{(EBIT_1-I_1)(1-T)-SF_1}{N_1}=\frac{(EBIT_2-I_2)(1-T)-SF_2}{N_2}$$

式中 SF_1、SF_2——企业在两种筹资方案下提取的偿债基金额。

2. 比较资金成本法

该方法的基本思路是,决策前先拟定若干个备选方案,分别计算各个方案的加权平均资金成本,并根据加权平均资金成本的高低来确定资本结构。

[例3-21] 环宇房地产公司原来的资本结构如表3-6所示。普通股每股面值1元,发行价格为10元,目前价格也为10元,今年期望股利为1元/股,预计以后每年增加股利5%。该企业使用的所得税税率为25%,假设发行的各种证券均无筹资费用。

表3-6 资本结构　　　　　　　　　　　　(单位:万元)

筹资方式	金　额
债券(年利率10%)	8 000
普通股(每股面值1元,发行价10元,共800万股)	8 000
合计	16 000

该企业现拟增资4 000万元,以扩大生产经营规模,现有如下3种方案可供选择:

甲方案:增加发行4 000万元的债券,因负债增加,投资风险加大,债券利率增加至12%才能发行,预计普通股股利不变,但由于风险加大,普通股市价降低至8元/股。

乙方案:发行债券2 000万元,年利率为10%,发行股票200万股,每股发行价格为10元,预计普通股股利不变。

丙方案:发行股票400万股,普通股市价为10元/股。

要求:分别计算其加权平均资金成本,并确定哪个方案最好。

(1) 计算计划年初加权平均资金成本

$$债券的比重=\frac{8\ 000\ 万元}{16\ 000\ 万元}\times100\%=50\%$$

$$普通股的比重=\frac{8\ 000\ 万元}{16\ 000\ 万元}\times100\%=50\%$$

$$债券的资金成本=10\%\times(1-25\%)=7.5\%$$

$$股票的资金成本=\frac{1\ 元}{10\ 元}\times100\%+5\%=15\%$$

计划年初加权平均资金成本为

计划年初加权平均资金成本 $=50\%\times7.5\%+50\%\times15\%=11.25\%$

(2) 计算甲方案的加权平均资金成本

$$债券的比重_1 = \frac{8\,000\,万元}{20\,000\,万元} \times 100\% = 40\%$$

$$债券的比重_2 = \frac{4\,000\,万元}{20\,000\,万元} \times 100\% = 20\%$$

$$普通股的比重 = \frac{8\,000\,万元}{20\,000\,万元} \times 100\% = 40\%$$

$$债券的资金成本_1 = 10\% \times (1-25\%) = 7.5\%$$

$$债券的资金成本_2 = 12\% \times (1-25\%) = 9\%$$

$$股票的资金成本 = \frac{1\,元}{8\,元} \times 100\% + 5\% = 17.5\%$$

甲方案的加权平均资金成本 = 40%×7.5% + 20%×9% + 40%×17.5% = 11.8%

同理可计算出乙方案和丙方案的加权平均资金成本分别为11.25%和13%。

从计算的结果可以看出，乙方案的加权平均资金成本最低，所以，应该选用乙方案。

比较资金成本法通俗易懂，是确定资本结构的一种常用方法。因所拟订的方案数量有限，故有可能漏掉最优方案。同时，比较资金成本法仅以资金成本率最低为决策标准，没有具体测算财务风险因素，其决策目标实质上是利润最大化而不是公司价值最大化，一般适用于资本规模小、资本结构较为简单的非股份制企业。

3. 公司价值分析法

以每股收益的高低作为衡量标准对企业的资本结构进行决策的缺陷在于没有考虑风险因素。从根本上讲，财务管理的目标在于追求公司价值的最大化或股价最大化。然而只有在风险不变的情况下，每股收益的增长才会直接导致股价的上升。实际上经常是随着每股收益的增长，投资风险也逐渐加大。如果每股收益的增长不足以补偿投资风险增加所需的报酬，那么尽管每股收益在增加，投资者仍然会抛售股票致使股价下降，公司价值降低。而比较资金成本法则是以利润最大化为财务决策目标，也不符合现代股份制公司的财务管理目标要求。现代公司的最佳资本结构应当是可使公司的总价值最高的资本结构，同时，在公司总价值最大的资本结构下，公司筹资的综合资金成本应该也是最低的。

所谓最佳资本结构决策就是要在企业筹资过程中，找出最佳的负债点（资产负债率），使在该结构下既能充分发挥负债筹资的优点，又能回避筹资风险。

股份制公司的市场总价值 V 应该等于其股票的总价值 S 加上债券的价值 B，即：

$$V = S + B$$

由于债券的市场价值波动相对较小，为简化起见，通常假设债券的市场价值等于它的面值。假设净投资为0，净利润全部作为股利发放，股票的市场价值则可通过下式计算：

$$S = \frac{(\text{EBIT} - I)(1 - T)}{K_s} \tag{3-16}$$

式中　EBIT——息税前利润；

I——债务年利息额；

T——企业所得税税率；

K_s——权益资金成本。

采用资本资产定价模型法计算股票的资金成本 K_s：

$$K_s = R_S = R_F + \beta(R_m - R_F)$$

而公司的筹资成本，则应用加权平均资金成本（K_W）来表示。其计算公式为

$$K_W = K_b\left(\frac{B}{V}\right)(1-T) + K_s\left(\frac{S}{V}\right) \tag{3-17}$$

式中　K_b——税前债务资金成本。

[例 3-22]　某公司年息税前利润为 500 万元，资金全部由普通股资金组成，股票账面价值为 2 000 万元，企业所得税税率为 25%，当前市场的无风险报酬率为 6%，平均风险股票必要报酬率为 14%。该公司认为目前的资本结构不够合理，准备用发行债券购回部分股票的办法予以调整。经咨询调查，目前债务利率和权益资本的成本情况如表 3-7 所示。

表 3-7　不同债务水平对公司债务资金成本和权益资金成本的影响

债券的市场价值 B/万元	税前债务资金成本 K_b	股票 β 值	权益资金成本 K_s
0	6%	1.20	15.6%
200	6%	1.25	16.0%
400	6%	1.30	16.4%
600	7%	1.40	17.2%
800	7%	1.55	18.4%
1 000	8%	1.80	20.4%

根据表 3-7 的资料，运用上述公式即可计算出筹措不同金额的债务时公司的价值和资金成本，如表 3-8 所示。

表 3-8　公司市场价值和资金成本

债券市场价值 B/万元	股票市场价值 S/万元	公司市场价值 V/万元	税前债务资金成本 K_b	权益资金成本 K_s	加权平均资金成本 K_W
0	2 403.85	2 403.85	6%	15.6%	15.60%
200	2 287.50	2 487.50	6%	16.0%	15.07%
400	2 176.83	2 576.83	6%	16.4%	14.55%
600	1 997.09	2 597.09	7%	17.2%	14.44%
800	1 809.78	2 609.78	7%	18.4%	14.37%
1 000	1 544.12	2 544.12	8%	20.4%	16.31%

从表 3-8 中可以看到，在没有债务的情况下，公司的总价值就是其原有股票的市场价值。当公司的债务资本部分地替换权益资本时，一开始公司总价值上升，加权平均资金成本下降；在债务达到 800 万元时，公司总价值最高，加权平均资金成本最低；债务超过 800 万元后，由于个股风险系数的大幅度提高，投资风险急剧增大，导致公司总价值下降，加权平均资金成本上升。因此，债务为 800 万元的资本结构是该公司的最佳资本结构。

3.6.3　资本结构的调整

在综合资金成本率过高、筹资风险较大、筹资期限弹性不足、展期性较差时，施工企业

应及时进行调整资本结构。资本结构的调整，一般可在增加投资、减少投资、企业盈利较多或债务重组时进行。

在债务资金比例过高或自有资金比例过低时，可通过下列方式进行调整：

1）将长期债务如企业债券收兑或提前偿还。

2）在股份有限公司将可转换债券转换为普通股股票。

3）在企业财务困难时，通过债务重组，将债务转为资本金。

4）增加资本金。在股份有限公司发行新股或向普通股股东配股，在有限责任公司增加资本金。

在自有资金比例过高或债务资金比例过低时，可通过下列方式进行调整：

1）减少资本金。在股份有限公司收购本公司的股票，在有限责任公司按比例发还股东投入的部分资金。

2）用企业留存收益偿还债务。

3）在企业盈利水平较高时，增加负债筹资规模。

施工企业筹集资金的主要动机有创建、扩张、偿债和调整资本结构的需要。

目前企业经常采用的有七种筹资渠道和七种筹资方式，筹资方式和筹资渠道的密切配合是保证企业顺利筹资的基础。

企业自有资金和债务资金的特点不同，两者都是企业资金筹集和资产构成中不可或缺的部分。

股份制企业筹集资本金的主要途径是发行普通股；企业留存收益是企业内部筹资的重要途径。

企业负债筹资分为长期负债筹资（负债期限＞1年）和短期负债筹资（负债期限≤1年），其中长期负债筹资的主要途径是发行企业债券和长期银行借款；短期负债筹资的主要途径是商业信用和短期银行借款；融资租赁是一种独特的资金筹措方式。

资金成本是企业筹集资金的代价，不同筹资方式的资金成本包括银行借款成本、债券成本、普通股成本和留存收益成本。综合资金成本是对不同筹资方式的资金成本进行加权平均测算而得到的，是企业进行筹资决策的重要依据。

由于企业筹资方式很多，各种资金的构成和比例会影响综合资金成本的分析，进而影响企业的价值。因此，在进行企业筹资决策时要进行资本结构的优化，而最好的资本结构是要合理地运用债务筹资，提高自有资金使用效率。其依据为财务杠杆原理，即债务对投资者收益的影响。

确定最佳资本结构的常用方法有每股收益无差别点分析法、比较资金成本法和公司价值分析法。

1. 施工企业筹集资金的动机有哪几种？各自产生什么结果？

2. 施工企业的主要筹资渠道和筹资方式有哪些？如何实现两者的有利结合？
3. 施工企业自有资金和债务资金在其属性上有哪些不同？
4. 施工企业在筹集资金时，一般应遵循哪些基本原则？
5. 股份有限公司和有限责任公司的资本金是怎样筹集的？筹集时要做好哪些工作？
6. 什么叫作债务资金？施工企业的债务资金主要包括哪些？它们是怎样筹集的？
7. 短期债务筹资和长期债务筹资在信用条件上有什么异同？
8. 要优化组合债务资金，应注意哪些方面的问题？
9. 什么叫作资金成本？权益资金成本计算和债务资金成本计算上存在什么差异？综合资金成本的含义是什么？
10. 什么叫作筹资风险？经营风险是如何影响企业筹资决策的？回避筹资风险，企业应做好哪几方面的工作？
11. 什么叫作财务杠杆？财务人员应如何利用财务杠杆的作用为企业价值最大化服务？
12. 为什么销售水平变化剧烈的公司在融资决策中要谨慎使用债务融资？
13. 什么叫作资本结构？施工企业在考虑各种资金的比例关系时，应注意哪些方面的问题？
14. 在做出最佳资本结构决策时，企业可以从哪几个角度出发？可采用哪些决策方法？

习　题

1. 某建筑股份有限公司的资金来源及其结构如表 3-9 所示。

表 3-9　某建筑股份有限公司的资金来源及结构

资　金　结　构	金额/万元
普通股股金	1 000
留存收益	250
债券资金	750
银行借款	500

（1）该公司股票按面值发行，筹资费率为 3%，预计下一年发放的股利率为 10%，以后每年增长 2%。
（2）该公司发行债券的年利率为 8%，债券筹资费率为 1%。
（3）该公司银行借款年利率为 6%。
（4）该公司企业所得税税率为 25%。
要求：根据上列资料，为该公司计算：
（1）普通股股金成本。
（2）留存收益成本。
（3）债券资金成本。
（4）银行借款成本。
（5）综合资金成本。

2. 某公司现有普通股 100 万股，股本总额 1 000 万元，公司债务 600 万元。公司拟扩大筹资规模，有两个备选方案：一是增发普通股 50 万股，每股发行价格 10 元；二是平价发行公司债券 500 万元。若公司债券年利率为 12%，所得税税率为 25%。
要求：
（1）计算两种筹资方式的每股收益无差别点。
（2）如果该公司预期息税前利润为 400 万元，对两个筹资方案做出择优决策。

第3章　施工企业资金的筹集和管理

3. 某公司去年销售总额为 2 000 万元，其中，变动成本占 70%，总固定成本 150 万元。当前公司账面资本总额为 1 600 万元，其中股票账面价值 1 400 万元，债务共计 200 万元。公司认为目前的资本结构不够合理，准备用举债筹资回购股票的方法予以调整。该公司债务筹资的税前资金成本为 10%，市场无风险报酬率为 6%，平均风险股票必要报酬率为 12%，企业所得税税率为 25%，在不同的债务筹资额度下，该公司股票的个股风险系数（β 系数）如表 3-10 所示。

表 3-10　某公司股票的个股风险系数

债务筹资额度/万元	200	400	600	800
股票 β 值	1.3	1.4	1.55	1.8

要求：试确定该公司的最佳资本结构。

4. 假设某企业年度固定成本支出 150 万元，变动成本占总销售额的 80%。

要求：计算在销售额为 3 000 万元、1 500 万元、750 万元时的企业经营杠杆系数并分析其波动规律。

5. 某公司相关数据如表 3-11 所示。

表 3-11　某公司相关数据　　　　　　　　　　（单位：元）

销 售 收 入	45 750 000
可 变 成 本	22 800 000
固 定 成 本	9 200 000
利 息 费 用	1 350 000

要求：
（1）计算该销售量水平下的 DOL、DFL、DTL。
（2）当企业所得税税率为 25% 时，若销售收入增长 30%，税前收益和净收益分别增长多少？

第 4 章　施工企业流动资产的管理

[学习目标]

- 了解施工企业流动资产管理的内容，营运资金的内涵，现金管理的常见问题及管理方法，施工企业存货的内容
- 熟悉流动资产的特点和分类，企业置存现金的主要动机，施工企业持现成本的内容，应收账款产生的原因，主要存货的管理任务
- 掌握现金、应收账款、存货的财务管理目标，施工企业最佳现金持有量的决策方法，企业应收账款管理决策的内容，与存货管理有关的成本内容和计算，经济订货批量模型的使用，最佳保险储备量的决策以及主要存货的管理方法等内容

4.1　流动资产与营运资金

4.1.1　流动资产的概念与特点

1. 流动资产的概念

流动资产是指能够在一年或超过一年的一个施工经营周期内变现或被耗用的资产。它主要包括货币资金、短期投资、应收及预付款项、存货等。流动资产属于企业经营过程中短期置存的资产，是企业资产的重要组成部分，其数额大小及构成在一定程度上制约着企业的财务状况，反映了企业的支付与短期偿债能力。

2. 流动资产的特点

（1）周转速度快、变现能力强

施工企业投资于流动资产上的资金，周转一次所需的时间较短，通常都能在一年或一个施工经营周期内收回。其中，货币资金具有 100% 的变现能力，其他流动资产如短期投资、应收票据等的变现能力也比较强。如果出现资金周转不灵、现金短缺的情况，企业可以迅速变现这些资产，用以偿还债务或购买材料投入再生产。

（2）流动资产的价值一般是一次性地转移或耗费，并不断改变形态

流动资产大都只能在一个施工生产经营过程中使用，在其参加施工生产经营过程后，大都立即消失或改变其原有物质形态。有的构成工程、产品的实体，有的在施工生产过程中消

耗掉，因而它的价值也就一次转移到工程、产品中去，具有流动性较强的特点。在资产负债表上，通常按其流动程度予以分别列示。

（3）流动资产在企业的生产经营过程中，发挥着多方面的作用

有的表现为一种支付手段，如库存现金、银行存款；有的代表着企业的一项债权，如应收账款、应收票据等；有的则反映了企业生产经营的物质需要，如各种存货。

流动资金是指投放在流动资产上的资金，即企业用于购买、储存劳动对象以及占用在生产过程和流通过程中的那部分周转资金。作为一种投资，流动资金是一个不断投入、不断收回，并不断再投入的循环过程，没有终止的日期。这就使我们难以直接评价其投资的报酬率。因此，流动资金投资评价的基本方法是以最低的成本满足生产经营周转的需要。

4.1.2 流动资产的分类

对流动资产进行分类，是加强流动资产管理以及评价企业财务状况的需要。流动资产按其流动性的强弱，可分为速动资产和非速动资产。

速动资产是指企业的流动资产中周转速度相对较快、变现能力相对较强的那部分流动资产，包括库存现金、银行存款、其他货币资金、短期投资、应收票据、应收账款、其他应收款等。但这些资产的变现能力及对整个流动资产变现速度的影响也不尽相同。变现能力最强的是库存现金、银行存款和其他货币资金，因为它们本身就是货币资金，不存在变现的问题。其次为短期投资。短期有价证券不受具体使用价值的限制以及金融市场交易的灵活性，决定了短期有价证券投资相对于其他实物形态资产较易向货币资金转化。各种结算资产大都属于已经完成结算、销售过程，进入款项待收阶段的工程、产品价款，其变现能力大于尚未进入结算、销售过程的存货资产。在结算资产中，应收票据不仅可以转让、贴现和抵押，而且由于其法律契约的性质，其变现能力必然强于应收账款等其他结算资产。

非速动资产是流动性相对较弱、变现能力相对较差、除了速动资产以外的存货和一年内到期的非流动资产等项目。其中存货包括原材料、周转材料、委托加工物资、未完工程、在制品和库存商品等。存货中的原材料、周转材料等属于生产储备，大都为施工生产专用材料，在市场上不易变现，价值变现风险较大；未完工程和在制品为正在施工中的工程和正在生产中的产品，根本不能流通变现；库存商品虽可进入市场销售，但能否销售变现，很大程度上取决于市场的需求。

4.1.3 流动资产的管理要求

为了有计划、合理地运用企业流动资产，保证生产、流通的正常进行，加速流动资金周转，以较少的资金占用取得较大的生产经营成果，就要加强流动资产的管理。对流动资产管理的基本要求包括以下内容。

1. 合理配置，保持最优资产结构

流动资产结构是指各种形态的流动资产占整个流动资产的比重。由于各种因素的影响，不同行业和类型的企业中流动资产结构也是不同的。但是具体到某一个企业，其流动资产结构是有其内在规律的。研究和分析施工企业流动资产的结构，掌握企业流动资产的具体分布情况和各个周转阶段上的资产比例关系，可以在占用资金总量一定的情况下，通过合理调

配、组织，使资产同时科学地并存于各种形态，协调产供销平衡，促进经营活动有节奏地、均衡地进行，提高资产的使用效果。同时，通过研究流动资产结构，可以确定其管理重点，对于提高流动资产使用效果也能起到应有的作用。

2. 加强流动资产周转，提高其使用效果

流动资产在周转使用过程中依次改变其资产占用形态，其循环周转是企业实现再生产和取得盈利的前提。在一定时期内，流动资产周转速度越快，企业经济效益越好。加速流动资产周转对企业经济效益提高具有重要作用。加速流动资产周转，必须保证资产投向的合理性和周转过程中各环节运动上的顺畅性。

3. 正确处理盈利和风险的关系

占有一定量的流动资产是企业进行生产经营活动的必要条件。流动资产与固定资产应保持一定的比例。一般来说，流动资产的获利能力相对较弱，因此，如果企业占用流动资产过多，就会使得整个企业利润率下降。但由于企业流动资产充足可以保证到期偿还债务，最大限度地降低支付利息的风险，因此企业应根据自身的要求，以及不同时期经济发展状况和市场状况，确定流动资产占用数额，处理好盈利和风险的关系，在尽量实现高盈利的同时，力求使风险降到最低点。

4.1.4 营运资金的管理

营运资金又称营运资本，广义的营运资金又称总营运资金，是指企业的流动资产总额；狭义的营运资金又称净营运资金，是指流动资产减去流动负债后的差额，是企业用以维持正常经营所需要的资金。流动负债又称短期负债，是指需要在一年或超过一年的一个营业周期内偿还的债务。需要特别指出的是，通常在年度内需要偿还的长期负债，企业也会按照流动负债进行管理和财务决策。

在企业流动资产中，来源于流动负债的部分，由于面临债权人的短期索求权，企业无法在较长时期内自由运用，只有扣除短期负债后的剩余流动资产占用的营运资金，才能为企业提供一个较为宽裕的自由使用时间。根据"资产（流动资产+非流动资产）=负债（流动负债+非流动负债）+所有者权益"这一会计等式，可知"营运资金=流动资产-流动负债=非流动负债+所有者权益-非流动资产"。因此，所谓营运资金实际上等于企业以非流动负债和所有者权益为资金来源的那部分流动资产。

营运资金作为流动资产的有机组成部分，是企业短期偿债能力强弱的重要标志。营运资金越多，企业短期偿债能力越强；反之，则越弱。因此，增加营运资金的规模，是降低企业短期偿债风险的重要保障。但是营运资金规模的加大，往往要求企业必须有更多的长期资金来源用于流动资产，这虽有助于企业减少短期偿债风险，但会增大企业的资金成本，影响企业盈利能力的提高，最终由于企业资金成本的提高和盈利能力的降低，而使未来的偿债风险相对加大。因此，合理的营运资金规模，必须建立在企业对风险、收益、成本三方面利弊得失充分权衡的基础上，只有这三者相对称的营运资金规模，才是最经济的。

从理论上来说，在流动负债既定的前提下，扩大营运资金规模所取得的边际投资收益（流动资产投资的边际收入-边际投资成本）恰好等于边际资金成本（营运资金所对应的长期资金相对增加的成本），此时的营运资金规模是最佳的、最经济的。实际营运资金若低于这一最佳规模，则表明流动资产投资不足，既不能实现最大投资收益，又会影响企业的短期偿债能力。相反，若实际营运资金超过这一最佳规模，则表明企业流动资金投资过度。虽可减少企业短期偿债风险，但会提高企业的资金成本，降低企业的盈利能力。在实际工作中，施工企业对营运资金或流动资产究竟应当与流动负债保持怎样的比例关系，并无一个统一的标准。西方企业所提倡的流动资产与流动负债应保持2:1的关系，营运资金与流动负债应保持1:1的关系，这仅是一个经验性的参考标准。各企业必须根据行业和企业的具体情况以及建筑市场景气度的变化等因素，不断地对营运资金规模加以调整。

4.2 现金管理

现金泛指立即可以投入流动的交换媒介。它的首要特点是普遍的可接受性，即可以有效地立即用来购买商品、货物、劳务或偿还债务。现金是企业中流动性最强的资产。属于现金内容的项目，包括企业的库存现金、各种形式的银行存款、银行本票和银行汇票。它们都可以立即用来购买材料、劳务、支付税款或偿还债务。

有价证券是企业现金的一种转换形式。有价证券变现力强，可以随时兑换成现金。所以当企业有多余现金的时候，常将现金兑换成有价证券；待企业现金流出量大于流入量需要补充现金时，再出让有价证券换回现金。在这种情况下，有价证券就成了现金的替代品，被视为"现金"的一部分内容。进行短期投资获取收益是持有有价证券的原因。

4.2.1 现金管理的目标

施工企业要进行施工生产经营活动，必须持有一定数量的现金。施工企业持有现金，主要有以下几个方面的动机。

1. 交易性动机

交易性动机是指企业持有现金以便满足日常生产经营活动的需要，如购买材料、支付工资、交纳税款、支付股利等。企业每天的现金收入和现金支出，很少同时等额发生，持有一定数量的现金，可使企业现金支出大于现金收入时，不致影响企业日常开支的需要。企业正常施工生产经营活动产生的现金收支及差额，与工程结算收入和施工规模呈正比例变动。其他现金收支，如买卖有价证券、购建固定资产、借入或偿还银行贷款等，比较难以预测，但随着施工规模的扩大，一般都有增加的倾向。

交易性动机是施工企业持有现金的根本动机。

2. 预防性动机

预防性动机是指企业持有现金以满足由于意外事件出现而产生的对现金的特殊需求。企业预计的交易性现金需要，一般是指正常施工经营情况下的现金需要量，但有许多意外情况会影响企业的现金收支，如经结算的工程价款不能按时收取，发生水灾、火灾等自然灾害，人为造成的伤亡事件等，都会打破企业的现金收支预算，使现金收支出现不平衡。持有一定数量的现金，便可使企业更好地应付意外情况的发生。预防性动机所需的现金持有量主要取决于以下三个因素：①企业现金流量的不确定性强弱；②企业临时借款的能力大小；③企业愿意承担的支付风险程度。

3. 投机性动机

投机性动机是指企业持有现金，用于不寻常的购买机会或在证券价格向上波动时用以购买有价证券。如遇有廉价供应建筑材料的机会,便可用手持现金大量购入囤积;由于施工企业所需的建筑材料用量大,价格波动性强,因此相对其他行业而言施工企业用于投机性动机置存现金的必要性更强。

企业缺乏必要的现金,将不能应付正常施工经营活动的开支,从而使企业蒙受损失。企业由此而造成的损失,叫作短缺现金成本。短缺现金成本不考虑企业其他资产的变现能力,仅就不能以充足的现金支付采购款及各项费用开支而言,其内容主要包括:①丧失购买机会,如不能及时购买材料致使影响工程施工而造成的损失和得不到折扣优惠;②不能及时支付各项应付款而造成的信用损失等。其中失去信用而带来的损失,难以准确计量,但其影响往往很大,甚至会导致供应单位拒绝或拖延供货,债权人要求立即清偿等。但是企业如果持有过量的现金,又会因这些资金不能投入周转无法取得盈利而遭受另一些机会损失。因为企业的库存现金没有利息收入,银行存款的活期利率也低于企业的资金利润率,持有过量的现金,形成现金闲置,必将降低企业的收益。这样,企业便面临现金不足和现金过量两个方面的威胁,企业的现金管理目标就要在资产的流动性和盈利能力之间做出抉择,既要保证企业施工经营活动所需的现金,降低支付风险和短缺现金成本,又不使企业持有过多的闲置现金,以增加收益。

4.2.2 施工企业现金管理中的常见问题

1. 盲目承揽项目,造成资金沉淀甚至恶意拖欠

一些建筑施工企业为了取得施工项目,很少对业主的信誉及资金实力进行调查分析,更不顾自身的经济实力,盲目投标。一般情况下,投标需要向建设单位支付一定的投标保证金,如中标,还要交纳履约保证金;如未中标,投标保证金的收回则需要一定的时间。同时期多处投标就会造成施工企业大量的资金沉淀。中标签订合同后,有的业主为了转移投资概算或资金压力,计量支付不及时或故意拖延开工时间和工期,有的甚至故意拖欠工程款,更加大了施工企业经营资金周转以及债务偿还的难度,增大了财务风险。

2. 营运资金管理不合理

业主要求一个施工项目就必须开一个银行账户,有的甚至一个项目多头开户,致使资金沉淀;在项目施工过程中没有设置现金剩余的最低额度预警线;缺乏现金预算管理;流动债权与债务、施工大宗物资购置资金使用分配不合理,使施工企业不能把工程资金优先用于必需开支和紧急事件需要。

3. 非生产性开支以及管理成本的增加

保证施工成本可控性是保证企业能够正常经营并获取最大利益的最主要手段。近年来人力资源成本的上升、原材料价格上涨以及管理费用的增加,造成了施工企业成本的急剧上升,加之投标时的定额以及规费修订滞后等原因,对施工企业成本费用、利润影响较大,相应给企业的现金流造成影响和威胁。

4. 缺乏风险意识,盲目投资

施工企业在投资的过程中没有事先对投资项目做最基本的风险评价及可行性分析,对投资回收期以及预期现金流盲目乐观、过高估计自身对项目的把控能力,往往直接影响企业的资金周转,甚至造成资金链的断裂。

5. 资产购置和资产租赁缺乏统一规划

施工企业的建设项目具有不可重复性、不可预测性等特点，施工过程中的某些设备和机械重复利用率低。若缺乏合理的租购规划，盲目购置资产容易造成机械设备利用不充分，严重影响现金的科学使用和管理。

6. 筹资方式和途径选择不善引发财务危机

施工行业属于粗放型兼资本密集型行业，对资金的需求量较大。目前施工企业想通过股权筹资引入的战略投资者质量并不是很高，而我国的债权筹资担保信用体制不是很完善，有些中小施工企业很难取得银行的信贷支持，只能采用民间融资。民间融资的利率畸高，导致施工企业资金成本加大，现金流压力过高，严重影响了企业正常运营。

4.2.3 施工企业加强现金管理的方法

1. 推行全面预算管理，加强现金流量预算管理与控制

施工企业要建立和完善预算编制、审批、监督、考核的全面预算控制体系。预算范围由单一的经营性资金收支计划，扩大到生产经营、基建、投资等全面资金预算。预算主体包括企业内部各分（子）公司及各项目经理部等独立核算单位。预算编制采取逐级编报、逐级审批、滚动管理的办法。

2. 灵活运用资金结算工具，加强工程项目现金流量回收与支付环节管理

（1）建立、完善内部结算中心制度

利用网银等结算工具实施资金的集中管理，及时调剂余缺；建立结算中心制度，严格控制多头开户和资金账外循环，实现内部资金的集中管理、统一调度和有效监控。结算中心一个口径对银行，下属单位除保留日常必备的费用账户外，统一在结算中心开设结算账户，实行资金有偿使用。如业主要求必须开具专户，也必须纳入企业结算中心管理。

（2）推行资金集中管控，实现支出报账制的财务管理模式

完（竣）工和在建各个项目经理部对现金的支出和结算情况负责，每收回一笔工程款后，应及时上报企业总部，对现金的资金使用计划也一同上报，使总部能够及时了解和掌握项目资金的来源和使用情况，并对本期工程收入做到心中有数，对现金支出的合理性做到全面掌握，及时纠正不合理的款项支出。如有特殊情况，资金计划中预留小额日常开支和紧急情况资金不能满足项目经理部需要时，可立即将紧急资金计划上报企业总部，批复后使用。各施工企业可根据管理跨度和管理权限由内部结算中心传递审批或网上审批、支付并告知项目经理部及报账财务。

（3）在资金支付上，严格统一管理

财务总部委派一个会计人员建立项目财务平台，负责该项目资金使用计划的审批传递、支付、制作凭证，财务总部配备一个复核会计对所有项目的开支进行复核。同时，工程项目委派一个报账员（出纳）按资金使用计划报账。采用这种操作模式可以每日对资金收支进行监控，实行弹性预算，保持安全资金存量。同时，这种模式能使财务支出的合法性、合规性得以保障，避免项目经理部、财务部各自为政的局面出现，使财务操作规范化，提高财务管理的效益和效率。

3. 合理选择筹资方式，加强机械设备及大型项目投资管理

（1）建立最低余额预警制度

建立最低余额预警制度即施工企业在不进行重组或扩张的情况下，对经营活动中出现现

金流短缺的风险预警,是短期融资的前提。出现该现金短缺预警的解决办法只能靠回收债权或短期借款、加强存量流转资金使用效率等办法解决。对长期筹资活动进行管理首先要从筹资渠道入手,施工企业在选择融资渠道时要本着风险小、筹资成本低的原则,优先通过提升核心竞争力吸引战略投资者的股权筹资,另外树立良好的企业形象,争取通过发行债券、融资租赁、信用担保或抵押贷款等融资方式解决。

(2)加强机械设备及大型项目投资管理

在购置专项设备和周转材料前,相关部门应提出可行性报告(充分论证是否是急需购置的设备,并提供设备的性能、质量及价格、资金来源、投资回收期等重要参数),通过设备购置审批经各权限审批后购置。施工企业原则上不投需垫资施工的项目,建设单位有明确要求需要垫资施工的,必须由具备担保资格的建设单位进行担保,从而将企业垫资风险降到最低。对高风险领域或不相关产业,施工企业应尽量选择回避,避免因该投资项目占用企业大量资金又无专业人才管理,出现资金短缺,影响企业信誉,造成不必要的经营和财务风险。

4.2.4 现金预算管理

为了实现现金管理的目标,企业各个职能部门必须密切配合、协调行动,通过编制现金预算的方法,来规划和控制企业未来的现金收支活动,并对各个时期现金收支余缺采取相应的对策。

现金预算一般按年分季或分月编制,采用现金收支预算法。现金收支预算法是将预算期内可能发生的一切现金收支项目分类列入现金预算表内,以确定收支差异,从而采取适当的财务对策的方法。按现金收支预算法编制的现金预算表,主要包括现金收入、现金支出、现金余缺、现金融通四个部分。

1. 现金收入

现金收入部分包括期初现金余额和本期现金收入额。本期现金收入主要由以下来源组成。

(1)工程结算收入

工程结算收入包括预算期内收取的上期期末点交和本期期中点交的工程款。因为期末点交工程款,一般要到下期期初才能进行结算,所以应包括报告期期末点交、在预算期期初结算的工程款,而不包括预算期期末点交、在下一个预算期期初结算的工程款。如果企业对工程款采用分次预收、竣工后一次结算的办法,则在工程结算收入中应包括预算期期中预收的工程款。在这种情况下,计算预算期工程结算收入时,应扣除预算期应归还的预收工程款。

又如施工企业向发包建设单位预收有备料款,则应增设"预收备料款"项目,用以列示预算期内向发包建设单位预收的备料款。在这种情况下,计算预算期工程结算收入时,应当扣除预算期应归还的预收备料款。

(2)产品销售收入

如果施工企业有附属工业企业的话,会产生产品销售收入,这部分收入应根据附属工业企业预算期产品销售量和销售价格计算。

(3)其他业务收入

其他业务收入包括除产品销售收入以外的其他业务收入,如机械作业收入、材料销售收入、无形资产转让收入和固定资产出租收入等,根据有关部门提供的预算期收入数计算。

(4)收回应收款额

根据报告期应收款的余额,考虑预算期应收款的催收情况和可能收回的款额数计算。

(5)利息、股利收入

利息、股利收入包括存款、债券利息收入和对外投资分得的现金股利或利润。

期初现金余额与本期现金收入额相加,即为预算期内可动用现金合计。

2. 现金支出

现金支出部分包括本期现金支出额和期末现金必要余额。本期现金支出主要由以下各项支出组成。

1)材料采购支出。由供应部门根据预算期施工生产计划、材料消耗定额,结合材料库存,按照保证施工生产和合理储备、节约占用资金的原则,提出材料采购用款计划。财务部门应结合预算期现金收入情况和储备资金占用情况,对供应部门提出的材料采购用款计划进行审核,然后加以确定,以防盲目采购,形成积压。

2)职工工资、福利费支出。根据预算期工资总额计划数和职工福利费提取数结合实际开支情况确定。

3)其他生产费用支出。其他生产费用支出包括机械租赁费、水电费、土方运输费、办公费、差旅费、劳动保护费和业务招待费等生产费用支出。根据工程生产任务、有关取费标准,以及职工人数、费用开支标准等计算确定。

4)税费支出。税费支出包括预算期内支付的增值税及其附加、所得税、车船税、土地使用税、印花税等税费支出。

5)归还应付账款。根据预算期内应该偿还并可能偿还的应付款数额计算。

6)利息、股利支出。利息、股利支出包括借款利息、应付债券利息和对投资者支付现金股利或利润等支出。

7)购建固定资产、临时设施和无形资产支出。

期末现金必要余额是指在正常施工经营条件下,企业在预算期期末必须持有的现金。因为企业的现金收支,随着建筑市场及企业施工经营条件的变化,具有不确定性,很难准确估算。为使现金预算具有一定的弹性,应将期末必须持有的现金,纳入现金支出部分。这样,有利于企业对预算期内现金收支进行统筹规划,防范现金性筹资风险。

本期现金支出加期末现金必要余额,即为预算期动用现金合计。

3. 现金余缺

现金余缺部分反映预算期内现金收支轧抵后的余缺额。如果预算期内可动用现金合计大于动用现金合计,则说明现金有多余;反之则说明现金短缺。现金多余或短缺揭示企业预算期现金收支的不平衡性。在编制现金预算出现现金短缺时,应积极与有关部门反复协商,采取各项措施,既要做到增收节支,保证现金收支在预算期的总额平衡;又要做到预算期内各季、各月现金收支在时间上的相互协调。这是现金预算管理的主要内容。

4. 现金融通

现金融通包括现金多余的处置和现金短缺的融资。对于现金的多余或短缺的处置或融资方式,应视现金余缺的具体情况而定。一般来说,临时性的现金多余,可以考虑先归还短期借款,然后用以购买有价证券。如果现金多余是经常性、长时期的,则比较适宜于归还长期借款或进行长期有价证券投资。与此相对应,对于临时性现金短缺,可出售短期有价证券或向银行举借短期借款加以弥补；如果是经常性、长时期的现金短缺，则可向银行举借长期借款或发行企业债券予以弥补。

施工企业现金预算表的格式如表 4-1 所示。

表 4-1 现金预算表
××年度

项　　目	合计	一季度	二季度	三季度	四季度
期初现金余额					
本期现金收入					
其中：工程结算收入					
产品销售收入					
其他业务收入					
收回应收款					
利息、股利收入					
⋮					
本期可动用现金					
本期现金支出					
其中：材料采购支出					
职工工资、福利费支出					
其他生产费支出					
税费支出					
归还应付款					
利息、股利支出					
购建固定资产、临时设施、无形资产支出					
⋮					
期末现金必要余额					
本期动用现金合计					
现金余缺					
现金融通					
银行短期借款					
银行长期借款					
归还短期借款					
归还长期借款					
投资有价证券					
出售有价证券					
发行企业债券					
收回企业债券					

4.2.5 最佳现金持有量的确定

编制现金预算，能预计预算期内现金收支的余缺，以便企业事先做出财务安排，防止现金多余或短缺给企业带来的不利影响。但现金预算的编制，要先确定预算期内期末现金必要余额，即企业最佳现金持有量。特别是在存在有价证券这一准货币的情况下，企业如何处理两者的比例和转换关系，才能既满足企业施工经营的需要，防止现金短缺，又能对多余的现金加以充分利用，取得最佳的现金管理效益。

最佳现金持有量的确定，通常可采用成本分析模式、存货管理模式、现金周转模式等方式来加以计算和决策。

1. 成本分析模式

对于经营企业来讲，现金虽然是流动性最强的资产，但同时也是收益性最差的资产。企业持有现金会产生相应的成本损失，成本分析模式是通过分析企业持有现金的成本项目，寻找使持有现金成本相对最低的必要现金持有量。成本分析模式只考虑持有一定数量的现金而发生的机会成本、管理成本和短缺成本，而不考虑现金转换成本。

（1）机会成本

持有现金的机会成本是指因持有一定数量现金而丧失的再投资收益。现金作为企业的一项资金占用，是有代价的，这种代价就是它的机会成本。假定某企业年平均持有现金为500 000元，资金成本率为10%，则该企业年持有现金的机会成本为50 000元（500 000元×10%），现金持有量越多，机会成本越高。企业为了施工经营活动的正常进行，需要持有一定数量的现金，付出相应的机会成本代价是必要的。但持有现金量过多，机会成本会大幅度上升，影响企业的经济效益。

（2）管理成本

持有现金除了要付出机会成本代价外，还会发生管理费用，如管理人员工资、安全措施费等。由于持有现金大都存在银行，这些费用为数不多，而且属于固定性费用，与现金持有量之间没有明显的比例关系，所以一般不加考虑。

（3）短缺成本

前面的内容中提到现金的短缺成本是企业因缺乏必要的现金，不能应付业务开支需要，而使企业蒙受的损失或为此付出的代价。现金的短缺成本随着现金持有量的增加而下降，随着现金持有量的减少而上升。无论如何，当企业置存足够量的现金时，短缺成本都会不复存在。

这些成本与现金持有量的关系可以从图4-1中反映出来。

从图4-1中可以看出，总成本线的方向主要受到机会成本线和短缺成本线的双重影响。上述三项成本之和最小的现金持有量就是最佳现金持有量。

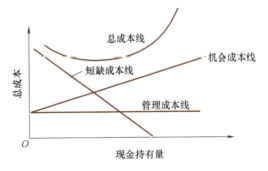

图4-1 成本与现金持有量关系图

在实际工作中，运用成本分析模式确定最佳现金持有量的具体步骤为：①根据不同的现金持有量测算并确定有关成本数值；②按照不同现金持有量和相关的成本资料编制最佳现金持有量测算表;③在测算表中找出总成本最低时的现金持有量,即为最佳现金持有量。

[例4-1] 某企业现有四种持现方案,相关成本资料如表4-2所示。

表4-2 现金持有方案及相关成本表 （单位：万元）

方案	A	B	C	D
现金持有量	250	500	750	1 000
机会成本率	10%	10%	10%	10%
管理成本	20	20	20	20
短缺成本	120	67.5	25	10
总成本	165	137.5	120	130

通过分析比较表4-2中各方案的总成本可知,C方案的总成本最低,该企业的最佳现金持有量是750万元。

2. 存货管理模式

存货管理模式来源于存货管理的经济订货批量模型,即认为现金的持有方式在许多方面与存货管理有相似之处,因此可以用存货管理的经济订货批量模型来确定企业的目标现金持有量。该模式的着眼点也是现金持有的相关成本最低,但该模式的采用将管理成本视同固定的决策无关成本予以剔除,同时由于短缺成本产生的不确定性较强而不予考虑,仅对企业持有现金的机会成本和转换成本进行研究。

企业持有人民币现钞是无法升值的,还要持续付出资金成本。而如果将部分人民币现钞转换为有价证券,则可以获得一定的预期收益,又能随时变现,满足现金的需要。但无论将现金转为有价证券,还是将有价证券转换为现金,都需要付出一定的交易费用,即转换成本,包括委托买卖佣金、委托手续费、印花税和证券过户费等。严格地讲,转换成本不是都属于固定费用,有的也具有变动费用性质。在证券总额既定的条件下,无论变现次数怎样变动,所需支付的委托佣金总额是相同的。因此,那些依委托成交金额计算的转换成本与证券变现次数关系不大,属于决策无关成本。这样,与证券变现次数密切相关的转换成本便只包括其中的固定性交易费用。转换成本与证券变现次数呈线性关系,在现金需要总量既定的前提下,现金持有量越少,进行证券变现的次数越多,相应的转换成本就越大;反之,现金持有量越多,证券变现的次数就越少,需要的转换成本开支也就越小。因此,现金持有量的多少必然通过证券变现次数多少而对转换成本产生影响。

对现金持有量产生影响的除了持有现金的机会成本和证券转换成本外,实际上还有现金短缺成本,即在现金持有量不足而又无法及时通过有价证券变现加以补充而给企业造成的损失。但是由于现金短缺成本具有很大的不确定性,也难以计算,在采用存货经济批量模式计算最佳现金持有量时,对现金短缺成本一般不加考虑。

通过以上机会成本和转换成本性质及其与现金持有量的关系的分析,可知在现金需要总量既定的前提下,现金持有量越多,持有机会成本越大,但由于证券变现次数减少,需要的转换成本减少。而减少现金持有量,尽管可以降低持有现金的机会成本,但转换成本却会随着证券变现次数的增加而增加。持有现金的机会成本与转换成本随现金持有量变动所呈现出的相反趋向,要求企业必须对现金与有价证券的分割比例做出合理安排,从而使机会成本与转换成本保持最低的组合水平。这种能使持有现金机会成本与转换成本保持最低组合水平的现金持有量,就是最佳现金持有量。

现举例来说明采用存货管理模式确定最佳现金持有量的方法。

[例 4-2] 假定某企业年现金需要总量为 2 400 万元，持有现金的机会成本率为 5%，每次转换成本为 4 万元（即每次有价证券变现的固定性交易费用），则持有现金机会成本与转换成本按不同现金持有量的变动情况如表 4-3 所示。

表 4-3 现金持有方案及相关成本表 （单位：万元）

年现金需要总量 (1)	转换次数 (2)	年现金持有量 (3)=(1)/(2)	现金平均置存量 (4)=(3)×$\frac{1}{2}$	机会成本 (5)=(4)×5%	转换成本 (6)=(2)×4	年持有现金总成本 (7)=(5)+(6)
2 400	1 次	2 400	1 200	60	4	64
2 400	2 次	1 200	600	30	8	38
2 400	3 次	800	400	20	12	32
2 400	4 次	600	300	15	16	31
2 400	6 次	400	200	10	24	34
2 400	12 次	200	100	5	48	53

从表 4-3 可知，当年现金持有量为 600 元时，年持有现金的总成本为最低，这个最低持现总成本所对应的现金持有量，即为该企业的最佳现金持有量。在实际工作中，可以用数学公式直接计算。

一定现金持有量发生的机会成本、转换成本之和的计算公式为

$$总成本(TC) = 现金机会成本 + 现金转换成本$$
$$= 现金平均置存量 \times 现金机会成本率 + 变现次数 \times 每次交易成本 \quad (4-1)$$
$$= \frac{N}{2}K + \frac{T}{N}F$$

$$目标持有量(N^*) = \sqrt{\frac{2TF}{K}} \quad (4-2)$$

$$最低成本(TC^*) = \sqrt{2TFK} \quad (4-3)$$

式中 T——年度现金需要总量；
F——单次转换成本；
K——现金机会成本率；
N——平均现金持有量；
N^*——最佳现金持有量。

用表中数据代入上式，即得：

$$最佳现金持有量 = \sqrt{\frac{2 \times 2\ 400 \times 4}{5\%}} 元 = 619.7 \text{ 万元}$$

必须指出，采用存货经济批量模式确定最佳现金持有量，是以下列假设为前提的：①企业所需的现金均可通过有价证券变现获得；②预算期内现金需要总量可以预测；③现金的支出比较稳定，波动较小，而且当现金余额降为 0 时，均可通过变现有价证券及时加以补足，

即不存在短缺现金成本；④有价证券的收益率以及每次变现的固定交易费用可以获悉。当然在算得最佳现金持有量后，还要充分考虑现金短缺成本的影响。

3. 现金周转模式

现金周转模式是从现金周转的角度出发，根据现金的周转速度来确定最佳现金持有量的一种方法。其基本工作步骤包括以下几步。

（1）计算现金周转期

现金周转期是指企业从购买材料支付现金到销售产品回收现金所需要的时间。这一时间段包括：①应付账款周转期，即从企业购入材料形成应付账款之日起，到企业以现金支付应付账款所间隔的时间；②存货周转期，即从企业用现金支付购买材料款到存货售出为止所需要的时间；③应收账款周转期，即从存货售出产生应收账款开始，到应收账款收回所需要的时间。

（2）计算现金周转率

现金周转率是指一年中现金的周转次数，其计算公式为

$$现金周转率 = \frac{360 \text{天}}{现金周转天数} \tag{4-4}$$

（3）计算最佳现金持有量

最佳现金持有量的计算公式为

$$最佳现金持有量 = 年现金需求额度 \div 现金周转率 \tag{4-5}$$

[**例4-3**] 某公司计划年度预计应付账款周转周期为30天，存货周转周期为90天，应收账款周转周期为45天，年度现金需求总额为780万元，则最佳现金持有量的计算如下：

$$现金周转期 = 90 \text{天} + 45 \text{天} - 30 \text{天} = 105 \text{天}$$

$$现金周转率 = 360 \text{天} \div 105 \text{天} = 3.43 \text{次}$$

$$最佳现金持有量 = 780 \text{万元} \div 3.43 \text{次} = 227.41 \text{万元}$$

该方法充分考虑了企业经营过程中的现金需求特点和需求环节，计算简便易理解。缺陷是年度现金需求总额的确定是一个预计数，对其预测的准确度要求较高，而企业所面临的市场环境是复杂多变的，所以容易出现一些误差。

4.3 应收账款的管理

4.3.1 应收账款概述

1. 应收账款的概念

应收账款是企业在建造和销售产品、提供劳务的过程中附带提供商业信用，采取延期收款、赊销等结算、销售方式而产生的应向发包建设单位等客户收取的款项。施工企业的应收账款主要是指施工企业在施工经营活动中，依据价款确认书或合同规定而向发包方、分包方主张的债权。

2. 应收账款的种类

施工企业产生的应收账款一般分为四种：①依据合同约定由发包方应付而未付的预付款；②在施工过程中，未能按合同规定的时间和数额支付所形成的拖欠进度款；③工程、劳

务决算确认时，扣除已付款项后的应付而未付的剩余款；④在保修期满后，应收回的扣除合理保修费用后的保修金余额。

3. 应收账款产生的原因

在市场经济条件下，应收账款的存在有其必然性和合理性。应收账款的实质是企业的一项资金投放政策，目的是为了扩大销售和盈利。近几年来，随着商品经济的发展，商业信用的推行，应收账款已成为企业流动资产管理中的一个日益重要的问题。而在我国目前的建筑市场上，应收账款更是成为了企业的神经中枢。除正常商业信用产生的应收账款外，由于竞争激烈，施工企业往往为了生存，低价竞争以求中标，加上建设单位提出苛刻的垫资条件，经常拖欠应收账款，有些发包单位甚至连正常的工程进度款都不能及时足额拨付，因此极易造成施工企业资金回收困难，形成高额的债权，甚至逐年累增。

4. 应收账款的成本

应收账款形成后，可能会产生四个方面的成本：①孳息成本，即企业有银行存款的利息损失；②机会成本，即资金被占用后失去了再投资创造新价值的利益；③管理成本，即应收账款的核算费用、收账费用，必要的诉讼和非诉讼费用等；④坏账损失成本，如果应收账款全部或部分无法收回或收回的可能性极小，就会形成坏账，产生坏账损失。

4.3.2 应收账款的管理目标

施工企业由于特殊的产品销售方式及建筑产品市场竞争的激烈，应收账款（应收工程款）在企业资金中占有很大的比重，是导致企业资金紧张的主要因素。因此，管理好应收账款（应收工程款）具有重要的意义。施工企业应收账款的管理贯穿合同履行的全过程，甚至持续到工程、劳务结束后的若干年。

应收账款的实质是施工企业与发包建设单位或其他业务往来单位之间的一种商业信用行为。应收账款政策的存在增强了企业的市场竞争力，扩大了企业的承包规模，会在一定程度上为企业创造更高的收益，但企业只要一发生应收账款，就不可避免地存在风险并产生成本。因此，应收账款管理的目标，就是在充分发挥应收账款功能的基础上，降低应收账款的成本，使提供商业信用、扩大工程承包和产品销售所增加的收益，大于其所占用的资金成本和发生的管理成本及坏账损失。

4.3.3 应收账款管理决策

施工企业要管好应收账款，必须先制定应收账款的使用条件，即企业给不同的客户以不同的信用政策。一般而言，企业的信用政策包括信用条件、信用标准和收账政策三个部分。

1. 信用条件

信用条件是指施工企业要求客户支付延期付款或赊销款项的条件，由信用期限、折扣期限和折扣标准三个要素组成。如前文例中所提及 "2/10，$N/30$" 即指信用期限为 30 天，折扣期限为 10 天，折扣标准为 2%。这里的信用期限即施工企业为发包建设单位规定的最长付款期限，折扣政策则是为了鼓励客户提前付款而提供的优惠条件。较为优越的信用条件有利于增加工程承包和产品销量，但也会增加应收账款的机会成本和坏账概率。

2. 信用标准

信用标准是企业同意向发包建设单位等客户提供商业信用而提出的基本要求或者说对客

户信用要求的最低标准。通常以预期的坏账损失率做出判别标准。企业如将信用标准定得过高，将使许多客户达不到所设定的标准而被企业商业信用拒之门外，这虽有利于降低违约风险及收账费用，但会影响企业市场竞争能力的提高和经营收入的扩大。相反，如采用较低的信用标准，虽有利于企业扩大工程承包和产品销售，提高市场竞争能力和占有率，但要冒较大的坏账损失风险并发生较多的收账费用。因此，企业应根据自身情况和目标客户的具体信用情况，确定合理的客户信用标准。

企业在确定信用标准时，一要考虑企业承担违约风险的能力。当企业具有较强的违约风险承担能力时，可以较低的信用标准提高市场竞争能力，争取客户，扩大工程承包和产品销售；反之，只能选择严格的信用标准以尽可能降低违约风险。二要考虑同行业竞争对手所定信用标准，使企业在市场竞争中处于优势地位。

企业可以通过顾客评价的"5C"系统来设定某一客户的信用标准。

1）品质（Character）。品质是指客户的信誉，即履行偿债义务的可能性。企业必须设法了解客户过去的付款记录，考查其是否有按期如数付款的一贯做法，与其他合作企业的关系是否良好等。

2）能力（Capacity）。能力是指客户的偿债能力，可以通过其流动资产的数量、质量以及与流动负债的比例来衡量。

3）资本（Capital）。资本是指客户的财务实力和财务状况，表明顾客可能偿还债务的背景。

4）抵押（Collateral）。抵押是指客户拒付款项或无力支付款项时能用作抵押的资产。这对于较大金额的应收账款以及对不明底细或信用状况有争议的顾客尤为重要。

5）外在条件（Conditions）。条件是指可能影响顾客付款能力的经济环境。经济环境对客户付款能力的影响往往是客户无法控制的。

3. 收账政策

收账政策是指当客户违反信用条件、拖欠账款时所采取的收账策略。当企业向客户提供商业信用时，必须考虑以下三个问题：①客户是否会拖欠账款，程度如何？②怎样最大限度地防止客户拖欠账款？③一旦账款遭到拖欠时，企业应采取怎样的对策？上述①②两个问题主要依靠信用调查和严格信用审批进行控制；问题③必须通过制定完善的收账政策，采取有效的收账措施来解决。

应收账款的催收是应收账款管理中的一项重要工作，包括应收账款账龄分析、确定收账程序和收账方法。

客户的应收账款，有的尚未超过信用期，有的则已逾期拖欠。一般来说，逾期拖欠时间越长，账款催收难度越大，越有可能成为坏账。因此，进行账龄分析、密切注意账款回收情况，是提高应收账款收现效率的重要环节。

应收账款账龄分析也叫应收账款账龄结构分析。它是指企业在某一时点，将各笔应收账款按照合同签订的日期进行归类，并算出各账龄应收账款余额占总计余额比重所做的分析。在分析账龄时，可将不同账目区分为：信用期内；超过信用期 1 个月、6 个月、1 年、2 年、3 年等。对不同拖欠时间的账款、不同信用状况的客户，企业应查明拖欠原因，制定不同的收账程序和收账方法。

客户拖欠工程款的原因，要分析是工程项目竣工前拖欠，还是工程项目竣工后拖欠。前者要分析其是否是由于投资缺口发生的拖欠。后者要分析其是项目投产后产生经济效益有还款能力情况下的拖欠，还是项目投产后经济效益不好没有还款能力的拖欠。对故意拖欠账款的客户，在催收后仍不还的，可由企业的律师采取法律行动。

对因经营管理不善、财务出现困难，但经过一定时期努力即可偿还的，企业应帮助客户渡过难关，同意延期偿还，或同意客户进行债务重组，将应收账款债权转为长期投资；如客户遇到的不是暂时性困难，而是已经债台高筑、资不抵债、达到破产界限的，应及时向法院起诉，以期在破产清算时获得债权的部分清偿。

4.3.4 应收账款的日常管理

管理应收账款实行恰当的信用政策，在很大程度上依赖经验和判断，而经验来自于严密的日常管理工作。

1. 做好客户的信用调查

在提供商业信用之前对客户的信用进行评价是应收账款日常管理的重要内容。只有如实评价客户的信用状况，才能正确地执行企业的信用政策，而要评价客户的信用状况，必须对客户的信用进行调查，搜集有关的信息资料。

信用调查是以被调查客户以及其他单位保存的有关资料为基础，通过加工整理获得被调查客户信用的一种方法。信用调查的主要资料来自以下几个方面。

（1）客户财务报告

通过对客户财务报告的分析，可基本上掌握客户的财务状况和还款能力。

（2）信用评估机构对客户评定的信用等级

目前，许多信用评估机构都对企业信用状况进行评估，并将企业的信用状况分为 AAA、AA、A、BBB、BB、B、CCC、CC、C 三等九级。其中，AAA 为最优等级，C 为最差等级。信用评估机构的信用调查细致，评估方法科学，可信度较高。当然，在采用信用评估机构评定的信用等级时，也要先对信用评估机构的资质进行调查。

（3）银行信用部的材料

许多银行都设有信用部，为其信贷部门和其客户提供服务。不过银行对客户调查的资料，一般不向其他单位提供，如有需要可通过开户银行征询有关的信用资料。

此外，还可向财税部门、工商行政管理部门、行业协会、国有资产管理部门、证券交易所等搜集、征询客户有关的信用资料。

2. 对客户的信用进行评估

搜集客户的信用资料以后，要对这些资料进行分析，并对客户信用状况进行评估。在对客户信用评估时，可采用信用评分法。信用评分法即先对一系列反映企业信用状况的财务比率和信用情况进行评价，确定得分，然后进行加权平均，求得客户的信用评分，并以此进行信用评估的一种方法。据以评估企业信用的财务比率和信用情况的项目，除新建尚未投产的企业外，可考虑采用速动比率、资产负债率、主营业务利润率、信用评估等级（即信用评估机构评定的信用等级）、付款历史（即逾期还款和违约历史）、企业发展前景等。

上述各项财务比率、信用情况的权数及其客户的得分如表4-4所示，可根据下列公式算得该客户的信用评分：

$$Y = \sum_{i=1}^{n} W_i X_i \tag{4-6}$$

式中 Y——某客户的信用评分;
W_i——第 i 项财务比率和信用情况的权数;
X_i——第 i 项财务比率和信用情况的信用得分。

表 4-4 财务比率、信用情况的权数及其客户的得分

项 目	财务比率和信用情况	信用得分 0~100 分	权 数	加权平均数 $W_i X_i$
速动比率	2	80 分	0.2	16 分
资产负债率	50%	80 分	0.1	8 分
主营业务利润率	10%	75 分	0.1	7.5 分
信用评价系数	A	80 分	0.3	24 分
付款历史	尚好	75 分	0.2	15 分
企业发展前景	尚好	75 分	0.1	7.5 分
信用评分	—	—	—	78 分

在采用信用评分法进行信用评分时,分数如在 80 分以上,一般可认为客户信用状况良好;分数如在 60~79 分,可认为客户信用状况一般;分数如在 60 分以下,可认为客户信用状况较差。

3. 施工企业应收账款的事前、事中和事后控制

(1) 应收账款的事前控制

事前控制就是在赊销行为尚未发生以前对企业应收账款的质量和规模的控制。施工企业由于产品、销售和结算的特殊性,事前控制尤其重要。首先,企业应在承包工程前进行严密的项目可行性分析,力争做到亏损的工程不揽、信用低的工程不揽、施工环境差的工程不揽、巨额垫资的工程不揽、资金不到位的工程不揽。为了保证能及时收回应收工程款,还必须加强工程合同管理。其次,每项工程都应和客户按规定根据工程项目审批文件、设计要求和中标内容签订工程建造合同,为工程结算提供依据和法律保证。订立合同要遵循平等互利、协商一致、等价有偿的原则,使合同合法、合理,内容完善,条款清楚,要求具体、责任分明、奖罚得当,以保证合同的顺利履行。最后,严格工程合同的审查,对于那些内容不清、责任不明、权利与义务不相当,未经报批或批准的项目要及时与对方协商撤销,不留隐患,以保证结算顺利进行。争取在合同中将工程结算的具体形式,工程款的支付方式、保障形式,延时支付的处罚等写入合同,以保障企业自身的利益。

(2) 应收账款的事中控制

事中控制就是在企业赊销业务活动过程中对应收账款的质量和规模的控制。企业建立信用政策后,由于宏观经济形势的变化、市场竞争的激烈、企业自身状况以及客户状况的改变,必然引起应收账款的占用水平和质量发生变化。为此,企业必须根据变化了的情况,修正和调整已有的信用政策,尽量减少坏账损失的风险。

应收账款的事中控制一般是在加强财务部门专业管理的同时,充分发挥采购、施工生产和工程结算(销售)部门的积极性,通过各部门密切配合进行的。

施工企业首先要保证施工生产的正常顺利进行,争取提供优质的施工产品,创造良好的

收账环境。

对于建设单位有意拖延付款或拒付，要认真分析，查找真实原因；对于建设单位暂时性的资金困难，可以适当放宽收款期限，以便为双方合作打下良好基础；对于合理的拒付，要查找自身的原因，及时整改，尽早拿到工程结算款；对于无理的拒付，在通过沟通协商仍然无法奏效的情况下，不应妥协，可通过要求支付违约金、停工、行使留置权等方式，要求对方及时支付，所发生的各种损失也应要求对方承担，以避免完工后的资金回收困难。

企业还要加强自身账款回收管理工作的积极性和管理水平，注意收集施工过程中的签证资料，做好后期起诉的准备工作。如果是由于建设单位不能及时付款而造成的停工或工期延误，需要收集书面证据，及时向甲方提出索赔。由于甲方设计变更导致工作量增加的，最好是等甲方出具有效签证后再施工，相应的工程价款也应要求及时到位。工程完工后，要抓紧时间办理验工计价，及时将工程结算资料交付建设单位审批，并督促建设单位在合同约定的期限内支付工程款。

（3）应收账款的事后控制

事后控制就是在应收账款收回或发生坏账损失后，总结经验教训，评价工作成绩，提出改进措施的控制过程。具体工作包括：①运用会计资料计算营业收入增加的幅度，剔除影响营业额变化的非信用因素，结合坏账损失、收账费用和机会成本的发生额，对比分析、综合判断，实事求是地评价企业信用政策的成效或失误，并总结经验教训，以利于改进应收账款的管理工作；②利用应收账款的周转率、坏账损失率等财务指标，结合其他财务资料，开展纵向和横向的比较，对信用政策的成效和应收账款的管理工作做出客观而公允的评价。

总之，施工企业要充分重视应收账款的管理工作，分清职责、完善制度、加强监控、降低风险。但不论企业采用怎样的应收账款政策和管理方法，只要有商业信用行为的存在，坏账损失的发生就是难以避免的。企业应根据有关规定和实际情况，提取坏账准备，并对发生的坏账损失冲销提取的坏账准备。

4.4 存货管理

4.4.1 存货的内容和分类

存货是指企业在日常生产经营过程中持有以备出售或者耗用的各种资产。这些资产有的处于生产过程中，有的处于原材料、构配件或产成品状态。

施工企业的存货，按其经济内容，可以分为以下几类。

1. 材料

施工企业的材料是指建筑施工的主要材料、结构件、机械配件、周转材料等劳务对象和经营管理部门使用的低值易耗品。材料和固定资产不同，施工项目的主要材料在一次施工生产过程中使用，并在施工生产过程中变更或消失其原有物质形态，或将其本身的物质加到工程或产品的物质里去，因而其价值将一次转入工程和产品的成本中。周转材料是指施工企业在施工过程中能够多次使用，并可基本保持原来的形态而逐渐转移其价值的材料，主要包括钢模板、木模板、脚手架和其他周转材料等，分为在库周转材料和在用周转材料两类。

施工企业应当根据具体情况对周转材料采用一次转销、分期摊销、分次摊销或定额摊销的方法。

1) 一次转销法。一般应限于易腐、易糟的周转材料，于领用时一次计入成本、费用。
2) 分期摊销法。根据周转材料的预计使用期限分期摊入成本、费用。
3) 分次摊销法。根据周转材料的预计使用次数摊入成本、费用。
4) 定额摊销法。根据实际完成的工程实物工作量和预算定额规定的周转材料消耗定额，计算确认本期应摊入成本、费用的金额。

施工企业要从事施工生产经营，必须储备一定数量的材料，占用一定数额的资金。如何节约使用材料储备资金，及时保证施工生产经营所需材料的供应，是财务管理中一项重要的工作。

2. 设备

设备是指企业购入的作为劳动对象，构成建筑产品的各类设备，如企业建造房屋所购入的组成房屋建筑的通风、供水、供电、卫生和电梯等设备。

3. 未完工程

未完工程是指尚未完成施工过程，正在建造的各类建设工程。

4. 在产品和产成品

对施工企业而言，在产品和产成品是指附属工业企业的尚未完成生产过程正在加工的各类工业产品和已完成生产过程并已验收入库的各类完工产品和成品。

5. 商品

商品是指企业购入的专门用于销售的无须任何加工的各类物品，其目的是获取买卖价差。

4.4.2 存货管理的目标

如果施工企业能在生产投料时随时购入所需的原材料，或者能在销售某种物料时随时购入该项商品，就不需要存货。但实际上，企业总有储存存货的需要，并因此占用或多或少的资金。施工企业以货币资金订购材料开始，直到出库这一过程所占用的流动资金称为存货储备资金。施工企业的储备资金在流动资金中一般占有最大的比重。施工企业的生产过程实际上就是建筑材料的消耗过程，所以施工企业的储备资金额度大，周转频繁。如何用好、用活这部分资金是盘活企业资产、加快资金周转、提高资金利润率的关键。因此对储备资金加强管理是施工企业财务管理的一个重要课题，是提高施工企业经济效益的一项重要措施。

企业置存存货一般出于三个目的：①保证生产建设或销售的连续性需要；②出自进货价格的考虑；③争取获得买卖价差（投机收益）。

持有存货多，占用储备资金就大，相应的仓储费、保险费、维护费、管理费和损耗等费用也会加大，而持有存货过少则一旦缺货会造成停工损失、丧失有利的销售机会等。

存货管理就是要尽力在各种存货成本与存货效益之间做出权衡，达到两者的最佳结合。这就是存货管理的目标。

4.4.3 储备存货的有关成本

与储备存货有关的成本包括取得成本、储存成本、缺货成本三种。

1. 取得成本

取得成本是指为取得某种存货而支出的成本，通常用 TC_A 来表示。存货的取得成本又分为订货成本和购置成本两部分内容。

（1）订货成本

订货成本是指为取得订单而付出的基础成本，如办公费、差旅费、邮资和电报电话费等支出。订货成本中有一部分与订货次数无关，如常设采购机构的基本开支等，称为订货的固定成本，用 F_1 表示；另一部分与订货次数有关，如差旅费、邮资等，称为订货的变动成本。每次订货的变动成本用 K 表示；订货次数等于存货年需要量 D 与每次进货量 Q 之比值。订货成本的计算公式为

$$订货成本 = F_1 + \frac{D}{Q}K \tag{4-7}$$

（2）购置成本

购置成本是指存货本身的价值，经常用数量与单价的乘积来确定。年需要量用 D 表示，单价用 U 表示，于是购置成本为 DU。

订货成本加上购置成本，就等于存货的取得成本。其公式可表达为

$$取得成本 = 订货成本 + 购置成本$$
$$= 订货固定成本 + 订货变动成本 + 购置成本$$
$$TC_A = F_1 + \frac{D}{Q}K + DU \tag{4-8}$$

2. 储存成本

储存成本是指为保存和管理存货而发生的成本，包括存货占用资金所应计的利息（若企业用现有现金购买存货，便失去了现金存放银行或投资于证券本应取得的利息，为"放弃利息"；若企业借款购买存货，便要支付利息费用，为"付出利息"）、仓库费用、保险费用、存货破损和变质损失等，通常用 TC_C 来表示。

储存成本也分为固定成本和变动成本。固定成本与储备存货数量的多少无关，如仓库折旧、仓库职工的固定月工资等，常用 F_2 表示。变动成本与储备存货的数量有关，如存货占压资金的应计利息、存货的破损和变质损失、存货的保险费用等。存货的单位变动成本用 K_C 来表示。在计算期内，期初的存货数量如果是 Q，期末则应将存货用完，因此企业的期内平均存货数量仅为批量进货数量的一半，即 $Q/2$。用公式表达的储存成本为

$$储存成本 = 储存固定成本 + 储存变动成本$$
$$TC_C = F_2 + \frac{Q}{2}K_C \tag{4-9}$$

3. 缺货成本

缺货成本是指由于存货供应中断而造成的损失，包括材料供应中断造成的停工损失、产成品库存缺货造成的拖欠发货损失和丧失销售机会的损失（还应包括需要主观估计的商誉损失）；如果生产企业以紧急采购代用材料解决库存材料中断之急，那么缺货成本表现为紧急额外购入成本（紧急额外购入的开支会大于正常采购的开支）。缺货成本用 TC_S 表示。

如果以 TC 来表示储备存货的总成本，则其计算公式为

$$TC = TC_A + TC_C + TC_S = F_1 + \frac{D}{Q}K + DU + F_2 + K_C\frac{Q}{2} + TC_S \tag{4-10}$$

企业存货的最优化，即使上式的 TC 值最小。

4.4.4 存货决策

存货的决策涉及四项内容,即决定进货项目、选择供应单位、决定进货时间和决定进货批量。决定进货项目和选择供应单位是销售部门、采购部门和生产部门的职责。财务部门要做的是决定进货时间和决定进货批量(分别用 T 和 Q 表示)。按照存货管理的目的,需要通过合理的进货批量和进货时间,使存货的总成本最低,这个批量叫作经济订货量或经济批量。有了经济订货量,可以很容易地找出最适宜的进货时间。

与存货总成本有关的变量(即影响总成本的因素)很多,为了解决比较复杂的问题,有必要简化或舍弃一些变量,先研究解决简单的问题,然后再扩展到复杂的问题。这需要设立一些假设,在此基础上建立经济订货量的基本模型。

1. 经济订货量基本模型

经济订货量基本模型需要设立的假设条件包括以下几个:

1)企业能够及时补充存货,即需要订货时便可立即取得存货(库中存货可以用到 0)。
2)能集中到货,而不是陆续入库(库中的最高存量为 Q)。
3)不允许缺货,即无缺货成本($TC_S = 0$),理想的存货管理不应该出现缺货。
4)企业对货品的需求量稳定,并且能预测,即 D 为已知常量。
5)存货单价不变,即 U 为已知常量,不考虑折扣和价格上调。
6)企业现金充足,不会因现金短缺而影响进货。
7)所需存货市场供应充足,不会因供货中断而影响企业及时进货。

设立了上述假设后,存货总成本的公式可以简化为

$$TC = F_1 + \frac{D}{Q}K + DU + F_2 + K_C \frac{Q}{2}$$

当 F_1、K、D、U、F_2、K_C 均为已知常量时,TC 的大小仅取决于 Q(每次进货批量)。为了求出 TC 的极小值,对其进行求导演算,可得出下列公式:

$$经济订货量 Q^* = \sqrt{\frac{2KD}{K_C}} \tag{4-11}$$

这一公式称为经济订货量基本模型,求出的每次订货批量,可使 TC 达到最小值。

这个基本模型还可以演变为其他形式:

年最佳订货次数 $\qquad N^* = \dfrac{D}{Q^*} = \sqrt{\dfrac{DK_C}{2K}}$

存货总成本 $\qquad TC_{Q^*} = \sqrt{2KDK_C}$

最佳订货周期 $\qquad t^* = \dfrac{1}{N^*} = \sqrt{\dfrac{2K}{DK_C}}$

经济订货占用资金 $\qquad I^* = \dfrac{Q^*}{2}U = U\sqrt{\dfrac{KD}{2K_C}}$

注:周期 t 的单位为年。

[**例 4-4**] 某企业每年耗用某种材料 3 600kg,该材料单位成本 10 元/kg,单位存储成本为 2 元/kg,一次订货成本为 25 元。

经济订货量：$Q^* = \sqrt{\dfrac{2KD}{K_C}} = \sqrt{\dfrac{2 \times 3\ 600 \times 25}{2}}\text{kg} = 300\text{kg}$

年最佳订货次数：$N^* = \dfrac{D}{Q^*} = \dfrac{3\ 600\text{kg}}{300\text{kg}/\text{次}} = 12\ \text{次}$

存货总成本：$TC_{Q^*} = \sqrt{2KDK_C} = \sqrt{2 \times 25 \times 3\ 600 \times 2}\ \text{元} = 600\ \text{元}$

最佳订货周期：$t^* = \dfrac{1}{N^*} = \dfrac{1}{12}\ \text{年} = 1\ \text{月}$

经济订货占用资金：$I^* = \dfrac{Q^*}{2}U = \dfrac{300\text{kg}}{2} \times 10\ \text{元}/\text{kg} = 1\ 500\ \text{元}$

经济订货量也可以用图解法求得，具体做法是：先计算出一系列不同进货批量的各相关成本，然后在坐标图上描出由各有关成本构成的订货成本线、储存成本线和总成本线，总成本线的最低点（或者是订货成本线和储存成本线的交接点）相对应的订货批量，即经济订货量。

如上例中，不同批量下的相关成本指标如表4-5所示。

表4-5 不同批量下的相关成本指标

项　　目	订货批量					
	100kg	200kg	300kg	400kg	500kg	600kg
平均存货/kg	50	100	150	200	250	300
储存成本/元	100	200	300	400	500	600
订货次数/次	36	18	12	9	7.2	6
订货成本/元	900	450	300	225	180	150
总成本/元	1 000	650	600	625	680	750

不同批量的有关成本变动情况如图4-2所示。从以上成本指标的计算和下面的图形中可以很清楚地看出，当订货批量为300kg时总成本最低，小于或大于这一批量都是不合算的。

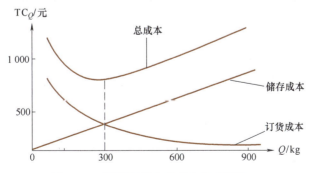

图4-2 不同批量的有关成本变动情况

2. 基本模型的扩展

经济订货量的基本模型是在前述各假设条件下建立的，但现实中企业的存货管理能够满足这些假设条件的情况十分罕见。为使模型更接近于实际情况，具有较高的可用性，需逐一放宽假设，同时改进模型。

(1) 订货提前期

一般情况下，企业的存货不能做到随用随时补充，因为即使没有供货紧张问题，从企业发出订单到对方组织货品发出，到入库也需要一定时间。因此不能等存货用空再去订货，而需要提前订货。在提前订货的情况下，企业再次发出订货单时，库中尚有的存货库存量，称为再订货点，用 R 来表示。它的数量等于交货时间（L）和每日平均需用量（d）的乘积，即

$$R = Ld \tag{4-12}$$

[例 4-5] 假设企业从订货日至到货期的时间间隔为 10 天，每日存货需要量为 10kg/天，那么

$$R = Ld = 10 \text{ 天} \times 10\text{kg/天} = 100\text{kg}$$

即企业在尚存 100kg 存货时，就应当再次订货，等到下批订货到达时（10 天后），原有库存刚好用完。此时，有关存货的每次订货批量、订货次数、订货间隔时间等并无变化，与存货瞬时补充时相同。订货提前期经济批量模型如图 4-3 所示。

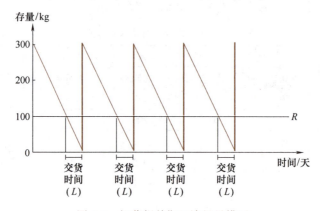

图 4-3　订货提前期经济批量模型

这就是说，订货提前期对经济订货量并无影响，只不过在达到再订货点（库存 100kg）时即发出订货单罢了。

(2) 存货陆续供应和使用

在建立基本模型时，是假设存货一次全部入库，故存货增加时存量变化为一条垂直的直线，且库存的最高量为 Q。事实上，各批存货可能陆续到达，陆续入库，使库存量陆续增加。尤其是产成品入库和在产品转移，几乎总是陆续供应和陆续耗用的。在这种情况下，需要对图 4-3 的基本模型做一些修改。

[例 4-6] 某零件年需用量 D 为 3 600 件，每日送货量 P 为 30 件，每日生产耗用量 d 为 10 件，单价 U 为 10 元，一次订货成本 K 为 25 元，单位储存变动成本 K_c 为 2 元。存货数量的变动如图 4-4 所示。

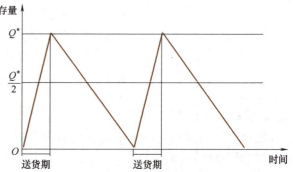

图 4-4　存货陆续供应和使用订货模型

第4章 施工企业流动资产的管理

设每批订货数为 Q。由于每日送货量为 P,故该批订货全部送达所需的日期数为 Q/P,故

$$送货期内耗用量 = \frac{Q}{P}d$$

$$最高库存量 = Q - \frac{Q}{P}d$$

$$平均库存量 = \frac{1}{2}\left(Q - \frac{Q}{P}d\right)$$

$$存货总成本\ TC_Q = \frac{D}{Q}K + \frac{1}{2}\left(Q - \frac{Q}{P}d\right)K_C$$

$$= \frac{D}{Q}K + \frac{Q}{2}\left(1 - \frac{d}{P}\right)K_C$$

在订货变动成本与储存变动成本相等时,TC_Q 有最小值,故存货陆续供应和使用的经济订货量公式为

$$经济订货量\ Q^* = \sqrt{\frac{2KD}{K_C}\frac{P}{P-d}} \tag{4-13}$$

将这一公式代入上述 TC_Q 公式,可得出存货陆续供应和使用的经济订货量总成本公式:

$$TC_{Q^*} = \sqrt{2KDK_C\left(1 - \frac{d}{P}\right)} \tag{4-14}$$

将上述例题数据代入,则

$$Q^* = \sqrt{\frac{2 \times 25 \times 3\,600}{2} \times \frac{30}{30-10}}\ 件 = 367\ 件$$

$$TC_{Q^*} = \sqrt{2 \times 25 \times 3\,600 \times 2 \times \left(1 - \frac{10}{30}\right)}\ 元 = 490\ 元$$

陆续供应和使用的经济订货量模型,还可以用于企业自制或外购某种货品的选择决策。自制零件属于边送边用的情况,单位成本可能较低,但每批零件投产的生产准备成本比一次外购订货的订货成本可能高出许多。外购零件的单位成本可能较高,但订货成本可能比较低。要在自制零件和外购零件之间做出选择,需要全面衡量它们各自的总成本,才能得出正确的结论。这时,就可借用陆续供应或瞬时补充的模型,通过计算进行对比。

[例4-7] 某生产企业使用 A 零件,可以外购,也可以自制。如果外购,单价4元/件,一次订货成本10元,一次性到货;如果自制,成本3元/件,每次生产准备成本600元,每日供货量50件。零件的全年需求量为3 600件,储存变动成本为零件价值的20%,每日生产的平均需求量为10件。

下面分别计算零件外购和自制的总成本,以选择相对较优的方案。

(1) 外购零件

$$Q^* = \sqrt{\frac{2KD}{K_C}} = \sqrt{\frac{2 \times 10 \times 3\,600}{4 \times 20\%}}\ 件 = 300\ 件$$

$$TC_{Q^*} = \sqrt{2KDK_C} = \sqrt{2 \times 10 \times 3\,600 \times 4 \times 20\%}\ 元 = 240\ 元$$

$$TC = DU + TC_{Q^*} = 3\,600\ 件 \times 4\ 元/件 + 240\ 元 = 14\,640\ 元$$

(2) 自制零件

$$Q^* = \sqrt{\frac{2KD}{K_C} \cdot \frac{P}{P-d}} = \sqrt{\frac{2 \times 600 \times 3\,600}{3 \times 20\%} \times \frac{50}{50-10}}\text{件} = 3\,000\text{件}$$

$$TC_{Q^*} = \sqrt{2KDK_C\left(1-\frac{d}{P}\right)} = \sqrt{2 \times 600 \times 3\,600 \times 3 \times 20\% \times \left(1-\frac{10}{50}\right)}\text{元} = 1\,440\text{元}$$

$$TC = DU + TC_{Q^*} = 3\,600\text{件} \times 3\text{元/件} + 1\,440\text{元} = 12\,240\text{元}$$

由于企业自制该零件的总成本（12 240 元）低于外购的总成本（14 640 元），故以自制为宜。

(3) 保险储备量决策

前面的讨论中假定存货的供需稳定且确知，即每日需求量不变，交货时间也固定不变。实际上，每日需求量可能变化，交货时间也可能不确定。按照某一订货批量（如经济订货批量）和再订货点发出订单后，如果需求增大或送货延迟，就会发生缺货或供货中断。为防止由此造成的损失，就需要多储备一些存货以备应急之需，这部分多储备以应急的存货称为保险储备量（安全存量）。这些存货在正常情况下不动用，只有当存货过量使用或送货延迟，可能出现缺货时才动用。保险储备如图 4-5 所示。

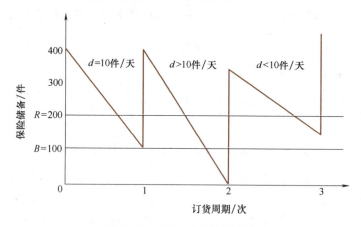

图 4-5 建立保险储备的订货模型

图 4-5 中，年需用量 D 为 3 600 件，已计算出经济订货量为 300 件，每年订货 12 次。又知全年平均日需求量 d 为 10 件/天，平均每次交货时间 L 为 10 天。为防止需求变化引起缺货损失，设保险储备量 B 为 100 件，再订货点 R 由此而相应提高为

$$R = \text{交货时间} \times \text{平均日需求} + \text{保险储备}$$
$$= Ld + B$$
$$= 10\text{天} \times 10\text{件/天} + 100\text{件}$$
$$= 200\text{件}$$

在第一个订货周期里，$d=10$ 件/天，不需要动用保险储备；在第二个订货周期内，$d>10$ 件/天，需求量大于供货量，需要动用保险储备；在第三个订货周期内，$d<10$ 件/天，不仅不需动用保险储备，正常储备也未用完，下次存货即已送到。

建立保险储备，固然可以使企业避免缺货或供应中断造成的损失，但存货平均储备量加大却会使储备成本升高。研究保险储备的目的就是要找出合理的保险储备量，使缺货或供应

中断损失和增加的储备成本之和最小。决策方法上可先计算出各不同保险储备量的总成本，然后再对总成本进行比较，选定其中最低的。

如果设与存货的保险储备有关的总成本为 $\text{TC}_{S,B}$，缺货成本为 C_S，保险储备成本为 C_B，则

$$\text{TC}_{S,B} = C_S + C_B$$

设单位缺货成本为 K_U，一个订货周期中可能的平均缺货量为 S，年订货次数为 N，保险储备量为 B，存货的单位储存成本为 K_C，则

$$C_S = K_U S N$$
$$C_B = B K_C$$
$$\text{TC}_{S,B} = K_U S N + B K_C \tag{4-15}$$

现实中，缺货量 S 具有概率性，其概率可根据历史经验估计得出；保险储备量 B 可以根据需要选择而定。

[**例 4-8**] 假定某存货的年需要量 D 为 3 600 件，单位储存变动成本 K_C 为 2 元/件，单位缺货成本 K_U 为 4 元/件，交货时间 L 为 10 天；已经计算出经济订货量 Q 为 300 件/次，每年订货次数 N 为 12 次。交货期内的存货需要量及其概率分布如表 4-6 所示。

表 4-6　交货期内的存货需要量及其概率分布

日需要量 d/件	7	8	9	10	11	12	13
概率 P	0.01	0.04	0.20	0.50	0.20	0.04	0.01

先计算不同保险储备的总成本。

1) 不设置保险储备量，即令 $B=0$，且以 100 件为再订货点。此种情况下，当供货期的需求量为 100 件或其以下时，不会发生缺货，其概率为 0.75（0.01＋0.04＋0.20＋0.50）；当需求量为 110 件时，缺货 10 件（110 件－100 件），其概率为 0.20；当需求量为 120 件时，缺货 20 件（120 件－100 件），其概率为 0.04；当需求量为 130 件时，缺货 30 件（130 件－100 件），其概率为 0.01。因此，$B=0$ 时缺货的期望值 S_0、总成本 $\text{TC}_{S,B}$ 可计算如下：

$$S_0 = 10\text{ 件} \times 0.2 + 20\text{ 件} \times 0.04 + 30\text{ 件} \times 0.01 = 3.1\text{ 件}$$
$$\text{TC}_{S,B} = K_U S_0 N + B K_C = 4\text{ 元/件} \times 3.1\text{ 件} \times 12 + 0 \times 2\text{ 元/件} = 148.8\text{ 元}$$

2) 保险储备量为 10 件，即 $B=10$，以 110 件为再订货点。此种情况下，当需求量为 110 件或其以下时，不会发生缺货，其概率为 0.95（0.01＋0.04＋0.20＋0.50＋0.20）；当需求量为 120 件时，缺货 10 件（120 件－110 件），其概率为 0.04；当需求量为 130 件时，缺货 20 件（130 件－110 件），其概率为 0.01。因此，$B=10$ 件时缺货的期望值 S_{10}、总成本 $\text{TC}_{S,B}$ 可计算如下：

$$S_{10} = 10\text{ 件} \times 0.04 + 20\text{ 件} \times 0.01 = 0.6\text{ 件}$$
$$\text{TC}_{S,B} = 4\text{ 元/件} \times 0.6 \times 12 + 10\text{ 件} \times 2\text{ 元/件} = 48.8\text{ 元}$$

3) 保险储备量为 20 件，则 $R=120$ 件，同理可计算：

$$S_{20} = 10\text{ 件} \times 0.01 = 0.1\text{ 件}$$
$$\text{TC}_{S,B} = 4\text{ 元/件} \times 0.1 \times 12 + 20\text{ 件} \times 2\text{ 元/件} = 44.8\text{ 元}$$

4) 保险储备量为 30 件，即 $B=30$ 件，以 130 件为再订货点。此种情况下可满足最大需求，不会发生缺货，因此：

$$S_{30} = 0$$
$$TC_{S,B} = 4\text{元/件} \times 0 \times 12\text{次} + 30\text{件} \times 2\text{元/件} = 60\text{元}$$

比较不同保险储备量的总成本，以总成本最低者为最佳，本例中 $B=20$ 件的总成本最低，应确定保险储备量为20件或者说以120件为再订货点。

以上例题是为解决由于需求量变化引起的缺货问题，而由于交货迟延引起的缺货问题，原理是一样的，只需将迟延天数引起的缺货折算为增加的需求量即可。如前例，若企业迟延交货3天的概率为0.01，则可以认为缺货30件（3天×10件）或者交货期内需求量为130件的概率为0.01。这样就把交货迟延问题转化成了需求过量问题了。

4.4.5 施工企业主要存货的管理

4.4.5.1 施工企业材料的管理

施工企业的存货储备资金绝大部分用于施工材料的储存占用方面。尽管目前施工企业对材料的管理已经逐步加强，但仍然存在一些较为普遍的问题，大体表现在以下方面。

1. 采购计划不周密

一些企业领导和业务部门只重视生产计划，忽视采购供应计划。不少施工企业材料采购环节依然存在漏洞，舍近求远、舍贱求贵的现象时有发生。材料采购缺乏计划与科学的指导，采取"高额储备多多益善"的采购政策，结果造成大量材料积压，长期占用资金，甚至造成浪费，影响企业的经济效益。

2. 材料储备资金管理无重点

在资金周转各环节中主次不分，平均使用力量，没有重点环节重点控制。在资金的拨向分布上，不分轻重缓急，致使资金周转不灵。

对材料储备资金进行管理，能够有效提高资金使用效益，为企业控制成本，减少资金占用，提高材料储存和利用。主要工作应从以下几个方面进行。

（1）加强材料采购供应的计划管理

管理人员要对本年度施工工程计划进行分析，建立数学模型，确定主要材料的最佳经济批量和最佳进货时间。确定全年所需建筑材料的品种、数量、交货期等；然后编制采购供应计划。采购供应计划是材料储备资金管理最为重要的一环，既不能因节约资金材料供应不上，也不能造成积压，占用资金。为促进储备资金得到最经济合理的使用，还必须确定一个经济订购量。按照最佳采购批量原理，按照工程项目不同时期的不同建筑材料需求量，确定建筑材料的采购批量。一方面能保证工程所需的建筑材料用量，降低材料的缺货成本；另一方面能使库存材料占用的资金最少，保证资金正常周转循环。

（2）对材料实行定额控制管理

为保证工程施工需要，并取得良好的经济效益，必须制定科学合理的材料储备定额。

1) 经常性储备定额是指前后两批材料入库的供应间隔期内，保证建筑产品生产正常进行所必需的经济合理的储备数量。经常性储备定额主要由材料入库间隔时间和平均每日需用量决定。其计算公式为

$$经常性储备定额 = (进料间隔时间 + 材料准备天数) \times 平均每日需用量$$

确定进料间隔天数是一项比较复杂的工作，因为影响因素很多，如供应条件、供应距离、运输方式、订购数量，以及有关的采购费用和保管费用。

2)保险储备定额是指材料供应工作中发生延误等不正常情况下,保证施工生产所需的材料储备数量。主要由保险储备天数和每日需用量决定,其计算公式为

$$保险储备定额 = 保险储备天数 \times 平均每日用量$$

确定保险储备天数一般是按上年统计资料实际材料入库平均误期天数来确定的。在实际工作中应分析供应条件的变化情况。一般就地就近组织供应,供应中断可能性很小的,保险储备可以减少到 0。

3)季节性储备定额。在施工企业,材料供应经常受到季节性影响。为保证施工生产的正常进行,需要一定数量的季节性储备。例如,年初开工项目多,钢材、水泥及地方材料用于基础和主体结构的需用量大;年底施工进行到装修竣工程度,主要材料需用量小而其次材料、装饰材料需用比例增大。这类材料根据施工进度需要确定季节性储备定额,以便在供应中断后,继续保证建筑施工生产需要。其计算公式为

$$季节性储备定额 = 平均每日需用量 \times 季节性施工天数$$

根据上述的分析计算,材料储备的最高定额和最低定额应该为

$$最高储备定额 = 经常性储备定额 + 保险储备定额$$

$$最低储备定额 = 保险储备定额$$

材料储备定额是编制材料供应计划,监控库存水平,核定施工企业流动资金计划的重要依据,也是组织采购计划订货的主要依据。

(3)用 ABC 分析法进行材料的库存管理

除了采用经济批量法进行决策以外,用 ABC 分析法进行材料的库存管理也是一种有效的存货日常控制方法。各类材料按 ABC 分析法进行分类,有助于掌握重点,区别不同情况,分别采取相应的控制措施。ABC 分析法是一种在错综复杂、品种繁多的材料中抓住重点、照顾一般的管理方法。现以建筑施工中需用的近 2 000 种材料的分类为例,其标准为:①主要材料(钢材、水泥、木材)品种少,但资金约占 80%,划为 A 类;②其他材料(砖、沙、石灰等)约占资金 15%,划为 B 类;③次要材料(钉子、电线、油漆、铁丝等)约占资金 5%,划为 C 类。

由于上述材料其重要程度各不相同,A 类材料在品种上占的比重小,但存货的价值高,因此必须把管理的重点放在 A 类材料上;B 类材料占用资金比例也较为可观,应引起重视,加强管理;C 类材料由于品种繁多,资金占用少,一般来说根据供应条件规定最大储备量和最小储备量就可以。这样有利于采购部门和仓库部门集中精力抓好 A 类材料和 B 类材料的管理。

在保证建筑施工生产的前提下,资金利用率越高,则经济效益越好,施工企业在月终可根据实际资金运用率按规定的奖罚标准进行奖罚。这样既可限制材料采购部门采购非急需的材料,又促使材料供应部门及时处理呆滞积压材料,促进资金盘活。

4.4.5.2 施工企业在建工程的管理

施工企业的在建工程,是指已经施工但还没有完成工程承包合同中规定已完工程的内容,因而尚未向发包单位结算工程价款的建筑安装工程。

1. 在建工程管理与工程价款结算方式

在建工程的内涵与采用的工程价款结算方式密切相关。建筑安装工程价款的结算方式主要有以下几种:

1) 按月结算,即在月终按已完分部分项工程结算工程价款。在采用按月结算工程价款时,在建工程是指月末尚未完工的分部分项工程。

2) 分段结算,即按工程形象进度划分的不同阶段(部位)分段结算工程价款。在采用分段结算工程价款时,在建工程是指尚未完成各个工程部位施工内容的工程。

3) 竣工后一次结算,即在单项工程或建设项目全部建筑安装工程竣工以后结算工程价款。在采用竣工后一次结算工程价款时,在建工程是指尚未竣工的单项工程和建设项目。

2. 在建工程施工成本

施工企业的在建工程,按施工成本计算。工程施工成本是指建筑安装工程在施工过程中耗费的各项生产费用。按其是否直接耗用于工程的施工过程,分为直接费用和间接费用。

(1) 直接费用

1) 材料费。材料费是指在施工过程中所耗用的、构成工程实体或有助于工程形成的各种主要材料、外购结构件成本以及周转材料的摊销和租赁费。

2) 人工费。人工费是指直接从事工程施工的工人(包括施工现场制作构件工人、施工现场水平和垂直运输等辅助工人,但不包括机械施工人员)的工资和职工福利费。

3) 机械使用费。机械使用费是指建筑安装工程施工过程中使用施工机械所发生的费用(包括机上操作人员的工资、燃料、动力费、机械折旧、修理费、替换工具及部件费,润滑及擦拭材料费,安装、拆卸及辅助设施费,使用外单位施工机械的租赁费,以及保管机械而发生的保管费等)和按照规定支付的施工机械进出场费等。

4) 其他直接费。其他直接费是指现场施工用水、电、风、气费,冬雨季施工增加费,夜间施工增加费,流动施工津贴,材料两次搬运费,生产工具用具使用费,检验试验费,工程定位复测、工程点交和场地清理费用等。

(2) 间接费用

间接费用是指企业所属各施工单位如分公司、项目经理部为组织和管理施工生产活动所发生的各项费用,包括临时设施摊销费、施工单位管理人员工资、职工福利费、折旧费、修理费、工具用具使用费、办公费、差旅费和劳动保护费等。

工程直接费用加上分配的间接费用,构成工程施工成本。工程施工成本不是工程完全成本,它不包括企业的管理费用、财务费用等期间费用。因为按照现行财务会计制度的规定,期间费用直接计入当期损益,不分配计入工程成本,所以在建工程只按工程施工成本计算。

本章小结

企业现金包括库存现金、各种形式的银行存款和银行本票、银行汇票等。

最佳现金持有量是使现金持有总成本最低的现金余额。确定最佳现金持有量可采用成本分析模式、存货管理模式和现金周转模式等方法。

企业信用政策包括信用条件、信用标准和收账政策等三方面企业可以控制的因素。信用条件是指企业承诺客户可以推迟付款的最长期限以及督促提前付款的折扣优惠政策。信用标准是指企业提供信用时要求客户达到的最低信用水平。信用标准的宽严将影响企业应收账款投资的水平,进而影响企业的信用成本和收益。收账政策是当客户违反信用条件、拖欠账款时所采取的收账策略。这三个要素的决策是应收账款管理的主要工作。

第4章 施工企业流动资产的管理

存货成本是指与购买和维持存货有关的成本。其内容包括取得成本、储存成本和缺货成本。

经济订货量是指既能满足企业生产经营的正常需要，又使存货总成本相对最低的某项存货批量。确定经济订货量是存货管理的核心问题。

经济订货量基本模型的若干假定决定了其在实际运用中的局限性，故当实际情况与假定不符时，要对基本模型做相应的修正。

施工企业的主要存货集中在建筑材料和在建工程方面。因此，加强建筑材料和在建工程的管理是施工企业存货管理的重点内容。

复习思考题

1. 什么是流动资产？流动资产各具有哪些特点？
2. 区分速动资产和非速动资产对企业财务管理有什么意义？
3. 现金管理的目标是什么？施工企业应如何提高现金的使用效率？
4. 什么是现金预算？它是如何编制的？在编制时为什么必须考虑现金持有量？
5. 最佳现金持有量的确定通常可以采取哪几种模式来分析计算？
6. 应收账款产生的主要原因是什么？其管理的目标又是什么？
7. 企业的信用政策包括哪几项？在建筑市场不景气时，施工企业应采取什么样的信用政策？
8. 应收账款日常管理的主要工作内容有哪些？
9. 施工企业存货管理的目标和主要任务是什么？
10. 什么叫作经济订货批量？材料采购的经济订货批量是如何决策的？

习 题

1. 某施工企业欲对现金的持有方案做出决策，现有 5 种方案可以选择，有关持现成本已基本确定，如表 4-7 所示。

表 4-7　5 种现金持有方案及相关成本表　　　　　　　　　　（单位：元）

项目＼方案	甲	乙	丙	丁	戊
现金持有量	180 000	250 000	320 000	400 000	500 000
机会成本	9 000	12 500	16 000	20 000	25 000
管理成本	20 000	20 000	20 000	20 000	20 000
短缺成本	14 000	9 500	4 500	1 500	0

要求：分析 5 种方案并比较择优。

2. 某施工企业的材料采购和管理实行专人负责制。其中 A 材料采购员每年固定工资 1.2 万元，租赁仓库租金 2 万元，A 材料管理员工资 0.9 万元。该企业每年需该材料 4 000kg，每批订货费用 50 元，每次订货 800kg，材料价格为 30 元/kg。储存成本为 4 元/kg，假设不考虑短缺成本。

要求：计算该企业 A 材料的全年存货成本。

3. 某施工企业施工生产用水泥计划年消耗量为 8 000t，水泥价格为 600 元/t，每次采购费用为 4 000

元，保管费用为水泥库存价值的 10%，不考虑水泥缺货损失。

要求：根据上列资料为该企业计算水泥采购经济批量。

4. 某公司对某产品的年使用数量为 90 000 件（设 360 天/年），假设其订货数量只能是 100 的倍数，购买价格为 15 元/件，单位储存成本为单位购买价的 30%，一次订货成本为 500 元，缺货成本为 12 元/件，送货期 5 天，交货期的存货需要量及其概率分布如表 4-8 所示。

表 4-8　交货期的存货需要量及其概率分布

需要量/件	500	750	1 000	1 250	1 500	1 750	2 000
概率	0.01	0.04	0.2	0.5	0.2	0.04	0.01

要求：

（1）计算某公司的最佳经济订货量。

（2）计算每年订货多少次？

（3）计算最佳保险储备量。

（4）计算库存水平为多少时应补充存货？

5. 某企业使用 A 零件可以外购，也可以自制。外购时价格为 10 元/件，一次订货成本 25 元，且每次订货只能是 100 的倍数；如果自制，成本为 8 元/件，每次生产准备成本 1 400 元，日产量 100 件，且每批产量只能是 100 的倍数。该零件的全年需求量为 7 200 件，储存变动成本为零件价值的 25%，每日平均需求量 20 件。

要求：分别计算两种方案的总成本，并比较择优。

第 5 章 施工企业固定资产的管理

[学习目标]

- 了解施工企业固定资产的特点和主要固定资产的种类，固定资产的计价方法，固定资产日常管理的主要工作，固定资产投资的特点和投资决策程序，固定资产更新改造的内涵和主要管理内容
- 熟悉固定资产折旧的依据，折旧的计提范围，固定资产投资决策应考虑的主要影响因素
- 掌握固定资产折旧计提的方法和适用性，固定资产需要量的核定方法，固定资产更新改造决策的方法等主要内容

5.1 固定资产管理概述

施工企业进行生产经营活动所需要的劳动资料中，有些劳动资料的价值一次性转移进入企业成本、费用，实物形态也随之消亡；有些劳动资料的价值却分次进入企业成本、费用，实物形态仍保持完整。这种企业为使用而非出售拥有的，通常使用期限在一年以上，单位价值超过规定标准（按企业规模大小分别规定），并且在使用过程中保持原有物质形态的劳动资料就是固定资产，它包括房屋及建筑物、施工机械、运输设备、生产设备和工具器具等。施工企业的固定资产是从事建筑安装工程施工的重要物质条件。

值得注意的是，有些资产的单位价值虽然低于规定标准，但属于企业的主要劳动资料，也应列入固定资产；有些劳动资料的单位价值虽然超过规定标准，但更换频繁、易于损坏，也可以不作为固定资产；不属于生产经营主要设备的物品，单位价值较高并且使用期限超过一年的，一般也应当作为固定资产管理。

固定资产在企业运营中显示出以下特点：

1) 形态不变性。固定资产以其自身性能为生产经营服务，但在任何一个经营周期内都不改变其实物形态，直到报废。

2) 固定资产的价值与其价值的载体在生产经营过程中存在着时间上与空间上的分离。固定资产价值是随着生产经营周期的推进逐步与其承载物相脱离的。

3）长期效益性。固定资产往往要为几个生产经营周期服务，其作用力要持续数年，在一个较长的时期内为企业带来持续的经济效益。

5.1.1 固定资产的分类

施工企业的固定资产种类复杂、数量繁多，在施工及经营中发挥着各自不同的作用。为了加强固定资产的管理，提高固定资产的使用效率，有必要对其按照一定的标准进行正确分类。施工企业的固定资产按其经济用途和使用情况可分为以下七类。

1. 生产用固定资产

生产用固定资产是指直接用于生产经营和科研开发，通过提供产品和科研成果而带来直接或间接经济效益的固定资产。这类固定资产的特征表现为增加固定资产的数量就会提高生产经营和科研能力，是为企业直接提供收入的资产。

（1）房屋

房屋是指施工生产单位及其行政管理部门使用的房屋，如厂房、办公楼和工人休息室等。与房屋不可分割的各种附属设备，如水、暖、卫生、通风和电梯等设备，其价值均应包括在房屋价值之内。

（2）建筑物

建筑物是指除房屋以外的其他建筑物，如水塔、储油缸、蓄水池、企业的道路、围墙和停车场等。

（3）施工机械

施工机械是指施工生产用的各种机械，如起重机械、挖掘机械、土方铲运机械、凿岩机械、基础及凿井机械、筑路机械和钢筋混凝土机械等。

（4）生产设备

生产设备是指加工、维修用的各种机器设备，如土木加工设备、锻压设备、金属切削设备、焊接及切割设备、动力设备和传导设备等。

（5）运输设备

运输设备是指运输原料及部件用的各种运输工具，如铁路机车、水路船舶和陆路汽车等。

（6）仪器及试验设备

仪器及试验设备是指对材料、工艺和产品进行研究试验用的各类仪器设备，如计量用的天平，测绘用的经纬仪、水准仪，探伤用的探伤仪，以及材料试验用的各种试验机等。

（7）其他生产使用的固定资产

其他生产使用的固定资产是指不属于以上各类的生产用固定资产，如消防用具、办公用具，以及行政管理用的轿车、电话、传真机等。

2. 非生产用固定资产

非生产用固定资产是指用于企业职工的生活福利，只发生直接成本，而不会带来直接收入的各种固定资产，如职工宿舍、招待所、医院、学校、幼儿园、俱乐部、食堂和浴室等单位所使用的房屋、设备、器具等。这类资产对企业来说是必不可少的，会直接影响企业职工的生产积极性和劳动效率，从而间接影响生产用固定资产能否达到最佳利用状态，并最终影响企业的收入实现和收入多少。

3. 租出固定资产

租出固定资产是指出租给外单位使用的，对本企业来说是多余和闲置的固定资产。

4. 未使用固定资产

未使用固定资产是指尚未投入生产经营和施工建设中的新增固定资产，调入尚待安装的固定资产，进行改建、扩建而停用的固定资产，其他原因长期停用但今后还要使用的固定资产。

5. 不需用固定资产

不需用固定资产是指企业生产经营中不再需要而应处理的固定资产。这类资产的产生往往是企业改变生产经营和服务方向所导致的。

6. 融资租入固定资产

融资租入固定资产是指企业以融资租赁方式租入的大型施工机械和机器设备、运输设备、生产设备等固定资产。

7. 土地

土地是指已经估价单独入账的土地。因征用土地而支付的补偿费，应计入与土地有关的房屋建筑物的价值之内，不再单独作为土地价值入账。

5.1.2 固定资产的计价

固定资产的计价，即以货币形式对固定资产进行的价值计算，借以反映企业所拥有的固定资产价值，并在一定程度上反映企业的生产能力，以及固定资产的价值补偿状况，实现对固定资产的价值管理。

固定资产的计价原则上按在生产经营过程中能够独立发挥作用的每一项资产作为一个计价对象，从属于主体财产或它不可分割的附属物、附属设备等，均应包括在主体财产之内。固定资产计价的基本方法有三种。

1. 按原始价值对固定资产计价

原始价值是指企业通过购建等各种形式取得固定资产以及使之达到预期使用状态前发生的一切合理、必要的支出，包括购置价、运费和安装调试费等。固定资产的原价，应根据取得固定资产的不同来源分别确定。由于原值是实际发生并有支付凭证的支出，因而按原值计价具有客观性和可验性的特点。但是随着经济环境的变化，物价水平发生变动，加上固定资产不断折旧，固定资产的原值就可能与现值相差很远，这样固定资产的原值也就不能真实地反映企业现时的经营规模，因此也无法真实反映企业当前的财务状况。

2. 按重置完全价值对固定资产计价

重置完全价值是指按现行市场价格重新购建和安装某项固定资产所需要的全部支出。按重置完全价值计价可以比较真实地反映固定资产的现时价值，但由于人财物力所限以及市场的复杂状况，企业一般不对固定资产进行重新估价，只有对盘盈的固定资产或根据国家规定对固定资产重估时才按重置完全价值对固定资产进行价值重估。

3. 按账面净值对固定资产计价

净值又称折余价值，是指固定资产原值减去累计折旧后的余额。它可以反映固定资产的现有价值和新旧程度。这种计价方法主要用于计算盘盈、盘亏、毁损固定资产的溢余、损失，以及对外投资转出固定资产的作价。

$$固定资产新旧程度 = \frac{原值 - 累计折旧}{原值} = \frac{净值}{原值} \tag{5-1}$$

5.1.3 固定资产的日常管理

企业的固定资产种类繁多、数量大、技术性强，而且分散在企业的各个部门和各级单位。如何管好固定资产，不但关系到企业财产的安全与完整，而且关系到如何充分发挥固定资产效能，保障企业生产经营顺利进行。为了提高固定资产的使用效率，保护固定资产的安全完整，必须对固定资产的日常使用加强管理。固定资产的日常管理工作通常包括以下几个方面。

1. 实行固定资产归口分级管理制度

固定资产管理首先要健全固定资产管理制度，严格购建、验收、使用、保管、调拨、盘点和报废清理等项手续，防止短缺、失修、损坏或降低技术技能。固定资产归口分级管理就是在固定资产管理中正确安排各方面的权责关系，把固定资产管理和生产技术管理结合起来，激励各职能部门、各级单位职工积极参与管理的一种行之有效的管理制度。其基本制度包括两方面。

（1）固定资产归口管理

在企业经理和总会计师的领导下，在企业财务部门的统一协调下，按照固定资产的类别归口给有关职能部门负责管理。例如，施工机械、生产设备归设备部门负责管理；运输设备归运输部门负责管理；房屋建筑物、管理用具归行政部门负责管理。各归口管理部门负责对所管的固定资产合理使用、维护和修理，定期对固定资产的使用保管情况进行检查，并认真遵守有关制度，保证固定资产的安全完整。

（2）固定资产分级管理

在归口管理的基础上，根据"谁用谁管"的原则，按使用地点分别把固定资产管理责任落实到工程队、班组，实行分级管理，并对归口职能部门负责。固定资产的归口分级管理还应和各部门、各级的物质利益相结合，根据管理固定资产的责任履行情况进行奖惩，实行企业内部固定资产管理责任制。这样便可做到层层负责任，件件有人管，使固定资产的安全保管和有效利用得到可靠保障。

2. 对固定资产利用效果进行考核

企业使用的资金中固定资产所占的比重一般较大，因而固定资产利用效果的好坏关系整个企业资金的利用效果，所以企业要注重固定资产的合理使用，尽可能发挥现有固定资产的使用潜能，不断提高固定资产的利用效果，减少占用资金。由于固定资产的货币表现是固定资金，因此固定资产利用效果的考核主要是通过固定资金产值率和固定资金利润率两个指标进行计算分析，从而揭示固定资产使用中存在的问题，改进资产利用情况。

$$固定资金产值率 = \frac{企业总产值}{固定资产平均原始价值} \times 100\%$$
$$固定资金利润率 = \frac{企业利润总额}{固定资产平均原始价值} \times 100\% \tag{5-2}$$

用现有的固定资产完成尽可能多的建筑安装工程，就可减少占用资金。因此，在固定资产管理工作中，必须根据施工生产任务查定企业所需的固定资产，调配处理那些多余或不适用、不需用的固定资产，同时用好、维修好固定资产，提高固定资产的完好率和利用率。此外，在重新购建固定资产时，必须进行技术经济分析和财务效益分析，优选经济上合理的技术，使企业以较少的固定资产投资，取得较大的经济效益。

3. 重视固定资产的价值管理和风险管理

企业拥有的固定资产其价值转移周期都在一年以上，固定资产在生产过程中产生的有形损耗和无形损耗都比较显著，虽然计提固定资产折旧已考虑了上述两因素对固定资产价值的影响，但折旧主要是从价值补偿角度出发的。如果要准确地反映企业现有固定资产的真实价值，从而揭示企业资产总额的客观价值，则市场价值无疑是最为恰当的一个标准，因此从稳健原则出发，计提固定资产减值准备，合理地计算企业固定资产账面价值与市场价值的差距，并确认差额为企业损失，是企业固定资产价值管理和风险管理的一项重要内容。

企业会计准则关于企业计提固定资产减值准备的规定是，如果企业的固定资产实质上已发生了减值（账面价值＞市场价值）应当计提减值准备，并且在"资产减值损失"与"固定资产减值准备"两个账户中同时确认。

对于存在下列情况之一的固定资产，应当全额计提减值准备：①长期闲置不用，在可预见的未来不会再使用，且已无转让价值的固定资产；②由于技术进步等原因，已不可使用的固定资产；③虽然固定资产尚可使用，但使用后产生大量不合格品的固定资产；④已遭毁损，以至于不再具有使用价值和转让价值的固定资产；⑤其他实质上已经不能为企业带来经济效益的固定资产。

5.1.4 固定资产折旧

固定资产折旧是指固定资产在使用过程中因逐渐损耗而转移到企业成本、费用中去的那部分价值，也就是生产经营过程中由于使用固定资产而在使用年限内应摊销的固定资产价值。管好用好固定资产折旧，对于保证固定资产顺利更新，充分发挥固定资产的使用效率，具有十分重要的意义。

1. 计提固定资产折旧的依据

固定资产折旧应根据固定资产的损耗程度来确定。固定资产的损耗程度主要取决于固定资产的有形损耗和无形损耗。有形损耗是指固定资产在使用过程中由于使用磨损和自然力的作用而引起使用价值和价值的损耗。固定资产的有形损耗，取决于固定资产的物质磨损程度，而其物质磨损程度的大小，又与固定资产的使用条件、使用强度、使用技术，维修保养以及固定资产自身的结构，性能等有密切的关系。无形损耗是指由于科学技术进步和劳动生产率的提高而引起的固定资产价值的贬值和损耗。由于劳动生产率提高，生产同样性能的机器设备所耗费的劳动减少，使新机器设备的价值低于原来机器设备的价值，使原来的机器设备相对"贬值"。不过，根据历史成本的原则，对机器设备进行重估价值时，才会给企业带来实际损失，不进行重估价值，机器设备则按取得时的实际成本入账，其价值不会发生损失。由于科学技术的发展和应用，技术新、效率高的机器设备不断出现，采用这些新机器设备所产生的经济效益比原有旧设备的经济效益要好得多，迫使企业不得不采用新设备，淘汰旧设备，使原有设备提前报废，从而带来旧有固定资产价值的损失。

提取固定资产折旧，需要同时考虑固定资产的有形损耗和无形损耗，但是这种损耗程度很难用技术方法精确测量，只能根据有关因素加以估计，再利用一定的数学方法来计算。这些因素包括以下几方面。

(1) 固定资产的原值或账面净值

固定资产原值是指应计提折旧的固定资产的账面原始价值；账面净值是应计提折旧的固定资产的折余价值。企业有些计提折旧的方法以固定资产账面原值为依据；有些以固定资产的账面净值（折余价值）为依据。

固定资产从投入使用开始，即发生价值损耗，按理应立即开始计提折旧；而固定资产报废或停止使用后应立即停止计提折旧。但在实际工作中，为操作方便起见，现行制度规定，企业在具体计算折旧时，一般按足月原价计提，即：月份内开始使用的固定资产，当月不计提折旧，从下月起计提折旧；月份内减少或者停用的固定资产，当月仍计提折旧，从下月起停止计提折旧。提足折旧的逾龄固定资产不再计提折旧，提前报废的固定资产，其损失计入企业营业外支出，不得补提折旧。

(2) 固定资产预计使用年限

预计使用年限是指根据固定资产本身的结构、负荷程度和工作条件并结合有形损耗和无形损耗事先加以预计的固定资产正常服务年限。由于有形损耗和无形损耗都难确认，固定资产使用年限是一个估计数，同样具有随意性。因此，《中华人民共和国企业所得税法实施条例》（以下简称《企业所得税法实施条例》）中对各类固定资产计算折旧的最低年限做了细致的规定，如果国务院财政、税务主管部门另有规定的遵循相关规定。施工企业可以根据固定资产的性质和使用情况，合理确定固定资产的使用寿命和预计净残值。固定资产的使用寿命和预计净残值一经确定，不得随意变更。

企业应按规定的折旧年限计算提取折旧。但由于规定的折旧年限具有弹性，所以一经确定某一具体折旧年限，一般不得随意变更。

(3) 固定资产预计净残值

固定资产净残值是指预计的固定资产报废时可以收回的残余价值扣除预计清理费用后的数额。由于固定资产报废时有一定的残余价值，这一残值收入不应作为折旧摊入成本；而固定资产报废清理时发生的清理费用则应作为固定资产使用的一种追加耗费摊入成本。由于残值和清理费用均为预计数，为了计算简便，通常可以综合两个因素考虑，即将预计残值收入扣除清理费用后的净残值，以固定资产原值的一定比例表示，这就是预计净残值率。《企业所得税法实施条例》第五十九条规定，固定资产按照直线法计算的折旧，准予扣除。企业应当根据固定资产的性质和使用情况，合理确定固定资产的预计净残值。固定资产的预计净残值一经确定，不得变更。从上述规定可以看出，税法不再对固定资产残值率做硬性规定，将固定资产残值率的确定权交给企业，但是强调合理性，要求企业根据生产经营情况，固定资产的性质和使用情况，尊重固定资产的自身特性和企业使用固定资产的实际情况，合理确定固定资产的预计净残值。这一规定具有很大的灵活性，给予企业充分的自主权。

从上述影响固定资产折旧的诸因素中，主要基于固定资产有形损耗的考虑。然而随着科学技术的进步，新技术、新产品日新月异，固定资产无形损耗的影响将日趋严重。为了减少无形损耗造成的损失，一是在确定固定资产折旧年限时在物理年限的基础上适当缩短（考虑不同企业的承受能力规定一定的弹性区间）；二是充分利用生产设备的生产能力，使其价值尽快全部转移；三是在使用期内对其不断进行技术改造，缩短它与效率更高、更先进的设备之间的距离；四是采用加速折旧的方法，加快提足折旧额，以确保固定资产的及时快速更新。

2. 固定资产折旧的计提范围

按照企业的现行制度规定，企业的下列资产应计提折旧：①企业拥有产权的房屋和建筑物；②在用的机器设备、仪器仪表、运输车辆和工具器具；③季节性停用和修理的设备；④以经营租赁方式租出的固定资产；⑤以融资租赁方式租入的固定资产。

企业的下列固定资产不计提折旧：①房屋、建筑物以外的未使用、不需用的固定资产；②以经营租赁方式租入的固定资产；③已经提足折旧仍继续使用的固定资产；④按照规定提取维检费的固定资产；⑤破产、关停企业的固定资产；⑥以前已经估价单独入账的土地。

注意，已经全额计提固定资产减值准备的固定资产不需再计提折旧。

3. 固定资产折旧方法的选择

根据企业会计准则的规定，企业固定资产计提折旧的方法可以在平均年限法、工作量法、双倍余额递减法、年数总和法中选择。我国绝大多数企业的固定资产折旧选择平均年限法，只有符合规定条件的企业才可以选择加速折旧方法。《中华人民共和国企业所得税法》规定，企业的固定资产由于技术进步等原因，确需加速折旧的，可以缩短折旧年限或者采取加速折旧的方法。

（1）平均年限法

平均年限法也称使用年限法，是以固定资产的预计使用年限为单位来计算折旧的方法。其特点是将应提取的折旧总额，按照固定资产的预计使用年限平均计算，所计算的每一期的折旧额是相等的。平均年限法的计算公式为

$$年折旧额 = \frac{折旧总额}{折旧年限}$$

$$= \frac{原始价值 - (预计残值 - 清理费用)}{折旧年限}$$

$$= \frac{原始价值 - 预计净残值}{折旧年限}$$

$$= \frac{原始价值 \times (1 - 预计净残值率)}{折旧年限} \quad (5\text{-}3)$$

这里

$$预计净残值率 = \frac{预计净残值}{原始价值}$$

$$年折旧率 = \frac{1 - 预计净残值率}{折旧年限} \quad (5\text{-}4)$$

$$月折旧率 = 年折旧率 \div 12$$

$$月折旧额 = (固定资产原始价值 - 预计净残值) \times 月折旧率 \quad (5\text{-}5)$$

（2）工作量法

这是按照固定资产生产经营过程中所完成的工作量计提折旧的一种方法，其计算公式分为两种。

1）对运输类机械设备，按照行驶里程计算折旧。

$$单位行驶里程折旧额 = \frac{原值 \times (1 - 预计净残值率)}{总行驶里程} \quad (5\text{-}6)$$

$$月折旧额 = 单位行驶里程折旧额 \times 本月行驶里程$$

2）按照机械设备的工作小时和工作台班计算折旧。

$$每小时(台班)折旧额 = \frac{原值 \times (1 - 预计净残值率)}{总工作小时(台班数)} \tag{5-7}$$

$$月折旧额 = 每工作小时(台班)折旧额 \times 本月工作小时数(台班数)$$

（3）双倍余额递减法

这是按照固定资产账面净值乘以平均年限法折旧率的两倍来计算折旧额的方法，是一种加速折旧法，其计算公式为

$$年折旧率 = \frac{2}{折旧年限} \times 100\%$$

$$月折旧率 = 年折旧率 \div 12 \tag{5-8}$$

$$月折旧额 = 固定资产账面净值 \times 月折旧率$$

实行双倍余额递减法计提折旧的固定资产，应在其折旧年限到期前两年内，将固定资产净值扣除预计净残值后的净额平均摊销。

[例5-1] 施工企业某项固定资产的原始价值为20万元，预计净残值为10 000元，折旧年限为5年，采用双倍余额递减法计算各年折旧额。

$$该固定资产的年折旧率 = 2 \div 5 \times 100\% = 40\%$$

各年计提的折旧额计算如表5-1所示。

表5-1　各年计提的折旧额计算表　　　　　　　　（单位：元）

使用年限/年	年折旧额	累计折旧额	账面净值
0			200 000
1	80 000	80 000	120 000
2	48 000	128 000	72 000
3	28 800	156 800	43 200
4	16 600	173 400	26 600
5	16 600	190 000	10 000

（4）年数总和法

这是根据折旧总额的递减分数（折旧率）来确定年折旧额的方法，它也是一种加速折旧方法。其计算公式为

$$年折旧额 = 折旧总额 \times 递减分数(各年折旧率)$$
$$= (固定资产原值 - 预计净残值) \times 递减分数(各年折旧率) \tag{5-9}$$

$$递减分数 = \frac{固定资产尚可提折旧的年限}{固定资产折旧年限的各年年数之和}$$

$$= \frac{折旧年限 - 已提折旧年限}{折旧年限 \times (折旧年限 + 1) \div 2}$$

[例5-2] 施工企业某项固定资产的原始价值为188 000元，预计净残值为8 000元，折旧年限为5年，采用年数总和法计算各年折旧额。

$$折旧总额 = 188\ 000\ 元 - 8\ 000\ 元 = 180\ 000\ 元$$

$$固定资产使用年限的各年年数之和 = 5 \times (5 + 1) \div 2 = 15$$

各年应提的折旧额如表 5-2 所示。

表 5-2 施工企业各年应提的折旧额 （单位：元）

使用年数/年	尚可提折旧年数/年	各年年数之和/年	折旧率	折旧总额	应提折旧额	折余价值
1	5	15	5/15	180 000	60 000	128 000
2	4	15	4/15	180 000	48 000	80 000
3	3	15	3/15	180 000	36 000	44 000
4	2	15	2/15	180 000	24 000	20 000
5	1	15	1/15	180 000	12 000	8 000

5.2 固定资产投资决策

固定资产是施工企业长期资产的重要组成部分。企业拥有的固定资产规模在一定程度上决定了企业的生产能力和获利能力，企业拥有的固定资产的先进性也会在某种意义上帮助企业在竞争中处于优势地位。而施工企业固定资产的整体高价值度决定了企业进行固定资产投资决策是企业的重大决策行为，应该充分调查、谨慎对待。

5.2.1 固定资产投资的特点

1. 固定资产投资的回收时间长

固定资产投资或者固定资产价值的回收是采取在使用寿命期间分期收回的方式进行的。这意味着固定资产投资一经投入，便会在较长时间内影响企业；一项固定资产投资至少需要数年才能收回。固定资产投资的这种收回方式，要求固定资产的使用必须在较长时间内都能取得稳定的投资收益。因此在固定资产管理中，要强化固定资产投资的预期管理，准确预期固定资产的未来收益。

2. 固定资产投资的变现能力较差

固定资产的特征一方面是其价值逐渐转移，并在销售收入中以折旧成本抵扣的形式收回；另一方面它主要是房屋建筑和大型施工、运输机械设备等，这些资产不易改变用途，出售困难，变现能力差。两方面综合不难看出，固定资产投资具有不可逆转性，这就要求企业合理安排现金流入和流出计划，以避免可能的财务风险。

3. 固定资产投资面临的风险较大

固定资产具有用途固定性和长期使用性。在市场需求不断变化的今天，这一特性与消费的多变性是互相矛盾的。在固定资产投入使用后，由于市场需求的突然变动或周期变动，很可能使固定资产的利用效果不再适合市场需要。这样，固定资产投资不仅得不到相应的报酬，而且可能造成损失。为此，企业必须使固定资产的生产和服务周期与市场需求周期一致，并有应付市场突变的措施。因为有的固定资产投资的市场需求弹性极小而生产和服务周期很长，有的固定资产投资的市场需求弹性极大而生产和服务周期很短，在后一种情况下更应加强固定资产使用周期的管理。而市场的突然变动是事先无法预料的，为应付这种变动，应使固定资产用途多样性，尽量避免投资专项固定资产。

4. 固定资产使用成本是一种非付现成本

固定资产使用成本是以折旧形式提取，并通过销售抵扣而进入货币准备金形态，以备固定资产更新投资使用的。由于固定资产折旧是分期提取的，而固定资产的实物更新则是在若干年以后才进行的。所以，固定资产折旧一方面会以成本形式抵扣收入；另一方面，在提取折旧时不仅不用支付现金从而成为非付现成本，而且还以货币准备金形态存在。这样，企业可以在固定资产更新之前，利用这部分货币准备金进行投资，以充分发挥这一部分货币资金的作用。为此，在管理上，既要考虑充分运用这部分准备金，也要确保在固定资产更新改造之前有足够的资金用来进行固定资产的再生产。这里确定两者的时间衔接是十分重要的。

5. 固定资产的资金运用要考虑货币时间价值

固定资产投资既有一次投资也有分次投资，这里就存在时间价值的不同，必须将它们进行价值同口径计算。固定资产使用后，通过折旧收回投资是按时间顺序分期收回的，从货币时间价值的角度看，越是提前收回的货币资金，其价值越大，反之亦然。折旧形成的货币资金的时间价值包括两个部分：①提前折旧收回的货币的时间价值；②提前折旧收回货币资金，从而延期纳税而带来的货币时间价值。考虑固定资产使用后，折旧分期进行而带来的时间价值差异，也必须将其与投资初始日进行价值同口径计算，这不仅使不同期的折旧的时间价值相同，也能与投资的时间价值吻合。在固定资产管理中考虑时间价值，不仅要合理选择资金的投入时间，也要通过折旧方式的选择，合理确定折旧时间和折旧数额，如快速折旧的选择既能使固定资产价值的收回提前，又能使前期收回的数额更多。这样，折旧所包含的时间价值相对较大。

6. 固定资产资金占用量相对稳定，实物营运能力取决于企业的资产管理和利用程度

固定资产一经形成，在资金占用数量上就会保持相对稳定，而不像流动资产投资那样经常变动。而且，固定资产投资一经完成，其实物营运能力也被确定。在相关业务范围内，实际固定资产营运能力的增加，并不需要增加固定资产的投资。通过挖掘潜力、提高效率，就可以使现有固定资产完成增加的工程量。而实际的固定资产营运能力的下降，也不可能使固定资产已经投入的资金减少。这一特点要求企业在固定资产管理上必须充分挖掘固定资产的使用或营运效率，使固定资产处于满负荷工作状态。

7. 固定资产投资次数相对较少，而投资额较大

流动资产投资是一种经常性投资。它具有数量少、次数繁多、收回迅速的特点。与之相对，固定资产投资一般较少发生，特别是大规模的固定资产投资，一般要几年甚至几十年才发生一次。尽管投资次数少，但每次资金的投放量却较多。固定资产投资包括房屋建筑物、施工机械、运输工具、生产设备等的投资，花费往往十分巨大。这种投资不仅在投资期对企业的财务状况有较大的影响，即企业必须筹措大量的资金，有可能形成当期资金压力，而且，对企业未来的财务状况也会有较大影响，如偿债压力等。根据这些特点，进行固定资产投资时，必须进行充分的可行性论证，合理安排资金预算和还款计划，做到心中有数，不致给企业造成财务压力。

8. 固定资产投资的实物形态与价值形态可以分离

固定资产投资完成投入使用后，随着固定资产的磨损，固定资产价值便有一部分脱离其实物形态，转化为货币准备金，而其余部分仍存在于实物形态中。在使用年限内，保留在固定资产实物形态上的价值逐年减少，而脱离实物形态转化为货币准备金的价值却逐渐增加。

直到固定资产报废，其价值才得到全部补偿，实物也得到更新。这样，固定资产的价值与其实物形态又重新统一起来。这一特点说明，由于企业各种固定资产的新旧程度不同、实物更新时间不同，企业可以在某些固定资产需要更新之前，利用脱离实物形态的货币准备金去投资兴建固定资产，再利用新固定资产所形成的货币准备金去更新旧的固定资产，这样可以充分发挥资金的使用效能。

5.2.2 固定资产投资决策的程序

施工企业固定资产投资具有较大的风险，一旦决策失误，就会严重影响企业的财务状况和现金流量，甚至会使企业走向破产。因此，固定资产投资必须按特定的程序，运用科学的方法进行可行性分析，以保证决策能够正确有效。

固定资产投资决策一般遵循以下程序。

1. 选择投资机会

选择投资机会即提出投资项目或选定投资项目。企业的各级领导者都可提出新的投资项目。一般而言，企业的高级领导提出的投资方案，大多是大规模的战略性投资方案，具体方案一般由生产、市场、财务等各方面专家组成的专门小组写出；基层人员或中层人员提出的投资方案，主要是战术性投资项目，其方案由主管部门组织人员拟定。

提出投资项目是就投资的方向提出原则性设想，其依据是资源利用和市场状况。机会选择较粗略，主要靠笼统的估算，而不是详细分析，其目的是找到投资方向和领域。

2. 投资项目的评价

投资项目的评价主要涉及如下几项工作：①把提出的投资项目进行分类，为分析评价作好准备；②计算有关项目的预计收入和成本，预测投资项目的现金流量；③运用各种投资评价指标，把各项投资按可行性的顺序进行排列；④写出评估报告，请上级批准。

项目评估一般委托建设单位和投资企业以外的中方咨询机构进行，以求评估的科学、公正和客观。

3. 投资项目的决策

投资项目评价后，企业领导者要做最后决策。投资额较小的项目，有时中层经理就有决策权；投资额较大的投资项目一般由总经理决策；投资额特别大的投资项目，要由董事会甚至股东大会投票表决。

4. 执行投资项目

这是把设计变成现实的过程。决定对某项目进行投资后，要积极筹措资金，实施投资计划。如果是施工建设项目，则从建设选址到竣工验收，交付使用称之为投资建设期。这一阶段包括投资项目选址，设计，制订年度建设计划，施工准备和施工，生产准备，竣工验收、交付使用。通过对这些内容的控制，从而对工程进度、工程质量、施工成本进行控制，以使投资按预算规定保质如期完成。如果是投资大型机械设备，则应充分监控设备购买、安装、调试和试运行等环节，以确保投资预期的顺利实现。

5. 投资项目的再评价

在投资项目的执行过程中，应关注原来所做的投资决策是否合理和正确，一旦情况不符合预期，就要随时根据市场变化做出新的评价。这阶段工作通常围绕以下两个环节进行：①通过评价项目的生产、财务、管理方面的问题及原因，项目建设成本、生产能力等与预测数据的差异及原因，项目投产后的社会、政治、经济影响及前景展望等，对项目进行总结评价；②按照业已实现的投资收益，分析投资项目是否能按期收回投资，如果不能，应提出解决方法。

5.2.3 固定资产投资决策的制定

1. 固定资产需用量的核定

核定固定资产需用量，就是根据企业生产经营发展方向确定的计划生产任务和企业现有的生产能力，计算企业正常生产经营所需要的固定资产数量。正确核定固定资产需用量，有利于确定企业固定资产的投资规模和投资方向，对挖掘固定资产潜力，合理占用固定资金，提高固定资金利用效果具有重要的意义。

施工企业必须根据施工生产任务查定企业所需的固定资产，这项工作一方面可以使企业及时发现完成施工生产任务所需机械设备的不足状况，以便及时加以补充，另一方面可以对多余的机械设备及时调配处理，做到物尽其用，减少固定资金占用量。同时使企业管理部门、财务部门、设备采购部门能够心中有数，以便控制机械设备、房屋建筑物的采购和建造，促使施工生产单位充分利用现有资源。

（1）核定固定资产需用量的要求

核定固定资产需用量，必须结合企业的建设经营规划进行，并注意以下问题：

1）搞好固定资产清查。固定资产清查就是要查清企业固定资产的实有数量，做到账实相符。一是要对企业的全部机器设备、仪器、厂房、仓库和建筑物等固定资产的数量进行逐项登记、造册，查清现有固定资产的实有量；二是要根据国家规定的技术标准对各类固定资产的质量进行逐项鉴定，查明哪些设备完好、哪些带病运转、哪些停机维修、哪些应该报废；三是要根据各类机器设备的技术规范，分别查明单台设备的设计生产能力、现有生产能力和生产某种产品的全部设备的综合生产能力。只有做到对现有固定资产数量清、质量清和能力清，才能正确核定出各类资产的合理需用量。

2）以企业确定的计划生产任务为根据。核定固定资产需用量，要根据企业确定的计划生产任务，并结合市场需要所确定的企业今后几年生产发展的趋向加以核定。

3）要同挖潜、革新、改造和采用新技术结合起来。核定固定资产需用量，既要保证生产的需要，又要减少资金占用，把企业的设备潜力挖掘出来。要弄清现有设备的薄弱环节，采取技术革新和组织措施，改造老设备，合理使用关键设备。还要考虑采用新技术的可能性，要尽可能地采用先进的科学技术成果，不断提高企业生产技术的现代化水平。

4）要充分发动全员，有科学的计算依据。核定固定资产需用量是一项涉及面很广的工作，企业财务部门应当同设备、动力、房屋等管理部门密切协作，依靠企业全员的共同努力做好这项工作。

（2）核定固定资产需用量的基本方法

核定固定资产需用量是指企业根据预期的工程规模、施工能力和经营方向，对预期内固定资产需要数量所进行的测定工作。由于施工企业固定资产种类多、数量大，核定时不可能详细地逐一计算各类固定资产的需用量，只能结合企业的生产经营特点，分清主次，抓住重点。在全部固定资产中，生产经营用设备是企业进行生产经营活动的主要物质技术基础，它的利用潜力最大，品种繁多，占用的投资额也较多。因此一定要着重做好施工生产用设备需

第5章 施工企业固定资产的管理

要数量的核定工作。

核定施工生产设备需用量的基本方法是以生产能力和预期工程规模相对比,即在测定生产能力和计划年度预期工程规模的基础上计算需用量。其基本步骤和方法是:首先,核定现有生产设备的实有量,并在挖掘内部潜力的基础上,分别测定单台设备生产能力和计划年度预期工程规模总产量;其次,计算计划年度生产设备需用量,对多余和缺少的生产设备提出处理意见;最后,如果增加设备再拟定追加固定资产的备选方案,经过效益分析从中选出最佳投资方案后作为编制固定资产需用量计划的依据。

1)产值计算法。产值计算法是利用价值形式,根据企业承担的预期工程规模或生产能力,综合测算施工企业应拥有全部固定资产价值的方法。一般根据企业目标产值固定资金率的标准计算确定。产值计量法的计算公式为

$$\text{计划年度固定资产需用量} = \text{计划年度施工产值} \times \text{产值固定资金率} \tag{5-10}$$

$$\text{产值固定资金率} = \frac{\text{全年固定资产平均总值}}{\text{全年计划完成施工产值}} \times 100\% \tag{5-11}$$

[例 5-3] 某建筑公司年度计划施工产值为 25 000 万元,目标产值固定资金率为 56%,则

$$\text{固定资产需用量} = 25\,000\,\text{万元} \times 56\% = 14\,000\,\text{万元}$$

2)分类定额法。分类定额法是根据目标装备定额(职工人均占有机械设备价值),确定机械设备需用量的方法。分类定额法的计算公式为

$$\begin{pmatrix} \text{固定资产需用量} \\ (\text{机械设备}) \end{pmatrix} = \text{企业实有职工人数} \times \begin{pmatrix} \text{职工人均占有} \\ \text{机械设备价值} \end{pmatrix} \tag{5-12}$$

装备定额是根据不同类型的施工企业,按平均每个职工应占有的机械设备价值来综合计算的,企业可根据行业平均水平或平均先进标准来确定本企业的目标装备定额。

3)直接计算法。直接计算法是根据企业每年度预期工程规模(实物工程量)和各种类型机械设备的产量定额,确定各种类型机械设备的需用量的方法。直接计算法的计算公式为

$$\text{某种机械设备需用量} = \frac{\text{年度预期工程规模(实物工程量)}}{\text{单位设备工作时间} \times \text{单位时间定额产量}} \tag{5-13}$$

$$= \frac{\text{年度预期工程规模(实物工程量)}}{\text{单位设备年产量定额}}$$

[例 5-4] 某建筑公司本年计划完成施工产值为 18 000 万元。根据历史资料测算,每 10 万元施工产值中的土方工程量为 110m³,其中,挖土工程量为 80m³,回填土工程量为 30m³。土方平均运距 2.5km,土容量 1.5t/m³,则18 000万元施工产值所含挖、填土方工程量及土方运输量计算如下:

(1) 土方工程量

挖 土:1 800 × 80m³ = 144 000m³

回填土:1 800 × 30m³ = 54 000m³

合 计:198 000m³

(2) 土方运输量(按挖土方全部运出和回填土方全部运进计算)

198 000m³ × 1.5t/m³ × 2.5km = 742 500t·km

设挖土机斗容量在 1m³ 以下，单斗挖土机年产量定额为 32 000m³/台，1t 自卸翻斗车年定额货运量为 9 000t·km/台，则完成上述工程量所需机械设备和运输设备计算如下：

$$1m^3\text{ 单斗挖土机} = \frac{144\ 000m^3}{32\ 000m^3/\text{台}} = 4.5\text{ 台}$$

$$1t\text{ 自卸翻斗汽车} = \frac{742\ 500t\cdot km}{9\ 000t\cdot km/\text{台}} = 82.5\text{ 台}$$

经换算可知，完成年度土方工程量需 0.3m³ 斗容量单斗挖土机 15 台，或 0.4m³ 斗容量单斗挖土机 9 台和 0.3m³ 斗容量单斗挖土机 3 台；需 4t 自卸翻斗汽车和 3.5t 自卸翻斗汽车各 11 辆。

一般来讲，根据以上计算结果尚不能直接决定增加或减少设备，而必须综合考虑各种因素后再确定。例如，应根据国家基本建设的需要、本企业经营战略和经营方针以及提高企业技术素质的要求来确定企业生产能力。同时应以企业主要施工、生产设备的生产能力为根据来配置辅助配套设备以及其他固定资产。应在摸清家底，查清各类固定资产的数量、质量、能力和价值的基础上，分清在用、备用和不需用等情况，据以确定需要数量。对于多余生产能力，应在材料、人员、技术有保证的情况下，积极对外承揽任务，开展多种经营，将多余生产能力利用起来；对于生产能力不足的设备，应立足充分挖掘企业内部潜力，采取有效措施，提高生产效率，或适当增添设备。通过以上方法，使固定资产生产能力与预期工程规模达到基本平衡，既能充分发挥现有设备生产潜力，又能保证预期目标任务的完成。

2. 制定固定资产投资决策应考虑的因素

（1）货币时间价值

固定资产的投资金额大，投资回收期长，对其进行投资决策时只有充分考虑货币时间价值的影响，得到的结论才能更客观、可靠。当然要结合货币时间价值进行投资决策就必须选用折现的决策方法并确定恰当的折现率。

（2）现金流量

现金流量指的是在投资活动过程中，由于某一个项目而引起的现金支出或现金收入的数量。在投资决策分析中，"现金"是一个广义的概念，它不仅包括货币资金，也包含与项目相关的非货币资源的变现价值。例如，在投资某项目时，投入企业的原有固定资产的价值，这时的"现金"就包含了该固定资产的变现价值或其重置成本。

固定资产的投资决策应以现金流入作为项目的收入，以现金流出作为项目的支出，以净现金流量作为项目的净收益，并在此基础上评价投资项目的经济效益。投资决策中的现金流量一般由以下三部分构成：

1）现金流出量。在投资决策中，一个方案的现金流出量是指在实施此方案的过程中所需投入的资金，主要包括投放在固定资产上的资金，项目建成投产后为正常经营活动而投放在流动资产上的资金，以及为使机器设备正常运转而投入的维护修理费等。

2）现金流入量。与现金流出量相对应，现金流入量指的是由于实施了该方案而增加的现金。现金流入量主要包括经营利润、固定资产报废时的残值收入、项目结束时收回的原投入在该项目流动资产上的流动资金以及固定资产的折旧费用。计提固定资产折旧虽然将导致营业利润的下降，但并不会引起现金的支出，所以可将其视为一项现金流入。与折旧相同，无形资产的摊销也形成企业的一项现金流入。

3）净现金流量。净现金流量（以 NCF 表示）指的是一定期间内现金流入量与现金流出量之间的差额。

一个项目从准备投资到项目结束，经历了项目准备及建设期、生产经营期及项目终止期三个阶段。因此有关项目净现金流量的基本计算公式为

$$\begin{aligned}净现金流量 &= 投资现金流量 + 营业现金流量 + 项目终止现金流量 \\ &= -(投资在固定资产上的资金 + 投资在流动资产上的资金) + \\ &\quad (各年经营损益之和 + 各年所提折旧之和) + \\ &\quad (固定资产的残值收入 + 收回原投入的流动资金)\end{aligned} \quad (5\text{-}14)$$

从上面净现金流量的基本计算公式中可以看到，有关项目的净现金流量包括投资现金流量、营业现金流量和项目终止现金流量。由于缴纳所得税也是企业的一项现金流出，因此在计算有关现金流量时，还应该将所得税的影响考虑进去。于是，现金流量也可从另一个角度进行说明，具体如下：

1）投资现金流量。投资现金流量包括投资在固定资产上的资金和投资在流动资产上的资金两部分。其中投资在流动资产上的资金一般在项目结束时将全部收回。这部分现金流量在会计上一般不涉及企业的损益，因此不受所得税的影响。

投资在固定资产上的资金有时是以企业原有的旧设备进行投资的。在计算投资现金流量时，一般是以设备的变现价值作为其现金流出量的（但是该设备的变现价值通常并不与其折余价值相等）。另外还必须注意将这个投资项目作为一个独立的方案进行考虑，即假设企业将该设备出售可能得到的收入（设备的变现价值），以及企业由此而可能支付或减免的所得税，即

$$投资现金流量 = \frac{投资在流动}{资产上的资金} + \frac{设备的}{变现价值} - \left(\frac{设备的}{变现价值} - 折余价值\right) \times 税率 \quad (5\text{-}15)$$

2）营业现金流量。营业现金流量是指从投资项目投入使用后，在其寿命周期内由于生产经营所带来的现金流入和现金流出的数量。从净现金流量的角度考虑，缴纳所得税是企业的一项现金流出，因此这里的损益指的是税后净损益，即税前利润减所得税，或税后收入减税后成本。

折旧作为一项成本，在计算税后净损益时是包括在成本当中的，但是由于它不需要支付现金，因此需要将它当做一项现金流入看待。

综上所述，企业的营业现金流量可用公式表示为

$$\begin{aligned}营业现金流量 &= 税后净损益 + 折旧 \\ &= 税前利润 \times (1-税率) + 折旧 \\ &= (收入 - 总成本) \times (1-税率) + 折旧 \\ &= (收入 - 付现成本 - 折旧) \times (1-税率) + 折旧 \\ &= 收入 \times (1-税率) - 付现成本 \times (1-税率) - \\ &\quad 折旧 \times (1-税率) + 折旧 \\ &= 收入 \times (1-税率) - 付现成本 \times (1-税率) + \\ &\quad 折旧 \times 税率\end{aligned} \quad (5\text{-}16)$$

3）项目终止现金流量。项目终止现金流量包括固定资产的残值收入和收回原投入的流动资金。在投资决策中，一般假设当项目终止时，将项目初期投入在流动资产上的资金全部

收回。这部分收回的资金由于不涉及利润的增减,因此也不受所得税的影响。固定资产的残值收入如果与预定的固定资产残值相同,那么在会计上也同样不涉及利润的增减,所以也不受所得税的影响。但是在实际工作中,最终的残值收入往往不等于预计的固定资产残值,它们之间的差额会引起企业的利润增加或减少,因此在计算现金流量时,不能忽视这部分的影响。

$$项目终止现金流量=实际固定资产残值收入+原投入的流动资金-(实际残值收入-预计残值)×税率 \tag{5-17}$$

固定资产投资决策的具体方法参看工程经济学中有关项目投资内容,本书不做详细介绍。

5.3 固定资产的更新改造

5.3.1 固定资产更新改造的含义

固定资产更新改造是对技术上或经济上不宜继续使用的旧资产,以新的固定资产更换,或用先进的技术对原有的设备进行局部改造。随着现代科学技术的迅猛发展,生产经营及消费观念的快速变革,任何企业都会遇到固定资产更新改造问题,它是施工企业管理决策的一项重要内容。

固定资产更新改造不仅是实物的更新改造过程,而且也是价值的补偿过程。固定资产在使用期间所发生的价值损耗,是通过产品实现的价值(销售收入),以成本形式收回而得到补偿的。折旧的本质是一种用于更新改造固定资产的准备金。从时间上来讲,固定资产的价值补偿和实物补偿(或更新改造)是分离的,但价值补偿和实物更新改造又存在着密切的联系:固定资产价值的逐渐转移和补偿,是实现固定资产实物更新改造的必要前提,没有折旧的逐渐计提和积累,就不可能对固定资产进行实物更新改造;而且只有对固定资产进行实物更新改造,累积折旧才能重新转化为固定资产。

固定资产更新改造决不意味着复制原样,特别是机器设备的更新改造,总是在技术不断进步的条件下,用更先进的、效率更高的机器设备,去替换已经陈旧、不再继续使用的机器设备,或者替换那些虽然可以用,但在技术上不能保证产品质量、效率低、消耗高及在经济上不合算的机器设备。

5.3.2 固定资产更新改造的管理内容

随着科学技术的飞速发展,企业固定资产更新改造的周期也在加快,这就要求对固定资产的更新改造做出必要的规划,并确保其资金的落实。这关系到企业的经营规模和生产能力的维护与发展,也对企业折旧政策的确定有直接影响。企业财务管理的一项重要内容就是要根据企业折旧基金积累的程度和企业开拓发展的要求,建立起企业固定资产适时更新改造的规划,并在资金上做好必要的准备,以满足企业周期性固定资产更新改造的要求。

具体工作包括以下三项。

1. 制定分阶段固定资产更新改造的规划

企业应根据其自身的生产特点和优势,在充分了解国内外市场的生产量、需求量和企业

第5章 施工企业固定资产的管理

产品市场占有率的情况下，结合各种有效的经济预测，提出企业分阶段、有计划、有步骤的固定资产更新改造规划。在制定规划时，要特别注意企业折旧基金积累的程度和一定时期可动用的总额，以及要对外筹措的资金数额和自身所具有的筹资能力。

企业在制定固定资产更新改造规划时，必须要尽可能地确定具体更新改造的固定资产种类、数量和质量标准。根据不同的种类和数量，确定预计要达到的经济合理的经营规模。然后，根据不同的质量要求，选择先进的技术装备。

2. 提出合理的固定资产更新改造的资金预算

企业应根据分阶段固定资产更新改造的规划，制定出各期所需的资金需要量。也就是说，企业财务管理人员应根据更新改造规划要求的更新改造设备的数量和质量及房屋建筑物面积，按照其更新改造施工的进度和时间长短，及各期预计资金的占用数，制定较为详细的分阶段资金筹措和投放的预算。同时，应按照分阶段需要的投放资金预算，合理地安排好资金的来源。当然其中一部分资金首先考虑从企业内部积累来提供。这包括企业一定时期的累计折旧和企业的盈余公积及未分配利润等。这部分自有资金的筹措数应占企业资金预算和投放总量的多少比例，应在资金预算中确定一个标准，以便在具体实施投资计划时做到心中有数。

如企业现金资金不足，则应考虑对外筹措来完成，具体的筹资手段在有关章节均有介绍，这里不再赘述。但在利用外部筹资进行固定资产更新改造时，要注意这样几个问题。首先，其筹资的绝对额是否超过更新资金预算的有关标准；其次，资金筹措的成本是否过高，是否超过企业资金预算时规定的资金成本率；再次，要将筹资与资金合理使用相结合，既要根据不同的固定资产更新改造的项目采取不同的筹资手段，同时也要将更新改造项目的预算收益率与企业筹资的资金成本率相比较，预算收益率不能达到或超过资金成本率的项目，说明其没有更新改造的价值。

3. 正确估计配套流动资金的需要量

进行固定资产更新改造除了必须筹措和投放一定数量的长期资金以外，还有必要考虑相应配套的流动资金，否则这种更新改造项目仍不能有效地为企业形成实际生产能力。所以，固定资产的更新改造要结合流动资产的投入一同预算和规划，同时必须要考虑各更新改造项目工程完工后将要配套发生的流动资金数。这种流动资金量的预测，应根据规划的各期产量、材料消耗额、产品成本水平、各种存货的存量等不同因素来估算。

5.3.3 固定资产更新改造决策

固定资产更新改造投资与一般投资是有区别的。一般来讲，设备的简单更新改造不改变公司的生产能力，也不增加公司的现金流入。其现金流量主要是现金流出，即使有少量的残值变价收入，也非实质性的收入增加。因此，固定资产更新改造决策一般不采用折现分析法，而是比较继续使用和更新改造投资的年成本（即差量分析），以年平均成本较低的方案为优选对象。

1. 计算固定资产的平均年成本

企业固定资产的平均年成本是与该资产相关的现金流出的总现值与年金现值系数的比值，其计算步骤是：①计算现金流出的总现值，然后分摊给每一年；②如果各年营运成本相同，只将原始投资和残值摊销到各年，然后求和，即可得出年平均现金流出量；③将残值从原始投资中扣除，视为每年承担相应的利息，然后与净投资摊销额及每年营运成本总计，求出每年平均成本。

2. 根据固定资产更新的主要原因进行固定资产更新改造决策

正常的固定资产更新一般是由三方面原因引起的。

（1）不宜大修引起的更新

某些固定资产可以通过大修来延长其使用年限，但在经济上是否合算，就需要对大修和更新之间进行分析。

[例5-5] 某建筑公司有一台设备可以通过大修继续使用3年，预计大修费用为4万元。大修后还需日常维护，其营运成本为1 500元；若报废，更新设备需投资13万元（已考虑原设备残值），预计使用年限为12年，每年营运成本为800元，假定公司的资金成本为14%，问应选择哪个方案？

（1）计算大修理方案的平均年成本

投资摊销额 = 40 000元/(P/A, 14%, 3) = 40 000元/2.321 6 = 17 229.50元

营运成本 = 1 500元

平均年成本 = 17 229.50元 + 1 500元 = 18 729.50元

（2）计算更新投资方案的平均年成本

投资摊销额 = 130 000元/(P/A, 14%, 12) = 130 000元/5.660 3 = 22 966.98元

营运成本 = 800元

平均年成本 = 22 966.98元 + 800元 = 23 766.98元

根据上述计算，大修理方案的年平均成本更低。因此，该建筑公司应选择大修理方案。

（2）不适用引起的更新

所谓"不适用"是指某项固定资产本身状况是良好的，仍然可以运行使用，只是由于实际情况变化，其生产能力已不适应企业生产经营的需要，因此必须进行更新。

[例5-6] 某建筑公司有一台设备的现有能力已经不能满足需要，目前有两个可供选择的方案。

A方案：继续使用现有设备并添置一台具有同等能力的设备。现有设备的重置成本40 000元，尚可使用5年，每年营运成本1 600元，预计净残值4 000元；新购同等能力的设备价格为60 000元，预计使用8年，每年营运成本1 000元，预计净残值6 000元。

B方案：更新现有设备，购买一台能力大一倍的设备。其购买价120 000元，预计使用8年，每年营运成本800元，残值20 000元。假定该公司的资本成本为14%，问应选择哪个方案比较合理？

计算A方案的年平均成本如下：

（1）现有设备的年平均成本的计算

投资摊销额 = (40 000元 - 4 000元) ÷ (P/A, 14%, 5) = 36 000元 ÷ 3.433 1
= 10 486.45元

营运成本 = 1 600元

现有设备的年平均成本 = 10 486.45元 + 1 600元 = 12 086.45元

（2）新购同等能力设备的年平均成本计算

投资摊销额 = (60 000元 - 6 000元) ÷ (P/A, 14%, 8) = 50 400元 ÷ 4.638 9
= 11 640.44元

第5章 施工企业固定资产的管理

$$营运成本 = 1\,000\,元$$

$$新购同等能力设备的年平均成本 = 11\,640.44\,元 + 1\,000\,元 = 12\,640.44\,元$$

(3) A方案年平均成本计算。

$$A方案年平均成本 = 12\,086.45\,元 + 12\,640.44\,元 = 24\,726.89\,元$$

计算B方案的年平均成本如下：

$$投资摊销额 = (120\,000\,元 - 20\,000\,元 - 40\,000\,元) \div (P/A, 14\%, 8) = 60\,000\,元 \div 4.638\,9$$
$$= 12\,933.82\,元$$

注：将旧设备出售卖价40 000元，需扣除。

$$营运成本 = 800\,元$$

$$B方案的年平均成本 = 12\,933.82\,元 + 800\,元 = 13\,733.82\,元$$

根据上述计算和对比可知，B方案的年平均成本低于A方案。因此，该公司应选择B方案，即购入一台能力增加一倍的新设备。

(3) 技术陈旧引起的更新

所谓"陈旧"，这里特指机器设备本身的性能降低，若继续使用，不能产生应有效果，应进行更新。利用上述差量分析法同样也能做出是否需要更新的决策。

本章小结

施工企业的固定资产按照经济用途和使用情况共分为七大类，在企业资产中占有的比重大，管理具有更为重要的意义。

固定资产的计价可以按原始价值计价，也可以按照重置完全价值和账面净值计价，企业可以视需要采用不同的计价方法。

固定资产的日常管理工作繁杂，包括实行固定资产的分级、归口管理，对固定资产的利用效果进行考核，对固定资产进行价值管理和风险管理等内容。日常管理是保证固定资产发挥效能，提高固定资产利用效果的根本保证。

为弥补固定资产损耗，保证企业固定资产得以顺利更新改造以及企业生产规模的扩大，施工企业应按照管理规定对相关固定资产进行折旧计提。折旧计提的方法可以视不同固定资产的属性特点分别采用平均年限法、工作量法和加速折旧法（如双倍余额递减法、年数总和法等）。

固定资产投资回收时间长、变现能力弱和风险高，企业应该慎重进行决策。固定资产投资决策应遵循一定的工作程序，对投资项目做出科学的评价并及时进行反馈。制定固定资产投资决策首先要准确核定固定资产需用量，做到物尽其用，充分发挥现有固定资产作用，不轻易投资。核定固定资产需用量可以采用产值计算法、分类定额法和直接计算法等方法。此外固定资产投资决策还应充分考虑投资资金的时间价值和投资的现金流量。

固定资产的完全更新和局部改造是企业维持生产和提高效率的根本保证。固定资产更新改造管理的工作内容包括制定分阶段固定资产更新改造的规划，提出合理的固定资产更新改造的资金预算，正确估计配套流动资金的需要量三个方面。

固定资产更新改造决策一般不采用折现分析法，而是比较继续使用和更新改造投资的年成本（即差量分析），以年平均成本较低的方案为优选对象。

复习思考题

1. 固定资产的特点是什么？施工企业固定资产包括哪些种类？
2. 固定资产计价的基本方法有哪几种？它们各自的作用如何？
3. 施工企业固定资产的日常管理工作有哪些内容？
4. 企业如何对固定资产效果进行考核？
5. 企业固定资产折旧计提的依据和主要影响因素有哪些？
6. 企业固定资产折旧计提的范围和主要的折旧方法是什么？
7. 施工企业固定资产投资的特点有哪些？
8. 固定资产投资决策应遵循怎样的程序？
9. 施工企业固定资产需用量核定的主要工作有哪些？可以采用哪几种方法核定？
10. 制定固定资产投资决策应考虑哪两方面因素？
11. 什么是固定资产更新改造？固定资产更新改造管理的主要内容有哪些？
12. 固定资产更新改造的主要原因有哪些？如何进行不同情况下的固定资产更新改造决策？

习 题

1. 施工企业某项固定资产的原始价值为 80 万元，预计净残值为 30 000 元，折旧年限为 10 年。

要求：分别采用平均年限法、双倍余额递减法和年数总和法计算各年折旧额并进行比较。

2. 某小型施工企业有两个工地，在 2017 年计划工作量分别为 3 100 万元和 4 200 万元。根据该企业 2012 年的历史资料，每万元工作量的混凝土搅拌量为 10m^3，每立方米混凝土为 2.4t。2017 年建筑工程造价比 2012 年提高 40%。

搅拌好的混凝土用 1t 机动翻斗车运送，平均运距为 1km。1t 机动翻斗车的年产量定额为 6 000t·km，1m^3 斗容量混凝土搅拌机年产量定额为 4 500m^3。

该企业目前共有 0.8m^3 斗容量混凝土搅拌机 10 台，0.4m^3 斗容量混凝土搅拌机 6 台；1t 机动翻斗车 15 辆。

要求：根据上列资料计算：

（1）2017 年度混凝土搅拌机和 1t 机动翻斗车的需要量。

（2）2017 年度需要增加的混凝土搅拌机和 1t 机动翻斗车数量。

3. 某建筑公司有一台设备可以通过大修继续使用 5 年，预计大修费用为 8 万元。大修后每年日常维护营运成本为 3 000 元；若报废，更新设备需投资 25 万元（已考虑原设备残值），预计使用年限为 15 年，每年营运成本为 1 800 元，假定公司的资金成本为 18%。

要求：分析应选择哪个方案更合理？

4. 某建筑公司有 1 台设备的现有生产能力已经不能满足需要，目前有两个可供选择的方案。

A 方案：继续使用现有设备并添置一台具有同等能力的设备。现有设备的重置成本 40 000 元，尚可使用 5 年，每年营运成本 1 600 元，预计净残值 3 000 元；新购同等能力的设备买价 65 000 元，预计使用 10 年，每年营运成本 1 000 元，预计净残值 5 000 元。

B 方案：更新现有设备，购买一台能力大一倍的设备。其购买价 12 万元，预计使用 10 年，每年营运成本 800 元，残值 8 000 元。

假定该公司的资金成本为 18%。

要求：分析应选择哪个方案比较合理？

第 6 章　施工企业证券投资的管理

[学习目标]

- 了解股票投资、债券投资的目的和特点，投资基金的含义和种类，基金投资的优缺点
- 熟悉证券投资组合的策略
- 掌握股票估价和股票投资收益率的计算，债券估价和债券投资收益率的计算

6.1　施工企业证券投资概述

6.1.1　施工企业证券投资的含义

证券是有价证券的简称，有价证券是指票面载有一定金额，代表财产所有权或债权，可以有偿转让的凭证。有价证券由三个基本内容构成：①表示持有人享有财产所有权的股票；②表示持有人享有债权的债券；③表示持有人享有请求权的货币证券，如商业票据等。

有价证券具有三个特征：

1）收益性。证券投资的报酬率一般在同期银行存款利率之上，投资于有价证券可以调节企业资金的余缺，获得较好的收益。

2）流通性。有价证券投资可以是短期的，资金可以在几个月内收回；也可以是长期的，持有时间可以是几年甚至几十年。大多数有价证券可以通过转让或者通过证券交易市场随投资者主观愿望出售，流通性强。

3）风险性。有价证券，特别是股票投资的收益率不确定，又受到复杂的客观市场环境影响，风险性十分明显，投资者必须高度警惕。

施工企业的有价证券投资是指施工企业以国家或外单位公开发行的有价证券为购买对象的投资行为。可供施工企业投资的有价证券主要有国库券、短期融资券、可转让存单、企业股票及企业债券等。证券投资属于间接投资，是企业投资结构的重要组成部分。随着我国证券市场的发展和完善，投资品种将日益增多，有价证券投资管理已成为施工企业财务管理的一个重要内容。

施工企业的证券投资与固定资产投资不同。施工企业将资金投资于固定资产,直接用于生产建设活动,属于直接投资;而证券投资是施工企业将资金投放于有价证券等金融资产,这些资金收回后再投入生产建设活动,因此又称为间接投资。科学地进行证券投资管理,能增加施工企业收益,降低风险,有利于施工企业财务管理目标的实现。

6.1.2 施工企业进行证券投资的动机

施工企业进行证券投资主要出于以下几种动机。

1. 作为现金的替代品

短期证券大多可以在二级市场上流通,具有较强的变现能力,随时可以兑换成现金。因此,当施工企业由于季节性经营或其他原因有暂时闲置的现金的时候,常常将现金购买短期有价证券,待企业现金支出大于现金收入、需要补充现金的不足时,再出售短期证券,换回现金。此时,短期证券就成了现金的替代品。大多数施工企业投资短期证券主要是调节现金余缺或出于预防银行借款短缺的目的。

2. 获得投资收益

施工企业进行证券投资,可以获得一定的投资收益。投资债权证券可以获得高于银行同期存款利息的固定投资收益;投资所有权证券也可以取得股利收入或股票价差收益。

3. 参与证券发行企业的管理和控制

施工企业进行所有权证券投资的一个重要目的就是通过认购股票,成为股票发行公司的股东,从而参与该公司的经营管理,或与发行公司形成"母子"公司的关系,从而控制该公司的业务以及经营管理,使之有利于自身的发展。

4. 分散投资风险

施工企业进行证券投资也可以起到分散投资风险的作用。直接投资的风险主要是经营风险,而证券投资的风险则主要来自证券发行单位的经营管理以及证券市场的不确定性。由于一部分证券收益稳定,风险相对较小,因此,用一部分资金进行证券投资,可以抵消由于经营上的原因而导致施工企业利润大幅度波动的风险。

6.1.3 施工企业证券投资的种类

1. 按投资对象不同分类

施工企业证券投资按照投资对象不同,可以分为债券投资、股票投资、证券投资基金三类。这三类证券共有的特点是可以在证券市场上自由流通转让,其流动性强。

(1) 债券投资

债券投资是指施工企业将资金投向各类债券,如国库券、公司债券和金融债券。国库券又称为政府债券,是指政府为解决先支后收、资金临时性短缺而由财政部发行的一种国家债务凭证;金融债券是指经中央银行或政府金融管理部门批准,由银行或其他金融机构发行的债务凭证;公司债券是指公司为筹集资金,经政府金融管理部门批准发行的债务凭证。

债券反映的是一种债权债务关系。债券的票面都列明了固定的利率。因此,债券收益稳定,其中政府债券由政府担保,即使是公司债券,在发行人破产时,它也能先于企业股权投资收回本金,因此投资风险较小。

（2）股票投资

股票投资是指施工企业通过认购股票，成为股票发行公司股东并获取股利收益或价差收益的投资活动。股票投资的目的有三方面：①为了获得投资收益，包括股利收益与股票买卖价差收益等；②为了参与股票发行公司的经营管理，达到以小控大；③为了密切与股票发行公司的业务关系。

（3）证券投资基金

证券投资基金是指基金托管人经国务院证券监督机构核准，通过发行基金单位，集中投资者的资金，进行股票、债券等金融工具投资，实行利益共享、风险共担的有价证券。

证券投资基金反映的是一种信托关系，它不涉及所有权的转移，证券投资基金的投资在一定条件下可以赎回。证券投资基金由投资专家进行操作，按照组合投资原则进行分散投资，因此能提高投资收益，降低投资风险。证券投资基金的投资收益与投资风险介于普通股与债券之间。

2. 按投资时间不同分类

施工企业证券投资按照投资的时间不同可以分为短期证券投资和长期证券投资。

（1）短期证券投资

短期证券投资是指能够随时变现，且持有时间不打算超过一年的有价证券投资。

短期证券投资有以下两个主要的标准：

1）准备随时变现，即投资者购买股票或债券只是调度暂时不用的资金去获取一定的收益，并打算在将来需要现金的时候将其随时变现。

2）所购证券能够随时变现，即投资者购买的证券必须是国家允许上市或上柜交易，并且交易市场活跃，在企业需要货币资金时可以将其快速转化成现金。

一般来说短期证券投资具有投资风险小、变现能力强，但报酬率相对较低的特点。

短期证券投资的目的有以下四个方面：

1）作为现金的替代品。施工企业在现金流入大于流出时，一般会将富余的现金转换成短期有价证券，并在现金流出超过现金流入时，将有价证券出售，以增加现金。短期证券的投资在多数情况下是出于预防性动机。虽然大多数施工企业都依赖于银行信用来应付生产交易对现金的需要，但银行信用贷款不是可以随时延展的，并且有时施工企业会发生突发性的资金需求。因此，企业会经常持有一定的有价证券以调剂信用头寸。

2）将已筹集的长期资金套利。处于成长期或扩张期的企业因对资金的需求会发行长期证券，但发行长期证券所获得的资金在使用上有时间差，一般并不一次用完，而是逐次、分批地使用。这样，暂时不用的资金就可以投资于短期的有价证券，以获取一定的收益。而当施工企业进行投资需要资金时，则可卖出有价证券，以获得资金。

3）满足未来财务需要。假如施工企业在不久的将来有一笔现金需要，如建一座厂房或者归还债务，而当期有富余的现金，则会将现有现金投资于有价证券，以便到时售出，满足施工企业对现金的需求。

4）满足季节性经营对现金的需要。我国北方的施工企业经营活动常常带有较强的季节性特征。从事季节性经营的企业在一年内的某月份有剩余现金，而在另几个月则会出现现金短缺。为此，这些企业通常会在现金有剩余时购买有价证券，而在现金短缺时出售有价证券。

(2) 长期证券投资

长期证券投资是指企业持有的不准备随时变现,持有期限在一年以上的有价证券投资。长期证券投资的收益一般较高,但投资时间长,投资风险大。

长期证券投资的目的有以下三方面:

1) 获取报酬。施工企业在生产经营过程中,有时会出现资金闲置,但公司本身缺乏报酬率较高的投资项目,这时就需要把长期闲置的货币资金投资于有价证券,以便增加收益,提高企业的经济效益。

2) 获取控制权。在市场经济体制条件下,企业间的竞争日益激烈。在资源十分短缺的情况下,施工企业为了有稳定的原料供应,必须与原料供应单位保持一种良好的业务关系。有时企业会根据经营需要购买原料供应单位的股票,以便对其经营活动施加影响。对特别重要的原料供应单位,也可采取控股的方式,控制和参与其经营活动。

3) 分散风险。对于施工企业财务管理的一项重要原则是使资产分散化,降低投资风险,或把风险控制在一定限度内。所谓资产分散化,是指施工企业不是将全部资金投放于单一项目上,而是同时经营多个项目,这样做的结果是当某个项目不景气、利润下降时,其他项目若获得较高的收益,几个项目的盈利与亏损相互抵消,企业可以避免损失。投资长期有价证券就是分散投资的一条有利途径,因此被广泛使用。

6.1.4 施工企业证券投资的风险

施工企业进行证券投资,在获得收益的同时,还必须承担一定的风险,这是证券投资的基本特征。施工企业证券投资风险主要来源于以下几个方面。

1. 违约风险

违约风险是指证券发行人无法按期支付利息或偿还本金的风险。一般情况下,政府发行的证券违约风险最小,金融机构发行的证券次之,企业发行的证券风险较大。造成企业证券违约的原因很多,主要包括:①政治、经济形势发生重大变化;②自然原因所引起的非常事件,如地震、水灾和火灾等;③企业经营管理不善、成本高、浪费大;④企业在市场竞争中失败,失去主要顾客;⑤企业财务管理失误,不能及时清偿到期债务等。

2. 利率风险

利率风险是指由于利率的变动而引起证券价格波动、使投资者遭受损失的风险。证券的价格随着利率的变动而变动。一般情况下,银行利率下降,证券价格上升;银行利率上升,证券价格下跌。不同期限的证券,利率风险不一样,期限越长、风险越大。

3. 购买力风险

购买力风险又称通货膨胀风险,是指由于通货膨胀而使证券到期或出售时所获得的货币资金的购买力降低的风险。在通货膨胀时期,购买力风险对投资者相当重要。一般情况下,预期报酬率会上升的资产,其购买力风险会低于报酬率固定的资产。随着通货膨胀的发生,变动收益证券比固定收益证券风险要小。因此,普通股股票是被认为比公司债券和其他有固定收入的证券能更好地避免购买力风险的一种相对较有利的有价证券。

4. 流动性风险

流动性风险又称流通性风险,是指在投资者想以适当的价格出售有价证券获取现金时,证券不能立即出售的风险。能在较短时间内按市价大量出售的资产,是流动性较高的资产,这种资产的流动性风险较小；反之，有的资产不能在较短时间内找到愿意出合理价格的买主，要把价格降到很低才卖得出去，这种属于流动性较低的资产，这种资产的流动性风险较大。例如，购买国库券，几乎可以立即出售，流动性风险小；而购买小公司的债券，想立即出售比较困难，流动性风险较大。

5. 期限性风险

期限性风险是指由于证券期限长而给投资者带来的风险。对于投资，到期日越长，投资者遭受的不确定性因素就越多，承担的风险越大。例如，购买5年期的债券就比1年期的债券风险大，这就是证券的期限性风险。但相对来讲，期限长的证券一般回报率也比较高。

6.1.5 投资证券需要考虑的因素

证券种类繁多，那么企业应该选择哪些证券投资呢？这里需要考虑以下几个因素。

1. 证券的安全性

安全性是指证券投资本金不易受损的性质。

证券的安全性依不同证券种类而定。例如，国库券、金融证券，其安全性较高；各种企业债券，则要根据债券发行企业的资金实力、经营状况以及担保情况判断其安全性高低；普通股票在价值上具有相当的风险，往往随着证券市场行情和公司获利能力而变化，其安全性是不固定的。一般来说，证券越安全，报酬也越低。因此，选择证券投资时，必须在报酬与风险之间进行权衡。

2. 证券的可转让性

可转让性是指证券转让的难易程度，包括转让时间的长短、转让价格的高低以及转让数量的多少。证券市场发达，交易活跃，持有的是经营良好、信誉可靠的企业发行的证券，数额又不大，则容易转让出去，且价格也可高些；反之，则难以转让出去，或只能降价出售。

3. 证券的期限性

期限性是指有价证券的偿还期限。除股票外，其余证券均有确定的偿还期限，期限的长短同投资报酬率密切相关。一般来说，证券期限越长，风险越大，报酬率也越高。但如果企业进行的是短期证券投资，则不宜选择转让流通受到限制，偿还期限太长的证券进行投资。

4. 证券的收益性

收益性是指纳税后利息、股利和资本增值或贬值数额的大小。对于债权证券，其收益主要为利息收入，且利息收入的时间及金额均为已知。因此，购买债权证券，风险较小，但收益也较低。对于所有权证券，其收益表现为股利收入和价差收入，收益的时间及金额都难以预先确定。因此，购买所有权证券风险较大，但收益也往往比债权证券大得多。企业在选择证券投资时，可根据各种证券的收益能力及风险程度进行投资组合。

6.2 股票投资

6.2.1 施工企业股票投资的特点

股票投资是施工企业将资金投向于股票，通过股票的买卖获得收益的投资行为。

与债券投资相比，股票投资具有以下特点。

1. 拥有一定的经营管理权

普通股股东是股份公司的所有者,有权参与其经营管理,随着所持股份的增加,还可以对被投资企业造成重大影响,甚至控制被投资公司。

2. 能够获得较高的投资收益

虽然股票投资的风险较大,股票的价格会随各种影响因素的变化而变化,但从长期来看,绩优股票的价格总是上涨的居多。因此,只要注意选择投资股票的种类和投资时机,一般都可以获得较高的投资收益。

3. 能适当降低购买力风险

当发生通货膨胀时,随着物价的普遍上涨,股票的股利和股价也会随之上涨,与其他固定收益的证券投资相比,能适当地降低购买力风险,从而降低通货膨胀的影响。

4. 股利收入不稳定

普通股股利的多少,视企业经营状况和财务状况而定,其派多、派少均无法律规定,因此其收入的风险远远大于固定收益证券。

5. 求偿权居后

股东与债权人相比,尤其是普通股股东对企业资产和盈利的求偿权居于最后。企业破产清算时,普通股股东原来的投资可能得不到全额补偿,甚至一无所有。

6. 股票价格不稳定

普通股的价格受众多因素影响,很不稳定。政治因素、经济因素、投资者心理因素和企业的盈利情况等,都会影响股票价格。

6.2.2 施工企业股票价值的计算

1. 股票投资的有关概念

股票有优先股与普通股之分,优先股在通常情况下有固定的股利收入,所以优先股投资比较接近债券投资。目前在我国尚不允许企业发行优先股,因此,这里仅仅阐述普通股投资。

(1) 股票价值

购入股票可以在预期的未来获得现金收入。股票的未来现金流入包括两个部分,即每期预期股利收入和出售时得到的价格收入。

股票价值是指其预期的未来现金流入的现值。有时为了和股票的市价相区别,将股票的预期未来现金流入的现值称为股票的内在价值。它是股票的真实价值,也叫理论价值。

(2) 股票价格

股票本身是没有价值的,仅是一种凭证。它之所以有价格,可以买卖,是因为它代表了持有人的一种投资行为和投资额度,能给持有人定期带来收益。股票价格主要由预期股利和当时的市场利率决定,即股利的资本化价值决定了股票价格。此外,股票价格还受整个经济环境变化和投资者心理等复杂因素的影响。

股市上的价格分为开盘价、收盘价、最高价和最低价等,投资者在进行股票评价时主要使用收盘价。

股票的价格会随着经济形势和公司的经营状况而升降,总的长期趋势是上升。

(3) 股利

股利是股息和红利的总称。股利是公司从税后利润中分配给股东的，是公司对股东投资的一种报酬。股利是股东所有权在分配上的体现。

(4) 股票预期报酬率

评价股票价值使用的报酬率是预期的未来报酬率，而不是过去的实际报酬率。

股票预期报酬率由预期股利收益率和预期资本利得收益率两部分组成。预期股利收益率是指预期一年后股利收入与股票现在市价的比率；预期资本利得收益率是指预计一年后股票市价同现在股票市价之差与股票目前市价的比率。因此股票投资期望报酬率的计算公式为

$$R = \frac{D_1}{P_0} + \frac{(P_1 - P_0)}{P_0} = \frac{D_1 + P_1 - P_0}{P_0} \tag{6-1}$$

式中 R——股票预期报酬率；

D_1——表示预期下年的股利收入；

P_0——股票买入价格；

P_1——预计一年后的股票市价。

投资者只有在股票预期报酬率等于或高于其期望报酬率时，才会愿意进行投资，而投资者的期望报酬率通常用市场利率来确定。

[例6-1] 建工集团现在普通股股票每股市价25元，预计年股利额为2元，预计一年后股票市价为26元。计算该股票预期报酬率。

$$R = \frac{2 \text{元} + 26 \text{元} - 25 \text{元}}{25 \text{元}} = 12\%$$

2. 股票价值的计算

进行股票投资，必须分析股票本身所代表的价值，然后将股票的价值与当前的股票价格进行对比，以考虑是否购买。

股票的价值就是股票未来收益的现值。只有当股票的价值大于股票的价格时才值得购买。对于股票价值的计算，可以先利用现金流量分析，然后再将其折成现值即可得到股票的价值。股票投资的现金流量如图6-1所示。

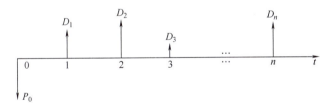

图6-1 股票投资的现金流量图

股票的价值：

$$V_0 = \frac{D_1}{1+K_s} + \frac{D_2}{(1+K_s)^2} + \cdots + \frac{D_n}{(1+K_s)^n} + \cdots = \sum_{t=1}^{\infty} \frac{D_t}{(1+K_s)^t} \tag{6-2}$$

式中 D_t——第t年股利收入；

K_s——股东所要求的必要报酬率；

t——年份；

V_0——股票的现时价值。

在确定股票价值时,关键的问题是如何估计股票未来的股利收入以及股东所要求的必要报酬率。股票未来的股利收入取决于股票发行公司的盈利能力以及利润分配政策,即每股收益和股利支付率。我们可以根据发行公司的历史资料及未来的盈利预测,运用统计分析加以确定;股东要求的必要报酬率可根据发行公司的风险程度,运用资本资产定价模型加以确定,或在债券收益率的基础上加上一定的风险报酬率来确定,也可以直接使用市场利率,即投资于股票的机会成本来确定。

下面以几种特殊情况为例加以分析。

(1) 零成长股票价值

零成长股票是指生产经营状况稳定的股份有限公司,每年股利发放水平基本保持不变的股票。零成长股票价值即股利的永续年金,计算公式如下:

$$V = \frac{D}{R} \tag{6-3}$$

式中 V——股票的内在价值;

D——预计的每年固定股利;

R——投资者要求的最低资金报酬率。

[例6-2] 施工企业投资甲股份有限公司的股票,预计每年可分股利2元,施工企业要求的最低投资报酬率为8.5%,计算该股票的投资价值。

$$V = \frac{D}{R} = \frac{2\,元}{8.5\%} = 23.53\,元$$

这就是说,投资该股票每年能带来2元的收益,在市场利率为8.5%的条件下,它相当于23.53元资本的收益,所以其价值为23.53元。若该股票的市价等于或低于23.53元,投资者可购入,作为投资,以谋求股利和买卖差价。

(2) 固定成长股票价值

固定成长股票是指生产经营状况和每年股利均能按一定比例增长的股票,其股票价值的计算公式如下:

$$V = \frac{D_1(1+g)}{R-g} = \frac{D}{R-g} \tag{6-4}$$

式中 V——股票的内在价值;

D_1——被投资公司最近一期发放的股利;

D——预计的每年固定股利;

R——投资者要求的最低资金报酬率;

g——每年股利的固定增长率。

[例6-3] 永泰施工企业拟定购买安华公司发行的普通股股票,永泰施工企业要求的必要报酬率为25%。安华公司最近刚支付的股利为每股2元,估计股利年增长率为15%,计算该股票的价值。

$$V = \frac{D_1(1+g)}{R-g} = \frac{2\,元 \times (1+15\%)}{25\% - 15\%} = 23\,元$$

当股票的市场价格等于或低于23元时,企业应该购入该股票。

(3) 非固定成长股票价值

企业的生产经营往往一段时期零成长或成长较慢，另一段时期成长较快，其股利也随之波动，届时需要分段计算股票价值。因此非固定成长股票价值的计算，实际上是固定成长股票价值计算的分段运用。

[例6-4] 某建工集团最初每股股利2元，预计前3年每年增长20%，以后每年增长12%，投资期望报酬率为15%，计算其股票价值。

1) 计算前3年（非正常增长期）的股利现值如表6-1所示。

表6-1 某公司前3年（非正常增长期）的股利现值

年 份	股利 D_t/元	现值系数（15%）	现值 PVD_t/元
1	2×1.2=2.4	0.869 6	2.087
2	2.4×1.2=2.88	0.756 1	2.178
3	2.88×1.2=3.456	0.657 5	2.272

前3年的股利现值=2.087元+2.178元+2.272元=6.537元

2) 计算第3年年末的普通股内在价值。

$$P_3 = \frac{D_4}{R-g} = \frac{3.456 元 \times (1+12\%)}{15\% - 12\%} = 129.02 元$$

3) 计算其现值。

$$PVP_3 = 129.02 元 \times (P/F, 15\%, 3) = 129.02 元 \times 0.657 5 = 84.83 元$$

4) 计算股票目前的内在价值。

$$P_0 = 6.537 元 + 84.83 元 = 91.367 元$$

(4) 市盈率确定的股票价值

市盈率是股票每股市价与每股盈利之比，以股票市价是每股盈利的多少倍来表示。市盈率可以粗略地反映股价的高低，表明投资者愿意用高于每股盈利多少倍的价格来购买这种股票，是市场对这种股票的评价。

$$市盈率 = \frac{每股市价}{每股盈利} \tag{6-5}$$

$$股票价值 = 某股票市盈率 \times 该股票的每股盈利 \tag{6-6}$$

投资企业根据证券机构提供的同类股票过去若干年的平均市盈率，乘以该股票当前的每股盈利，可以得出股票的公平价值。将它和当前市价相比较，就可以看出所支付的价格是否合理。

[例6-5] 某股份有限公司股票市价为9.40元，每股收益为0.50元，计算市盈率。

市盈率=9.40元÷0.50元=18.8倍

计算表明，该股份有限公司股票的市盈率为18.8倍，反映了投资者愿意用投资收益的18.8倍的现金来投资该公司的股票，这是市场对该股份有限公司股票的评价。

通常成长性好、有发展前景的行业的股票市盈率较高；而成长性差、发展前景渺茫行业的股票市盈率较低，因此股票价值也可以用该股票所处行业前三年的平均市盈率来确定，然后将股票价值与目前股票市价进行比较，来进行投资决策。

$$股票价值 = 某股票的行业平均市盈率 \times 该股票的每股盈利 \tag{6-7}$$

[例6-6] 承前例,目前该股份有限公司前三年的平均市盈率为30倍,计算该股份有限公司股票价值。

$$股票价值 = 0.50 元 \times 30 = 15 元$$

计算结果表明,该股份有限公司股票价值应为15元,而其市场价仅为9.40元,低于其评估的股票价值。若在投资风险不大于其他股份有限公司的情况下,可以考虑进行投资。

值得注意的是,这里所讨论的是股票投资的预期收益率和股票价值。所采用的数据,比如说将得到的每期的股利收入以及将来的售价等都是预计的,往往与以后的实际发展情况有一定的差异,不可能十分准确,但是这些并不能否定预测和分析的必要性和有用性。因为是根据股票价值的差别来决策的,这些误差仅影响绝对值,而不影响股票投资决策的先后次序。另外,在决策的过程中一些不可预见和被忽略的因素通常影响所有股票而不是某种股票,因此,这种方法在股票投资决策中发挥着重要的作用。

3. 股票投资报酬率的计算

以上股票的计算主要是用于股票是否购进的投资决策中,当股票价格低于股票价值时,购进股票是有利的;反之,则不宜购进。如果投资者以低于股票价值的某一价格购入股票,那么,投资者可获得多少投资报酬率?下面主要介绍两种特殊情况下股票投资报酬率的计算方法。

(1) 零成长股票的投资报酬率

其计算公式为

$$R_S = \frac{D}{P_0} \tag{6-8}$$

式中 R_S——投资者可得到的投资报酬率;
D——每年得到的股利收入;
P_0——投资者购进股票的价格。

[例6-7] 东方股份有限公司每股的股利为3元,某施工企业以15元购入该种股票,并打算永久持有该股票,计算该施工企业可以得到的投资报酬率。

$$R_S = \frac{3 元}{15 元} = 20\%$$

(2) 固定成长股票的投资报酬率

根据股票价值的计算公式,可以得到固定成长股票的投资报酬率计算公式,即

$$R_S = \frac{D_1}{P_0} + g \tag{6-9}$$

[例6-8] 甲股份有限公司最近一年的股利为2元,预计以后每年递增5%,建工集团以20元的价格购入该种股票并永久持有,计算投资报酬率。

$$R_S = \frac{2 元 \times (1 + 5\%)}{20 元} + 5\% = 15.5\%$$

4. 影响股票投资收益的因素

(1) 宏观经济形势

当经济增长启动时,敏感的投资者会对经济发展和公司的前景持有好的预期,从而开始购买股票,使股票价格上涨。在经济发展繁荣景气时期,更多的投资者都普遍看好经济发展

趋势，股市的牛市就会到来；而当经济增长到顶峰并开始走向衰退时，明智的投资者就会退出股市，股票价格将下跌。因此，经济发展周期在股市上会得到充分的反应，它直接影响股市发展的大趋势。

（2）通货膨胀

通货膨胀对股市的影响十分复杂。一般而言，适度的通货膨胀不会对经济发展产生破坏作用，对证券市场的发展是有利的。但过度的通货膨胀必然会恶化经济环境，对经济发展有极大的破坏作用，从而对证券市场也是不利的。

（3）利率和汇率的变化

一般来说，利率上升既会增加公司成本，减少公司利润，又会提高投资者的预期收益率，从而使股票价格下跌；反之，则会使股票价格上涨。汇率的变化也会影响股票价格。如果本国货币贬值，可能会导致资金流出本国，从而使股票价格下跌。但汇率的变化对国际性程度低的市场影响较小，对国际性程度高的市场影响较大。

（4）经济政策

股票市场比较敏感的经济政策主要有货币政策、财政政策和产业政策。货币政策和财政政策都是调节宏观经济的主要手段。一般而言，紧缩的货币政策和财政政策会使股票价格下跌，而宽松的货币政策和财政政策会使股票价格上涨。

（5）公司因素

公司因素主要包括公司的行业发展前景、市场占有率、公司经营状况、公司财务状况、盈利能力和股利政策等因素。这一因素主要影响某一特定公司股票价格。对公司因素的了解，可以通过对该公司公布的年度财务报告分析来获得。

（6）市场因素

市场因素的影响是指股票市场本身的组织、运作及市场参与者的活动对股市的影响。市场因素一般包括证券主管机构对证券市场的干预程度、市场的成熟程度、市场的投机操作行为、投资者的素质高低和市场效率等。

（7）政治因素

股票价格除受经济、技术等因素的影响外，还受到政治因素的影响。例如，国内外政治形势的变化、国家法律与政策的变化、国际关系的改变等都会对股市产生影响，从而影响股票价格。

6.3 债券投资

施工企业债券投资指的是施工企业通过证券市场购买各种债券进行的投资。债券投资包括短期债券投资和长期债券投资。短期债券投资是指一年以内到期或准备在一年之内变现的投资。长期债券投资是指在一年以后才能到期或不准备在一年内变现的投资。

施工企业进行短期债券投资的目的是为了配合企业对资金的需求，调节现金余缺。同时获得利息收益。当企业现金余额太多时，可以投资于债券，使现金余额回落到合理水平；反之，当现金余额太少时，则出售原来投资的债券，收回现金，使现金余额回升到合理水平。企业进行长期债券投资的目的是为了获得稳定的收益。

6.3.1 施工企业债券投资的特点

相对于股票而言,债券投资具有以下特点:

1)债券投资属于债权性投资。债券投资者是债券发行企业的债权人,无权参与债券发行企业的经营管理。

2)债券投资的收益较稳定。债券投资的收益是按票面金额和票面利率计算的利息收入及债券转让的价差,与发行公司的经营状况无关,因而其投资的收益比较稳定。

3)债券价格的波动性较小。债券的市场价格尽管有一定的波动性,但债券价格不会偏离其价值太多,波动性相对较小。

4)债券投资风险较小。债券具有规定的还本付息日,到期发行公司必须还本付息。公司债券的投资者较之被投资企业的所有者拥有优先求偿权,当企业破产时,可优先于股东分得企业资产。因此,债券投资风险相对较小。

5)债券市场流动性好。许多债券都具有较强的流动性,国库券及大企业发行的公司债券一般都可以在金融市场上迅速出售,及时转化为现金,具有良好的流动性。

6.3.2 施工企业债券的估价

同股票投资一样,进行债券投资必须分析债券本身的价值。只有债券的价值大于债券的价格时,才可以购买。

下面介绍几种常见的债券估价模型。

1. 复利计息到期还本的债券估价模型

这种债券是国际市场上最常见的公司债券,按照票面承诺的付息期及利率每期支付利息,到期一次性归还本金。该种债券的估价应该考虑到投资者每期所获得的利息和到期所取得的终值(票面面值)的折现值总和。因此其股价模型为

$$V = Fi(P/A,k,n) + F(P/F,k,n) \qquad (6-10)$$

式中 V——债券的现实价值;
  k——市场要求的最低报酬率;
  i——票面利率;
  F——债券面值;
  n——付息期数。

[例6-9] 建工集团要购入华兴公司发行的每张面值为 1 000 元,票面利率为10%,每年支付一次利息,到期一次还本的 3 年期债券。债券发行时的市场利率为9%。债券价格为多少时值得投资?

$$V = 1\ 000\ 元 \times 10\% \times (P/A, 9\%, 3) + 1\ 000\ 元 \times (P/F, 9\%, 3)$$
$$= 100\ 元 \times 2.531\ 3 + 1\ 000\ 元 \times 0.772\ 2$$
$$= 253.13\ 元 + 772.20\ 元 = 1\ 025.33\ 元$$

当债券的发行价格等于或低于 1 025.33 元时,投资者才值得购买。

2. 到期一次还本付息且不计复利的债券估价模型

这是我国企业债券最经常采用的还本付息方式。这类债券的估价应该是对债券到期日投资者所能获得的全部收益(包括历年利息总和和债券面值)的折现。因此其估价模型为

$$V = F(1+in)(P/F, k, n) = \frac{F+Fin}{(1+k)^n} \quad (6-11)$$

[例6-10] 建工集团购买长城公司发行的一次还本付息的公司债券,债券面值为1 000元,期限4年,票面利率为6%,发行时市场利率为7%,不计复利。债券价格为多少时值得投资?

$$V = 1\ 000\ 元 \times (1+6\% \times 4) \times (P/F, 7\%, 4)$$
$$= 1\ 240\ 元 \times 0.762\ 9 = 945.996\ 元$$

公司债券发行价格低于或等于945.996元时,才值得购买。

3. 零票面利率债券的估价

所谓零票面利率,是指公司以贴现方式发行的债券,并不承诺具体的利率水平,到期按面值偿还。这类债券的估价模型为

$$V = \frac{F}{(1+k)^n} = F(P/F, k, n) \quad (6-12)$$

[例6-11] 建工集团购入东方公司以贴现方式发行的面值为1 000元,期限为5年,在有效期内不计利息,到期按面值偿还的债券,当时市场利率为6%,债券价格为多少时值得投资?

$$V = 1\ 000\ 元 \times (P/F, 6\%, 5) = 1\ 000\ 元 \times 0.747\ 3$$
$$= 747.3\ 元$$

该债券发行价格等于或低于747.3元时值得购买。

6.3.3 施工企业债券的投资报酬率

1. 到期一次还本付息债券的投资报酬率

到期一次还本付息债券的投资报酬率的计算公式如下:

$$债券投资报酬率 = \frac{(债券售价或收回的本息 - 债券买价) \div 持有年限}{债券买价} \times 100\% \quad (6-13)$$

[例6-12] 建工集团购入明达公司发行的面值为1 000元,票面利率6%,期限6年,到期一次还本付息,不计复利的债券,在持有5年后以1 300元的价格出售,求投资报酬率是多少?

$$债券投资报酬率 = \frac{(1\ 300\ 元 - 1\ 000\ 元) \div 5}{1\ 000\ 元} \times 100\% = 6\%$$

2. 一次还本分期付息债券的投资报酬率

一次还本分期付息债券的投资报酬率的计算公式如下:

$$\frac{债券投资}{报酬率} = \frac{[债券已获利息 + (债券售价或收回的本息 - 债券买价)] \div 持有期限}{债券买价} \times 100\% \quad (6-14)$$

[例6-13] 建工集团在2016年6月1日以950元购进面值为1 000元,票面利率5%,期限5年,每年付息一次的公司债券,并在2017年6月1日以970元的市价出售,求投资报酬率。

$$债券投资报酬率 = [1\ 000\ 元 \times 5\% + (970\ 元 - 950\ 元)] \div 1 \div 950\ 元 \times 100\%$$
$$= [50\ 元 + 20\ 元] \div 950\ 元 \times 100\% = 7.37\%$$

3. 零票面利率债券的投资报酬率

零票面利率债券的投资报酬率的计算公式如下:

$$债券投资报酬率 = \frac{(债券售价或收回的本金 - 债券买价) \div 持有年限}{债券买价} \times 100\% \quad (6-15)$$

[例 6-14] 甲种债券票面金额为 110 元,发行价格为 80 元,期限为 4 年,期满后按票面金额兑付,求投资报酬率。

$$投资报酬率 = [(110 元 - 80 元) \div 4] \div 80 元 \times 100\% = 9.38\%$$

6.3.4 影响债券投资收益的因素

1. 经济增长与经济周期

在经济繁荣时期,由于经济持续增长,公众收入增加,商品需求旺盛,企业的经营环境良好,盈利增加,资金比较充足,债券的风险小,因而债券的投资需求增加,从而使债券价格上涨;在经济衰退时期,由于企业的经营环境恶化,会使企业债券的风险增加,债券的投资需求减少,从而使债券价格下跌。

2. 通货膨胀

过度的通货膨胀下,投资者会将资金投资到实物资产上以实现保值,从而导致债券的市场价格下跌。

3. 市场利率水平

市场利率水平是债券市场价格变化的最主要因素。市场利率上升,债券投资所要求的投资收益率就上升,影响债券的市场价格下跌;反之,如果市场利率下降,债券的市场价格则上升。

4. 财政金融政策

财政金融政策对证券市场的影响是复杂的,紧缩的货币政策会减少市场的货币供给量,造成企业资金紧张,投资欲望下降,购买疲软,从而导致债券市场价格下跌;反之,宽松的货币政策往往会使债券市场价格上升。

5. 产业政策

国家对重点发展的产业往往给予特殊优惠的政策,而对限制发展的产业往往会增加种种限制措施。产业政策会影响到公司的风险和收益,从而影响债券的市场价格。

6. 公司财务状况

公司的资产结构、偿债能力、获利能力等财务状况直接影响公司的风险和收益。如果公司的财务状况较好,偿债能力较好,获利能力强,则该公司债券的信用等级就会提高,风险较小,其市场价格就会上升。

7. 债券期限

债券的期限也是影响债券价格的一个重要因素。即使在要求的必要收益率不变的情况下,随着债券到期日的接近,其价格也将逐渐提升。

6.3.5 债券投资的风险

尽管债券的利率一般是固定的,债券投资仍然和其他投资一样是有风险的。债券投资的风险包括违约风险、利率风险、购买力风险、变现力风险和再投资风险等内容。

1. 违约风险

违约风险是指投资者因债券发行人无法按时支付债券利息或偿还本金而承担的风险。

财政部发行的国库券，由于有政府做担保，所以没有违约风险，除中央政府以外的地方政府和公司发行的债券则或多或少地有违约风险。因此，信用评估机构要对中央政府以外部门发行的债券进行评价，以反映其违约风险的程度。必要时，投资者也可以对发行债券公司的偿债能力直接进行分析。

避免违约风险的方法是不买等级差的债券。

2. 利率风险

利率风险是指由于利率变动引起的债券市价下跌，从而使投资者遭受损失的风险。由于债券价格会随利率变动，即使没有违约风险的国库券也会有利率风险。

银行利率上升，则债券市价下跌；银行利率下降，则债券市价上升。债券持有的期限越长，其利率风险就越大。因此长期债券的利率通常比短期债券高。减少利率风险的办法是分散债券的到期日。

3. 购买力风险

购买力风险是指由于通货膨胀而使投资者在债券出售或到期收回现金时的实际购买力下降而承担的风险。

在通货膨胀期间，购买力风险对于投资者相当重要，一般来说，预期报酬率会上升的资产，其购买力风险会低于报酬率固定的资产。例如，房地产、普通股等投资受到的影响较小，而长期固定资产的债券收益受到的影响较大，前者更适合作为减少通货膨胀损失的避险工具。

4. 变现力风险

变现力风险是指无法在短期内以合理的价格卖掉债券的风险。若投资者遇到一个更好的投资机会或急于套现，必须在一定期限内出售现时持有的债券，以便进行新的投资或达到变现的目的。若投资者一时找不到出价合理的买家，要么降价出售，要么不能及时出售。这样，投资者就要蒙受降价损失或者丧失新的投资机会。避免变现力风险的办法是在投资时尽可能选择变现能力较强的债券。

5. 再投资风险

购买短期债券而没有购买长期债券，就会存在再投资风险，即债券到期一时没有更合适的投资机会而导致变现的资金不能很快投放出去。避免再投资风险的方法是进行债券投资时，一方面根据各种信息进行未来利率的预测，另一方面是进行长短期投资的组合。

除上述风险外，施工企业进行债券投资还可能面临货币种类风险、政治风险等。对债券风险的评定，通常采用信用等级评估和偿债能力分析等方法。企业在进行债券投资决策时，既要考虑投资报酬率，又要考虑承担的风险。

6.4　基金投资

6.4.1　投资基金的含义

投资基金是一种利益共享、风险共担的集合投资方式，即通过发行基金股份或受益凭证等有价证券聚集众多的不确定投资者的出资，交由专业投资机构经营运作，以规避风险并谋取投资收益的证券投资工具。

投资基金在不同国家或地区称谓有所不同，美国称为"共同基金"，英国和我国香港地区称为"单位信托基金"，而日本和我国台湾省则称为"证券投资信托基金"。

一般来说，投资基金的组织和运作包括以下几个方面的内容。

（1）由投资基金的发起人设计、组织各种类型的投资基金

通过向社会发行基金受益凭证或基金股份，将社会上众多投资者的零散资金聚集成一定规模的数额，设立基金。

（2）基金的份额用"基金单位"表达

基金单位也称为"受益权单位"，它是确定投资者在某一投资基金中所持份额的尺度。将初次发行的基金总额分成若干等额的整数份，每一份即为一个基金单位，表明认购基金所要求达到的最低投资金额。例如，某基金发行时要求以 10 的整数倍认购，表明该基金的单位为 10 元，投资 3 000 元即拥有 300 个基金单位。

（3）由指定的信托机构——基金保管公司保管和处分基金资产

专款存储以防止基金资产被挪为他用。基金保管公司接受基金管理人的指令，负责基金的投资操作，处理基金投资的资金拨付、证券交割和过户、利润分配以及本金偿付等事项。

（4）由指定的基金管理公司（也称为基金经理公司）负责基金的投资运作

基金管理公司负责设计基金品种，制订基金投资计划，确定基金的投资目标和投资策略，以基金的名义购买证券资产或其他资产，向基金保管人发出投资操作指令。

6.4.2 基金投资的优缺点

1. 基金投资的优点

基金投资的最大优点就是能够在不承担太大的风险情况下获得较高收益。其原因在于投资基金具有专家理财优势和资金规模优势。

2. 基金投资的缺点

1）无法获得很高的投资收益。投资基金在投资组合过程中，在降低风险的同时，也丧失了获得巨大收益的机会。

2）在大盘整体大幅度下跌的情况下，进行基金投资也可能会损失较多，投资者承担较大风险。

6.4.3 投资基金的种类

1. 根据基金是否可以赎回和基金规模是否固定分类

根据基金是否可以自由赎回和基金规模是否固定，投资基金分为开放式基金和封闭式基金。

开放式基金是指基金发起人在设立基金时，基金单位的总数是不固定的，可视经营策略和发展需要追加发行。投资者可以根据市场状况和各自的投资决策，随时申购或赎回基金；封闭式基金是指基金规模在发行前已经确定，在发行完毕后的规定期限内，基金规模固定不变。基金单位的流通采取在交易所上市的办法，投资者以后要买卖基金都必须经过证券经纪商。

2. 根据组织形态不同分类

根据组织形态的不同，投资基金可分为公司型基金和契约型基金。

公司型基金是按照《公司法》以公司形式形成的，具有独立法人资格并以盈利为目的的基金公司。公司型基金以发行股份的方式募集资金，投资者购买基金公司的股份后，以基金持有人的身份成为基金公司的股东，凭其持有的股份享有投资收益。公司型基金在组织形式上与股份有限公司类似，由股东选举董事会，由董事会选聘基金管理公司，基金管理公司负责管理基金业务。

契约型基金也称信托型基金，是指把受益人、管理人、托管人三者作为基金的当事人，由管理人和托管人通过签订信托契约的形式发行受益凭证而设立的一种基金。契约型基金是基于基金契约原理而组织起来的代理投资行为，通过信托契约来规范三方当事人的行为。基金管理人负责基金的管理操作；基金托管人作为基金资产的名义持有人，负责基金资产的保管和处置，对基金管理人的运作实行监督。

3. 根据投资风险和收益不同分类

根据投资风险和收益的不同，投资基金分为成长型基金、收入型基金和平衡型基金。

成长型基金是指把追求资本的长期成长作为其投资目的的投资基金；收入型基金是指以能为投资者带来高水平的当期收入为目的的投资基金；平衡型基金是指以支付当期收入和追求资本的长期成长为目的的投资基金。

4. 根据投资对象不同分类

根据投资对象的不同，投资基金可分为股票基金、债券基金、货币市场基金、期货基金、期权基金、指数基金和认股权证基金等。

股票基金是指以股票为投资对象的投资基金；债券基金是指以债券为投资对象的投资基金；货币市场基金是指以国库券、大额银行可转让存单、商业票据、公司债券等货币市场短期有价证券为投资对象的投资基金；期货基金是指以各类期货品种为主要投资对象的投资基金；期权基金是指以能分配股利的股票期权为投资对象的投资基金；指数基金是指以某种证券市场的价格指数为投资对象的投资基金；认股权证基金是指以认股权证为投资对象的投资基金。

5. 根据投资货币的种类不同分类

根据投资货币的种类，投资基金可分为美元基金、日元基金和欧元基金等。

美元基金是指投资于美元市场的投资基金；日元基金是指投资于日元市场的投资基金；欧元基金是指投资于欧元市场的投资基金。

此外，根据资金来源和运用地域的不同，投资基金可分为国际基金、海外基金、国内基金、国家基金和区域基金。国际基金是指资金来源于国内，并投资于国外市场的投资基金；海外基金也称离岸基金，是指资本来源于国外，并投资于国外市场的投资基金；国内基金是指资本来源于国内，并投资于国内市场的投资基金；国家基金是指资本来源于国外，并投资于某一特定国家的投资基金；区域基金是指投资于某个特定地区的基金。

6.4.4 投资基金的特点

1. 专家理财

基金资产由专业的基金管理公司负责管理。基金管理公司配备了大量的投资专家，他们不仅掌握了广博的投资分析和投资组合理论知识,而且在投资领域也积累了相当丰富的经验,相比较一般投资者而言,基金管理公司的投资专家往往会有更高的研究水平。

2. 组合投资,分散风险

投资学上有一句谚语,"不要把所有的鸡蛋放在同一个篮子里",即不要把所有的资金投向于一种证券。如果投资者把所有资金都投资于一家公司的股票,一旦这家公司破产,投资者便可能丧失其所有。然而中小投资者由于资金量小且研究实力较弱,通常无力做到这一点。而证券投资基金通过汇集众多中小投资者的小额资金,形成雄厚的资金实力,可以同时把投资者的资金分散投资于各种股票,使某些股票跌价造成的损失可以用其他股票涨价的盈利来弥补,分散了投资风险。

3. 投资基金是一种间接的证券投资方式

投资者是通过购买基金而间接投资于证券市场的。与直接购买股票成为股东或者购买债券成为债权人相比,投资者与上市公司没有任何直接联系,不参与公司决策和管理,只享有基金利润的分配权。

4. 投资小,费用低

在我国,每份基金单位面值为人民币 1 元。证券投资基金的最低投资额一般较低,投资者可以根据自己的财力,或多或少买基金单位,从而解决了中小投资者"钱不多、入市难"的问题。基金的费用通常较低,基金管理公司就提供基金管理服务而向基金收取的管理费一般为基金资产净值的 1%～2.5%。与此同时,投资者购买基金需要缴纳的费用通常为认购总额的 0.25%,低于购买股票的费用。

5. 流动性强

基金的买卖程序非常简便。对于开放式基金而言,由于开放式基金每天都会进行公开报价,因此投资者既可以向基金管理公司直接购买或者赎回基金,也可以通过证券公司等代理销售机构购买或赎回基金。对于封闭式基金,目前我国封闭式基金都是在证券交易所上市交易,买卖程序和股票相似。

6.4.5 基金投资的估价

基金也是一种证券,与其他证券一样,基金的内涵价值是指基金投资上所能带来的现金净流量。对投资基金进行估价,有利于投资基金的买卖。对于封闭式基金,只有当其价值高于或等于价格时,才有投资的必要。

1. 基金价值的内涵

基金价值的具体确定依据与股票、债券有很大的区别。债券的价值取决于债券投资所带来的利息收入和收回的本金;股票的价值取决于股票预期的股利和售价。这些利息和股利都是在未来收取的,也就是说,未来的而不是现在的现金流量决定着债券和股票的价值。而基金的价值取决于目前能给投资者带来的现金流量,这种目前的现金流量用基金的净资产价值来表达。

基金的价值之所以取决于基金净资产的现在价值,其原因在于股票的未来收益是可以预测的,而投资基金的未来收益是不可以预测的。资本利得是投资基金受益的主要来源,且投资基金不断变换投资组合对象,而证券价格又不断波动,使得对投资基金收益预计变得不大现实。既然未来不可预测,投资者把握的就是"现在",即基金资产的现有市场价值。

2. 基金单位净值

基金单位净值是指某一时点上某一投资基金每一基金份额实际代表的价值。基金单位净值的计算公式为

$$基金单位净值 = \frac{基金净资产价值总额}{基金单位总份额} = \frac{基金资产总额 - 基金负债总额}{基金单位总份额} \quad (6-16)$$

基金净资产价值是指基金资产总值减去负债后的价值。基金资产总值是指基金所拥有的各类证券的价值、银行存款本息、基金应收的申购基金款以及其他投资所形成的价值总和。这里，基金总资产的价值并不是资产总额的账面价值，而是指资产总额的市场价值。基金的负债包括以基金名义对外的融资借款，应付投资者的分红，基金应付给基金管理公司的首次认购费、管理费用等。

基金资产总额的市场价值需要估计取得。以投资于有价证券为例，对于上市流通的有价证券，以估值日证券交易所挂牌的该证券的收盘价（开放式基金）或市场平均价（封闭式基金）估值；估值日无交易的，以最近一日收盘价估值或市场平均价估值。对于未上市的股票分为以下两种情况：①送股、转增股、配股和增发新股，按估值日在证券交易所挂牌的统一股票的收盘价或市场平均价估值；②首次公开发行的股票，按成本价估值。

3. 基金的报价

基金净资产价值是衡量一个基金经营好坏的主要指标，也是基金份额交易价格的内在价值和计算依据。一般情况下，基金份额交易价格与净资产价值趋于一致，即净资产价值增长，基金价格也随之提高。封闭式基金在二级市场上竞价交易，其交易价格由供求关系和基金业绩决定，围绕着基金单位净值上下波动。开放型基金的柜台交易价格则完全以基金单位净值为基础，通常采用两种报价形式，即认购价（基金管理公司的卖出价）和赎回价（基金管理公司的买入价）。

$$基金认购价 = 基金单位净值 + 首次认购费 \quad (6-17)$$
$$基金赎回价 = 基金单位净值 - 基金赎回费 \quad (6-18)$$

卖出价中的首次认购费是支付给基金管理公司的发行佣金，基金赎回费是基金管理公司在赎回基金时收取的佣金。收取首次认购费的基金，一般不再收取赎回费。

［例6-15］ 假设某基金持有的三种股票的数量分别为10万股、40万股、80万股，每股的市价分别为30元、25元、10元。银行存款为1 000万元，该基金负债有两项：①对管理人应支付未付的报酬400万元；②应缴税费300万元。已售出的基金单位为2 000万份，计算基金单位净值。

$$基金单位净值 = \frac{(基金资产总值 - 基金负债总值)}{基金单位总份额}$$

$$= \frac{(10 \times 30 + 40 \times 25 + 80 \times 10 + 1\,000 - 400 - 300)\ 万元}{2\,000\ 万份}$$

$$= 1.2\ 元/份$$

［例6-16］ 某基金公司发行的是开放式基金，2016年相关资料如下：年初基金资产账面价值800万元，负债账面价值400万元、基金资产市场价值1 800万元，基金单位500万

份,年末基金资产账面价值1 000万元,负债账面价值410万元,基金资产市场价值2 400万元。基金单位600万份。假设公司收取首次认购费,认购费为基金净值的5%,不再收取赎回费。分别计算年初、年末的下列指标:①基金公司基金净资产价值总额;②基金单位净值;③基金认购价;④基金赎回价。

年初:

$$该基金公司基金净资产价值总额 = 1\ 800\ 万元 - 400\ 万元 = 1\ 400\ 万元$$

$$基金单位净值 = 1\ 400\ 万元 \div 500\ 万份 = 2.8\ 元/份$$

$$基金认购价 = 2.8\ 元/份 + 2.8\ 元/份 \times 5\% = 2.94\ 元/份$$

$$基金赎回价 = 2.8\ 元/份$$

年末:

$$基金净资产价值总额 = 2\ 400\ 万元 - 410\ 万元 = 1\ 990\ 万元$$

$$基金单位净值 = 1\ 990\ 万元 \div 600\ 万份 = 3.32\ 元/份$$

$$基金认购价 = 3.32\ 元/份 + 3.32\ 元/份 \times 5\% = 3.49\ 元/份$$

$$基金赎回价 = 3.32\ 元/份$$

4. 基金投资的收益率

基金收益率是指某一投资者所拥有的基金净资产的增值与其期初基金净资产的比值。它用以反映基金增值的情况和基金投资者权益的增值情况。

$$基金收益率 = \frac{年末持有份数 \times 年末基金单位净值 - 年初持有份数 \times 年初基金单位净值}{年初持有份数 \times 年初基金单位净值} \times 100\% \tag{6-19}$$

式中,持有份数是指基金单位的持有份数。年初基金单位净值相当于是购买基金的本金投资,基金收益率也就相当于简便的投资报酬率。

[**例6-17**] 建工集团年初持有基金200万份,年初基金单位净值2.5元;年末持有基金500万份,年末基金单位净值3.0元。计算投资者的基金收益率。

基金收益率 = (500 万份 × 3.0 元 − 200 万股 × 2.5 元) ÷ (200 万份 × 2.5 元) × 100% = 200%

6.5 证券投资组合

6.5.1 证券投资组合的意义

证券投资的盈利性吸引了众多投资者,但证券投资的风险性又使许多投资者望而却步。如何才能有效地解决这个难题?科学地进行证券投资组合就是一个比较好的方法。投资者在进行证券投资时,不是将所有的资金都投向某一单一的证券,而是有选择地投向一组证券,这种对于投资若干不同风险与收益的证券形成的证券组,称为证券投资组合。

6.5.2 证券投资组合的策略

1. 保守型策略

保守型策略认为,最佳证券投资组合策略是要尽量模拟市场现状,将尽可能多的证券包括进来，以便分散掉全部可分散风险，得到与市场所有证券的平均水平相同的收益。1976年，美国先锋基金公司创造的指数信托基金，便是这一策略的最典型代表，其投资于标准—普尔股票价格指数中所包含的全部500种股票，其投资比例与500家企业的价值比重相同。这种投资组合能分散掉全部可分散风险，不需要高深的证券投资专业知识，且证券投资的管理费用比较低。这种组合的缺陷在于其获得的收益不会高于证券市场上所有证券的平均收益。因此，这种策略属于受益不高、风险不大的策略，故称为保守型策略。

2. 适中型策略

适中型策略认为，证券的价格，特别是股票的价格，是由特定企业的经营业绩来决定的。市场上股票价格的一时涨跌并不重要，只要企业经营业绩好，股票价格一定会升到其本来的价值水平。采用这种策略的投资者，一般都善于对证券进行分析，如行业分析、企业业绩分析和财务分析等。通过分析，选择高质量的股票和债券，组成投资组合。适中型策略如果做得好，可获得较高的收益，而不会承担太大的风险，是一种最常见的投资组合策略。各种金融机构、投资基金和企事业单位在进行证券投资时一般都采用此种策略。

3. 冒险型策略

冒险型策略认为，与市场完全一样的证券投资组合不是最佳组合，只要投资组合做得好，就能超越市场，取得远远高于平均水平的收益。在这种组合中，一些成长型的股票比较多，而那些低风险、低收益的证券较少。另外，其组合的随意性强，变动频繁。采用这种策略的投资者认为，收益就在眼前，何必死守苦等。这种策略收益高，风险大，因此称为冒险型策略。

6.5.3　证券投资组合的方法

1. 选择足够数量的证券进行组合

在采用这种方法时，投资者可以随机选择证券，而不需要进行有目的的组合，不需要专业的证券投资分析技术。随着投资证券数量的增加，可分散风险会逐渐减少，当数量足够时，大部分可分散风险都能分散掉。根据投资专家估计，美国纽约证券市场上，随机地购买40种股票，其大多数可分散风险都能分散掉。为了有效地分散风险，每个投资者拥有股票的数量最好不少于14种。我国股票种类还不太多，同时投资10种股票，就能达到分散风险的目的。这是一种最简单的证券投资组合方法。

2. 将投资收益呈负相关的证券进行组合

当一种股票的收益上升时，而另一种股票的收益下降，这样的两种股票成为负相关股票。把收益呈负相关的股票组合在一起，能有效地分散风险。

3. 将风险大、风险中等、风险小的证券进行组合

这种组合方法又称为1/3法，是指把全部资金的1/3投资于风险大的证券；1/3投资于风险中等的证券；1/3投资于风险小的证券。一般而言，风险大的证券对经济形势的变化比较敏感，当经济处于繁荣时期，风险大的证券获得高额收益，但当经济衰退时，风险大的证券却会遭受巨额损失；相反，风险小的证券对经济形势的变化则不十分敏感，一般都能获得稳定收益，而不致遭受巨额损失。因此，这种1/3的投资组合法，是一种进可攻、退可守的组合法，虽不会获得太高的收益，但也不会承担巨大风险，是一种常见的组合方法。

本章小结

本章主要阐述企业证券投资的基本理论方法。企业证券投资的目的是作为现金的替代品获取短期投资收益、与筹集长期资金相配合满足未来的财务需求、参与证券发行企业的管理和控制以及分散投资风险。证券投资的种类可以分为债券投资、股票投资和证券投资基金三类。债券投资反映的是一种债权债务关系；股票投资反映的是一种产权关系；证券投资基金反映的是一种信托关系。三者有本质上的区别。

施工企业证券投资的风险包括违约风险、利率风险、购买力风险、流动性风险和期限性风险。股票投资是公司对外投资中最具挑战性的项目之一，其收益和风险相对都很高。与债券投资相比，公司投资股票的主要特点是拥有一定的经营控制权，能获得较高的投资回报，能适当降低购买力风险。股票价值的计算包括零成长股票价值、固定成长股票价值、非固定成长股票价值的计算模型。债券投资收益稳定，风险相对较小。债券的估价可以根据债券的属性分别采用复利计息到期还本的债券估价模型、到期一次还本付息且不计复利的债券估价模型、零票面利率债券的估价计算。

投资基金具有专家理财和资金规模优势，但却无法获得较高的投资收益。企业可以根据不同基金种类的特点对基金进行估价，从而进行基金的投资决策。

证券投资有着较大的风险。通过有效地进行证券投资组合，可以达到降低风险的目的。证券投资组合的策略有保守型策略、适中型策略和冒险型策略。进行证券投资组合最常见的方法有以下几种：选择足够数量的证券进行组合；将投资收益呈负相关的证券进行组合；将风险大、风险中等、风险小的证券进行组合。

复习思考题

1. 什么是证券和证券投资？
2. 证券分为哪几类？分述各类证券的定义。
3. 债券投资与股票投资的目的有什么不同？
4. 如何进行债券投资收益的评价？
5. 债券投资有哪些风险？
6. 什么是股票价值和股票价格？
7. 什么是股票预期报酬率？
8. 各种股票价值应该如何计算？
9. 试述股票投资的优缺点。
10. 怎样进行股票的估价？

习　　题

1. 某股份公司预计第一年的股利为 0.5 元/股，以后每年增长 4%，甲施工企业作为投资者要求的报酬率为 8%，现以 6 元/股的价格购入该股票。

要求：计算该股票的价值、净现值以及投资报酬率。

2. 建工集团拟定购买某公司的债券作为长期投资，要求的必要收益率为5%，现在有三家公司同时发行5年期，面值均为1 000元的债券，其中：①A公司债券的票面利率为7%，每年付息一次，到期还本，债券发行价格为1 050元；②B公司债券的票面利率为8%，单利计息，到期一次还本付息，债券发行价格为1 060元；③C公司债券的票面利率为0，债券发行价格为800元，到期按面值还本。

要求：
（1）计算甲施工企业购入A公司债券的价值和收益率。
（2）计算甲施工企业购入B公司债券的价值和收益率。
（3）计算甲施工企业购入C公司债券的价值和收益率。
（4）根据上述结果，评价A、B、C三种公司债券是否具有投资价值，并为甲施工企业做出购买何种债券的决策。

3. 某基金公司发行的是开放式基金，2016年有关资料如表6-2所示。

表6-2　2016年有关资料　　　　　　　　　　　　（单位：万元）

项　目	年　初	年　末
基金资产账面价值	1 200	1 400
负债账面价值	500	520
市场价值	1 800	2 300
基金股份数/万份	500	600

假设公司收取首次认购费，认购费率为基金资产净值的5%，不再收取赎回费。

要求：分别计算年初和年末的下列指标：
（1）基金净资产价值总额。
（2）基金单位净值。
（3）基金认购价。
（4）基金赎回价。
（5）2016年投资者的基金收益率。

第 7 章 施工企业利润及其分配

[学习目标]

- 了解施工企业利润分配的原则、程序
- 熟悉施工企业目标利润的确定依据以及方法
- 掌握施工企业利润的概念、分类、构成及股份制施工企业的股利分配政策和决策

7.1 施工企业利润概述

7.1.1 利润的概念及意义

利润是指企业在一定会计期间的经营成果,是企业在一定会计期间内实现的收入减去费用后的余额。企业对利润进行核算,可以及时反映企业在一定会计期间的经营绩效和获利能力,反映企业投入产出的效率和经济效益,有助于经营管理者进行盈利预测、评价企业的经营绩效并做出正确的决策。

利润的形成对企业有重要意义。

1) 利润是企业经营所追求的目标。在重视风险因素评估,符合企业长远利益和有充足的资本及其他资源的前提下,企业追求利润最大化。通过对利润的考核、分析来评价企业的经营效率、经营业绩及实现经营目标的能力。

2) 利润是企业投资者和债权人进行投资决策和信贷决策的重要依据。投资者的主要目的在于获得既定风险条件下的最大投资报酬率,债权人则要求保证其贷出款项的安全性,这些都要求企业必须具备较好的获利能力,而利润正是表现企业获利能力大小的主要指标。

3) 利润是企业分配的基础。就某一特定时期来说,利润水平一般代表可供分配的最高限额,因而是分析、确定利润分配关系的重要依据。

7.1.2 施工企业利润的形成

施工企业的利润是指施工企业在一定会计期间内实现的收入抵减相应支出后的余额,是施工企业在一定时期内的开发、生产、经营活动所取得的财务成果。就其构成来说,既有通

过生产经营活动获得的,也有通过投资活动而获得的,此外还包括那些与生产经营活动无直接关系的事项所引起的盈亏。根据企业会计准则的规定,企业利润包括营业利润、营业外收入、营业外支出和所得税等组成部分。

$$营业利润 = 营业收入 - 营业成本 - 税金及附加 - 期间费用 - 资产减值损失 +$$
$$公允价值变动收益(-公允价值变动损失) + 投资净收益(-投资净损失) \quad (7-1)$$
$$利润总额 = 营业利润 + 营业外收入 - 营业外支出 \quad (7-2)$$
$$净利润 = 利润总额 - 所得税费用 \quad (7-3)$$

1. 营业利润

营业利润是指营业收入减去营业成本和税金及附加,减去销售费用、管理费用、财务费用、资产减值损失后,再加上公允价值变动收益(或减公允价值变动损失)以及投资净收益(或减投资净损失)后的金额。

其中:营业收入是指企业经营业务所实现的收入总额,包括主营业务收入和其他业务收入。营业成本是指企业经营业务所发生的实际成本总额,包括主营业务成本和其他业务成本。资产减值损失是指企业计提各项资产减值准备所形成的损失。公允价值变动收益(或损失)是指企业交易性金融资产等公允价值变动形成的应计入当期损益的利得(或损失);投资净收益(或净损失)是指企业以各种方式对外投资所取得的净收益(或发生的净损失)。

(1) 营业收入

1) 主营业务收入。施工企业的主要业务活动是通过事先与买方(发包商)签订不可撤销建造合同,并按建造合同要求进行施工生产、为发包商提供满足合同要求的工程产品,并据此实现其主营业务收入。因此,施工企业的主营业务收入又称建造合同收入。建造合同是指施工企业为建造一项资产或者在设计、技术、功能、最终用途等方面密切相关的数项资产而订立的合同。其中,资产是指房屋、道路、桥梁、水坝等建筑物以及船舶、飞机、大型机械设备等。建造合同收入是指企业承包工程实现的工程价款结算收入,以及向发包单位收取的除工程价款以外的按规定列作营业收入的各种款项,如临时设施费、劳动保险费、施工机械调迁费。除此之外,还包括因合同变更、索赔、奖励等形成的收入,这部分收入是在执行合同过程中,由于合同工程内容或施工条件变更、索赔、奖励等原因形成的追加收入。它须经发包单位签证同意后,才能构成施工企业的建造合同收入。

一般来说,建造资产的造价在签订合同时已经确定,而建造资产的建设周期长,一般要跨越一个甚至几个会计年度,施工企业为了及时反映各年度的经营成果和财务状况,一般情况下,不能等到合同工程完工时才确认收入和费用,而应按照权责发生制的要求,遵循配比原则,在合同实施过程中,按照一定方法,合理地确认各年的收入和费用。按现行会计制度规定,施工企业应采用完工百分比法来确认其工程结算价款收入。

施工企业工程价款结算方式主要有三种,即按月结算、分段结算和一次结算。建造合同收入,对采用按月结算工程价款的企业,是指在月终按已完成部分分项工程结算确认的工程款收入;对采用分段结算工程价款的企业,则是指按工程形象进度划分的不同阶段(部位),分段结算确认的工程款收入;对采用工程竣工后一次结算工程价款的企业,则是指在单项工程或建设项目全部竣工以后计算的工程款收入。

施工企业的建筑产品造价高、周期长等特点,决定了施工企业在施工过程中需垫支大量的资金。因此，对工程价款结算，不能等到工程全部竣工后才进行，那样势必影响施工企业的资金周转，从而影响施工生产的正常进行。因此，除工期较短、造价较低的工程采用竣工后一次结算价款外，大多采用按月结算和分段结算。

根据不同结算方式，建造合同收入相应的确认方法如下：①实行合同完成后一次结算工程价款办法的工程合同，应于合同完成、施工企业与发包单位进行工程合同价款结算时确认为收入实现。实现的收入额为承发包双方结算的合同价款总额。②实行旬末或月中预支、月终结算、竣工后清算办法的工程合同，应分期确认合同价款收入，即各月份终了，与发包单位进行已完工程价款结算时，确认为承包合同已完工部分的工程收入实现。本期收入额为月终结算的已完工程价款金额。③实行按工程形象进度划分不同阶段，分段结算工程价款办法的工程合同，应按合同规定的形象进度分次确认已完阶段工程收入，即应于完成合同规定的工程形象进度或工程阶段，与发包单位进行工程价款结算时，确认为工程收入的实现。本期实现的收入额，为本期已结算的分段工程价款金额。④实行其他结算方式的工程合同，其合同收入应按合同规定的结算方式和结算时间，与发包单位结算工程价款时确认为收入一次或分次实现。本期实现的收入额，为本期结算的已完工程价款或竣工一次结算的全部合同价款。

2）其他业务收入。其他业务收入主要包括产品销售收入、机械作业收入、材料销售收入、无形资产转让收入、固定资产出租收入等。其中产品、材料销售收入应在发出材料，同时收讫货款或取得货款凭证时确认。机械作业收入，应在提供机械、运输作业，同时收讫价款或取得索取价款凭证时确认。无形资产转让收入，应在签订转让合同或协议，同时收讫转让价款或取得索取价款凭证时确认。固定资产出租收入，应按出租方与承租方签订合同或协议中规定的承租方付款日期和金额确认。

（2）营业成本

1）主营业务成本。施工企业主营业务成本是指建造合同成本。施工企业建造合同成本应当包括从合同签订之日开始至合同完成时为止所发生的、与执行合同有关的直接费用和间接费用。直接费用是指施工企业为完成合同所发生的、可以直接计入合同成本核算对象的各项费用支出，具体包括工程施工过程中耗用的人工费、材料费、机械使用费、其他直接费。间接费用是施工企业为完成合同所发生的、不宜直接归属于合同成本核算对象而应分配计入有关合同成本核算对象的各项费用支出，包括施工企业下属的工区、施工队和项目经理部为组织和管理施工生产活动所发生的费用。

2）其他业务成本。其他业务成本是施工企业为取得当期其他收入而发生的与其相关的成本，主要包括产品、材料销售成本，机械作业成本，无形资产转让成本，固定资产出租成本等。其中，产品、材料销售成本是指销售产品、材料的生产成本和采购成本；机械作业成本是指提供机械、运输作业而发生的机械运输设备折旧、修理、维护费，耗用油料、操作人员工资福利费以及分配的间接费用等；无形资产转让成本是指该无形资产的摊销和派出技术服务人员的费用。固定资产出租成本是指为出租固定资产计提的折旧费和发生的修理费。

（3）税金及附加

税金及附加包括按建造合同收入和其他业务收入计征的消费税、城市维护建设税、资源税、教育费附加及房产税、土地使用税、车船税、印花税等相关税费。

(4) 期间费用

施工企业的期间费用主要是管理费用和财务费用。

1) 管理费用。施工企业的管理费用是指施工企业行政管理部门（公司总部）为组织和管理企业经营活动而发生的各项费用，包括行政管理人员工资、职工福利费用、折旧费、修理费、低值易耗品摊销、办公费、差旅费、工会经费、职工教育经费、社会保险费、董事会费、咨询费、诉讼费、绿化费、技术转让费、技术开发费、无形资产摊销、业务招待费、存货盘亏毁损和报废（减盘盈）损失以及其他有关管理费用。

2) 财务费用。施工企业的财务费用是指企业为筹集施工生产经营所需资金而发生的各项费用，包括施工生产经营期间的利息净支出、汇兑净损失、金融机构手续费以及企业筹资时发生的其他财务费用。但不包括在固定资产购建期间发生的借款利息支出和汇兑损失，这些利息支出和汇兑损失应计入固定资产或专项工程支出。

(5) 投资净收益

施工企业的投资净收益是指企业对外股权投资、债权投资所获得的投资收益减去投资损失后的净额。投资净收益可用以下公式计算：

$$投资净收益 = 投资收益 - 投资损失 \tag{7-4}$$

投资收益包括对外投资分得的利润、股利和债券利息，投资收回或者中途转让取得款项多于账面价值的差额，以及按照权益法核算的股权投资在被投资单位增加的净资产中所拥有的数额等。

投资损失包括企业对外投资分担的亏损，投资到期收回或者中途转让取得款项少于账面价值的差额，以及按照权益法核算的股权投资在被投资单位减少的净资产中所分担的数额。

2. 营业外收入和营业外支出

施工企业的营业外收入和营业外支出是指与施工企业施工生产经营活动没有直接关系的各项收入和支出。

营业外收入包括非流动资产处置利得、非货币性资产交换利得、债务重组利得、政府补助、盘盈利得、捐赠利得等。营业外支出包括固定资产盘亏、报废、毁损和出售的净损失，非季节性和非修理性期间的停工损失，职工子弟学校经费和技工学校经费，非常损失，公益救济性的捐赠，赔偿金，违约金等。

3. 所得税费用

所得税费用是指企业应计入当期损益的所得税。由于税前会计利润与税法确认的应纳税所得额存在差距，因此企业在纳税的时候需要对税前会计利润进行调整。

利润总额减去所得税费用后的数额即为施工企业的净利润，它是企业进行利润分配的基础，必须依照国家和企业的有关利润分配政策进行分配。

7.2 施工企业目标利润及其管理

从整个企业的财务管理角度来说，目标利润管理是企业财务管理系统的一个子系统，从其所处地位来说，则是整个企业财务管理的核心。因此，目标利润管理制约着其他方面的管理，做好目标利润管理工作对施工企业有着重要作用。目标利润是企业在未来一定期间经过努力应能达到的利润水平，反映着一定时期内企业预期的财务成果和经营效益，它是企业经营目标的重要组成部分。目标利润管理是在目标利润规划的基础上，通过过程控制和结果考核，确保目标利润实现；通过差异分析和结果考核，并结合外部环境变化，重新进行下一期目标利润规划。因此，目标利润管理是一个管理循环。施工企业目标利润管理是将目标利润管理原理和方法具体运用到施工企业利润管理实践中，要求企业通过科学方法确定在一定时期所要实现的目标利润额，并根据目标利润的要求，测定为完成目标利润额的各项经营收支目标，列出日程，归口分级进行分解、落实，有效实施日常控制，严格考评，确保目标利润额的实现。

7.2.1 施工企业目标利润制定的基本要求

1. 既要积极先进，又要留有余地

目标利润的确定应该是充分挖掘增加利润的潜力，但不能脱离实际和可能性，要充分考虑企业面临着复杂多变的外部环境及其风险程度，允许留有余地。

2. 内部环境与外部环境相适应

企业内部环境一般是企业可以控制、制约的，但内部环境的改善，必须朝着适应外部环境的方向进行。因此，制定目标利润要充分考虑企业内部环境和外部环境，来平衡资源条件，协调内外关系。

3. 实现综合平衡

在制定目标利润时，一方面要全面考虑企业经营规模、毛利率、费用开支等因素对利润变动的影响，为目标利润的确定提供科学依据；另一方面要与企业的购销计划和其他财务计划反复平衡。当然，企业其他计划要服从目标利润计划，其中包括必要时做出相应的调整，最终使其他计划成为实现目标利润的保证。

7.2.2 目标利润制定的程序

目标利润一般是在考虑企业发展战略、市场需求情况、同行业有关企业平均利润水平、本企业未来发展对利润的特定要求的前提下，经过一系列的分析、计量之后予以确定的。一般来说，目标利润的制定过程，大体包括下列步骤：

1）考查上期利润计划的完成情况，分析下期利润影响因素的变动。通过对上期的计划利润与实际利润进行比较，弄清该期利润计划完成情况的好坏和盈利水平的高低，并尽可能把握以前年份，尤其是上年的经营情况对下期利润的影响。还要根据市场调查、销售预测等有关资料，测定和分析影响利润的诸因素对未来目标利润的影响方向和程度。

2）确定初步的利润目标。初步的利润目标是通过目标利润预测工作来完成的。在工作中，一般利用目标利润的预测值，参照过去企业利润增长的实际情况或同行业的平均实际利润水平，并分析预测将来的利润需要和用途，确定一个基础性的利润数据，再按可预测的其他条件进行粗略的修正，作为初步利润目标定下来。

3）通过综合平衡，决策出最终的利润目标。最终利润目标是建立在综合考虑各因素基础上的目标。要考虑各环境条件的变化、市场需求的变化、可能出现的各种风险等，并区别可控因素与不可控因素，首先应考虑处理可控因素，计算其对目标利润的影响之后，再考虑不可控因素，经过全面评价和综合平衡，得出最终的利润目标。以上是对目标利润制定程序的说明，在实践中还需要包括采购、生产、销售以及财务等企业各部门的通力合作、积极参与，否则目标利润就成了制定部门的一厢情愿，而在执行过程中得不到其他部门的有力支持，最终无法得以实现。

7.2.3 施工企业目标利润的预测方法

施工企业的利润总额包括多方面内容，因此，对利润总额的各组成部分进行预测是确定工程目标利润的基础。其中，主营业务利润是施工企业利润总额中一个重要而又具有行业特点的组成部分，其预测方法与其他类型企业存在很大的不同，因此，下面将重点介绍施工企业的年度主营业务利润的预测方法，其他利润组成的预测方法与一般企业的预测方法一致，这里不予赘述。

施工企业年度计划中主营业务利润的预算，可采用以下两种方法。

1. 根据结算工程的计划利润加工程成本降低额计算

$$主营业务利润预算额 = 计划利润 + 工程成本降低额 \tag{7-5}$$

[**例7-1**] 某公司计划年度施工产值（即施工工程造价）为 15 000 000 元，计划年初在建工程产品为 2 000 000 元，年末在建工程产品为 1 200 000 元，年度工程施工成本降低额为 100 000 元，建造合同收入税费率为 1.3%，预期利润率为 7%，则

计划年度工程结算价款收入 = 15 000 000 元 + 2 000 000 元 − 1 200 000 元 = 15 800 000 元
计划年度工程结算计划利润 = 建造合同收入 × (1 − 税费率) × 预期利润率 ÷ (1 + 预期利润率)
　　　　　　　　　　　　 = 15 800 000 元 × (1 − 1.3%) × 0.07 ÷ 1.07 = 1 020 207.48 元

假定计划年初在建工程产品和计划年度工程产品的成本降低率相同，则

计划年度工程结算成本降低额 = 100 000 元 × 15 800 000 元/15 000 000 元 = 105 333.33 元
　　　　计划年度利润 = 1 020 207.48 元 + 105 333.33 元 = 1 125 540.81 元

2. 根据建造合同收入减去税费、变动费用总额和固定费用总额计算

$$主营业务利润 = 建造合同收入 − 税费 − 变动费用总额 − 固定费用总额 \tag{7-6}$$

由于变动费用总额随着工程量变动而成正比例变动，因此，只要根据以往年度的历史资料，计算变动费用在工程造价中的比重，就可算出变动费用总额。对于固定费用总额，则可根据历史资料结合计划年度组织机构、机械设备变动情况来确定。一般来讲，固定费用的发生额，大都应摊入当年损益，受年初、年末在建工程产品影响不大，所以对计划年度固定费用总额不必加以调整。因此，主营业务利润的计算公式可修改为

$$\begin{aligned}主营业务利润 &= 建造合同收入 − 建造合同收入 × 税费率 − 建造合同收入 × \\&\quad 变动费用在工程造价中的比重 − 固定费用总额 \\&= 建造合同收入 × (1 − 税费率 − 变动费用在工程造价中的比重) − \\&\quad 固定费用总额 \end{aligned} \tag{7-7}$$

[**例7-2**] 某公司计划年度施工产值为 18 000 000 元，计划年初在建工程产品为 2 400 000 元，年末在建工程产品为 1 300 000 元，变动费用占工程造价的 72%，固定费用总额为 2 470 000 元，工程结算总税费率为 1.3%，则

计划年度建造合同收入 = 18 000 000 元 + 2 400 000 元 − 1 300 000 元 = 19 100 000 元
　　计划年度利润 = 19 100 000 元 × (1 − 1.3% − 72%) − 2 470 000 元 = 2 629 700 元

如果企业不是采用工程竣工一次结算工程价款结算方法，年初在建工程产品和年末在建工程产品出入不大，工程结算价款收入等于施工产值，则

主营业务利润 = 施工产值 − 施工产值 × 税费率 − 施工产值 ×
变动费用在工程造价中的比重 − 固定费用总额
= 施工产值 × (1 − 税费率 − 变动费用在工程造价中的比重) − 固定费用总额
$$(7-8)$$

根据上述公式，可以推导得出：

$$施工产值 = \frac{主营业务利润 + 固定费用总额}{1 - 税费率 - 变动费用在工程造价中的比重}$$

利用上述公式，在企业经营过程中，可以实现以下目标：

1）测算主营业务利润。为了简化计算，假定某施工企业计划年初在建工程产品等于年末在建工程产品，计划年度建造合同收入等于施工产值，工程任务在 8 000 000 ~ 14 000 000 元的固定费用总额为 2 470 000 元，变动费用在工程造价中的比重为 72%。有了这些资料，就可预测计划年度不同建造合同收入或施工产值下的主营业务利润如表 7-1 所示。

表 7-1 不同建造合同收入或施工产值下的主营业务利润 （单位：元）

建造合同收入（施工产值）	税费（税费率为 1.3%）	建造合同净收入	变动费用总额（工程造价的 72%）	固定费用总额	利润或亏损
8 000 000	104 000	7 896 000	5 760 000	2 470 000	−334 000
9 250 936	120 262	9 130 674	6 660 674	2 470 000	0
12 000 000	156 000	11 844 000	8 640 000	2 470 000	734 000
14 000 000	182 000	13 818 000	10 080 000	2 470 000	1 268 000

2）根据目标利润，测算计划年度应完成的工程任务。根据计划目标进行管理，是企业管理的一项重要任务。企业要完成目标利润，就必须完成一定数量的工程任务。知道完成目标利润的工程任务，可促使企业在工程任务不足的时候积极参加工程投标，设法增加工程任务，确保目标利润的实现。如已知上述施工企业计划年度的目标利润为 988 000 元，就可求得完成目标利润的工程任务为：

$$完成目标利润的工程任务 = \frac{988\ 000\ 元 + 2\ 470\ 000\ 元}{1 - 1.3\% - 72\%} = 12\ 951\ 310.86\ 元$$

3）提供经营决策。一般来说，施工企业承担工程所获得的建造合同收入，除了补偿工程成本和税金外，还要有一定的利润。在施工能力大于施工任务时，如果建造合同收入大于税金和所支出的变动费用，是可以考虑接受的。因为在这种情况下，能分担一部分固定费用，可以减少亏损或增加利润，对企业的盈利有所贡献。

如上述施工企业，在计划年度已经有 9 250 936 元的工程任务，能够使企业保本。假如企业施工能力有余，且有一项造价约 2 000 000 元的工程进行招标，但由于投标单位较多，要想竞争中标只能投以 1 800 000 元的标价，那么这项标价，从该项工程来说，虽然低于工程预算成本，但是由于它的变动费用只有 1 440 000 元 (2 000 000 元 × 72%)，而固定费用不会因这项工程的施工而增加，因此仍能为企业增加利润 336 600 元(1 800 000 元 × (1 − 1.3%) − 1 440 000 元)，企业仍然可以 1 800 000 元投标。

7.2.4 施工企业工程结算目标利润的分层管理

施工企业实现工程结算利润从不同责任主体来看，主要分为以下三个层次：

1）经营层。施工企业高层领导及市场开发部门，主要从事工程投标经营，创造的利润被称为经营层利润。这种利润基本形成于招标投标阶段，通过对工程项目的跟踪、投标报价竞标及合同谈判，决定合同初始价及对工程调价、变更和索赔有深远影响的合同条款。由于项目竞争程度不同，企业组织和技术管理水平不同，决定各项目的利润空间不同，以至于经营层利润可能为正也可能为负。

2）项目层。企业择优委托项目经理、副经理、商务经理及其他高级管理人员组成的项目经理部，对外代表企业全面向业主负责，对内向委托人负责，项目经理部是企业针对该项目的管理中心。项目层创造的利润被称为项目层利润。

3）施工作业层。自有施工队或外包施工队、班组及工人组成施工作业层，负责该项目施工的基层成本的控制。施工作业层创造的利润被称为施工作业层利润。

根据实现工程结算利润的三个不同层次的划分，将工程结算目标利润归口分级进行分解、落实，形成三个目标利润管理点，即经营层利润管理点、项目层利润管理点和施工作业层利润管理点。施工企业应加强对这些环节的利润管理力度，以保证目标利润的实现。

1. 工程结算目标利润分层管理的作用

上述三个目标利润管理点是在现代企业制度下，以责任清晰、便于管理考核为出发点而设立的。它具有如下作用：

1）通过制定企业各环节目标利润管理点，有利于制定企业目标利润，也有利于企业利润管理政策的落实。

2）明确目标利润管理点，使企业各环节利润管理责任更清晰，便于管理考核。

3）通过制定经营层利润管理点，能够清晰地反映一定时期企业新承揽工程的利润水平，避免了牺牲企业利润而承揽大量工程的虚假繁荣现象发生。

4）通过制定项目层目标利润管理点，有利于制定企业目标费用额，便于企业控制费用发生的规模。

5）通过制定施工作业层目标利润管理点，有利于施工作业层制定该工程的目标利润，以便进行利润规划。

2. 工程结算目标利润的三个分层管理点

（1）经营层目标利润管理点

经营层目标利润是指施工企业中标价格与标准清单价格以及企业所能承受的负标指数所确定的企业内定中标价格的差额。

$$经营层目标利润 = 中标价格 - 标准清单价格 \times (1 - 企业负标指数) \quad (7-9)$$

$$标准清单价格 = 中标价格 \div (1 + 中标指数) \quad (7-10)$$

要确保承接工程的价格水平在本企业实力所能承受的范围内，就必须测算企业项目层的成本管理水平和费用水平，从而得出企业所能承受按照标准清单报价规范编报的价格水平的负标指数。企业中标价格的负标水平小于企业所能承受的负标指数，则经营环节有利润；反之，经营环节就无利润，甚至会出现亏损。设置本层目标利润管理点的目的在于考核企业经营环节承揽工程的盈利水平，责任到部门，以避免出现承接工程总量很高，但利润水平很低甚至亏损的局面。

(2) 项目层目标利润管理点

项目层目标利润是指企业对中标工程向项目层发包后的收益水平和项目层费用水平进行对比的利润水平与中标价格计算出的数额，此数额必须是正的。

$$项目层目标利润 = \{[(中标价格 - 发包价格) \div 中标价格] \times 100\% - (企业年度税费额 \div 年度计划施工产值)\} \times 中标价格 \tag{7-11}$$

(3) 施工作业层目标利润管理点

施工作业层目标利润是指施工作业层在项目层的承包价格基础上，通过施工管理实现的利润。此利润是基于工程定额直接成本与实际直接成本的差额计算出来的，主要通过人工、材料、机械消耗量的节约来实现，这种节约量在理论上应该是正的。

[例 7-3] 某国有大型施工企业预计当年施工产值为 16 亿元，项目层测定当年税费水平为 3%，经测算，该企业所能承受的负标底限为标准清单价格的 5%。2016 年该企业承接一项商品房工程，中标价格为 18 000 万元，结构类型为全现浇钢筋混凝土板楼，工期为 540 天，企业以清单报价 -2% 的价格中标。下面就该工程各个利润管理点的管理介绍如下。

(1) 经营层目标利润管理点的管理

标准清单价格 = 中标价格 ÷ (1 + 中标指数) = 18 000 万元 ÷ (1 - 2%) = 18 367.35 万元

经营层利润 = 中标价格 - 标准清单价格 × (1 - 企业负标指数)
= 18 000 万元 - 18 367.35 万元 × (1 - 5%)
= 18 000 万元 - 17 448.98 万元 = 551.02 万元

由此可看出，该工程可以为企业带来经营层利润 551.02 万元，工程的承接可为企业带来利润的增长。

(2) 项目层目标利润管理点的管理

企业发包机构经过对企业内部各项目层发包，最后确定该工程以 15 500 万元发包给某项目层，则

项目层目标利润 = {[(中标价格 - 发包价格) ÷ 中标价格] × 100% -
(企业年度税费额 ÷ 年度计划施工产值)} × 中标价格
= {[(18 000 万元 - 15 500 万元) ÷ 18 000 万元] × 100% - 3%} × 18 000 万元
= (13.9% - 3%) × 18 000 万元
= 1 962 万元

由此可看出，该工程以 15 500 万元的价格发包后，该工程可为项目层带来 1 962 万元的利润。

(3) 施工作业层目标利润管理点的管理

经过企业内部投标，施工作业层以 15 500 万元的价格中标，该价格低于标准清单价格。在该承包价格的基础上，通过施工管理，产生人工、材料、机械消耗量的节约，实现该工程的利润。

7.3 施工企业利润的分配及提留

利润分配是指企业按照国家规定，缴纳所得税后对所实现的净利润依法进行分配。在利

润分配中，分配政策是否合理，影响着企业各方面的利益，而且与企业的内部筹资和投资也有密切关系。正确组织企业利润分配，要兼顾各方面的利益，处理好投资者的近期利益和企业长远发展之间的关系，确保分配政策与筹资、投资决策相互协调，建立利润分配的激励机制与约束机制，为实现最佳经济效益奠定利益基础。

7.3.1 利润分配的原则

1. 贯彻合法性

利润分配必须遵守国家财经法规。企业依法纳税是分配利润的前提。企业利润首先必须按国家税法规定缴纳所得税，然后才能进行税后利润的分配。应纳税所得额的确定必须遵守税法规定，正确计算成本、费用，合理扣除维持企业简单再生产的各项必要补偿，对不计入成本、费用的被没收财产损失、滞纳金等不得在税前扣除，税前调整项目的确定应严格遵守财务制度，以保证国家财政收入的实现。

税后利润分配应遵循《公司法》《企业财务通则》及其他法规的规定，税后利润分配的主体是企业投资者和企业法人，应按照财经法规的要求合理确定税后利润分配的项目、顺序及比例，尤其是提取盈余公积金不得低于法定比例。企业亏损时不得向投资者分配。

2. 正确确认利润总额

企业要分配利润，首先要确认当年确有盈利，或者历年有较多的未分配利润和盈余公积金，这是利润分配的基础。凡是在年终会计核算中没有确认的账面利润或没有较多留存收益的企业，都不得分配利润。所以在利润分配前，必须对年度会计决算进行审计，确认利润总额的真实性。长期以来，既有为了表示经营业绩存在账盈实亏的企业，也有为了少纳所得税存在账亏实盈的企业，这都违背了正确处理企业、国家和投资者之间关系的原则。

3. 兼顾企业投资者、经营者和职工各方面的利益

企业税后利润分配的合理与否，直接关系到企业投资者、经营者和职工各方面的经济利益。对经济利益的追求是影响投资者投入资产以及经营者与职工开展经营的积极性的重要因素。因此，利润分配不能只强调长远利益和共同利益，而忽视投资者和职工的近期利益和局部利益，挫伤其投资和生产经营的积极性；也不能只顾近期利益而损害企业的长远利益与发展。正确的做法是兼顾各方面的利益，协调近期利益和企业长远发展的关系，合理确定提取盈余公积金和分配给投资者利润的数额。

4. 增强企业的发展能力

企业利润的分配必须符合市场竞争规律的要求，为提高企业抗风险能力进行必要的积累。利润分配应贯彻积累优先的原则，先提取盈余公积金后分配投资者利润，当年无利润或以前年度亏损未弥补之前，不得分配利润。提取盈余公积金后，向投资者分配利润应制定科学的分红政策，要留有余地，未分配利润可以留待下一年度分配。

5. 处理好内部积累和消费的关系

企业对税后留用利润要做出合理的安排，明确留用利润的使用范围。提留的盈余公积金和未分配利润主要用于发展生产、抵御风险、弥补亏损。利润分配时必须防止两种倾向：①积累的比例过大，这样会挫伤中、小投资者的积极性，影响企业的发展；②消费的比例过大，积累能力削弱，不能提高企业自我发展和承受风险的能力，难以在市场竞争中取胜。这样实际上损害了企业的长远利益。因此，积累和消费的比例关系，实际上体现了企业近期利益和长远利益的关系。积累和消费从根本上说是统一的。提高当前利益不应以损害长远利益为代价，必须根据企业的客观条件来确定当前的消费能力和留存收益的水平，做到以丰补歉。

7.3.2 利润分配的程序

根据我国《公司法》及有关税法等相关法律的规定，公司应当按照如下顺序进行利润分配。

1. 计算可供分配的利润

将本年净利润（或亏损）与年初未分配利润（或亏损）合并，计算可供分配的利润。如果可供分配的利润为负数（即亏损），则不能进行后续分配；如果可供分配的利润为正数（即本年累计盈利），则进行后续分配。

2. 提取法定公积金

企业按照规定的比例从净利润中提取内部积累资金，法定公积金按照抵减年初累计亏损后的本年净利润计提法定公积金，不存在年初累计亏损时，按本年税后利润计算应提取数。按照《公司法》的规定，提取比例为10%，当法定公积金累计达到注册资本的50%时可不再提取。法定公积金可用于弥补亏损、转增资本（或股本）。

3. 提取任意公积金

从税后利润提取法定公积金后，企业经股东大会或类似机构批准按照规定的比例可从净利润中提取任意公积金。

4. 向股东分配利润

公司弥补亏损和提取公积金后所余税后利润，有限责任公司按照股东实缴的出资比例分配，但全体股东约定不按照出资比例分配的除外；股份有限公司按照股东持有的股份分配，但股份有限公司章程规定不按持股比例分配的除外。

7.4 股份制施工企业利润的分配

7.4.1 股利与股利分配

1. 股利的含义

股利是指股份有限公司按发行的股份分配给股东的利润。股份有限公司通常在年终结算后，将利润的一部分作为股利分配给股东。

公司发行的股票有普通股与优先股之分，因而，股利也就有普通股股利和优先股股利之分。一般来说，关于优先股股利的支付方法在公司章程里有规定，公司管理当局只需按章程规定办法支付即可。因此，这里所讨论的股利仅指普通股股利。

股利，就其性质而言，是公司历年实现的累积盈余中的一部分。按照西方国家的有关法律规定，股利只能从公司历年累积盈余中支付。这就意味着，财务会计账面上保有的累积盈余是股利支付的前提。根据这一规定，公司分派的股利，一般情况下就是对累积盈余的分配。然而，有些国家或地区也允许将超面值缴入资本（资本公积）列为可供股东分配的内容，但相当于普通股股票面额或设定价值的股本是不能作为股利分派给股东的。

2. 股利的作用

获取股利，是股东投资于上市公司的基本目的，也是上市公司对股东的主要回报。但股利不是上市公司给予股东的全部回报，而仅仅只是其中的一部分。不同的股利政策能对投资者起到信号传递的作用。当上市公司发放股利时，股东就会相信公司的运行是良好的，而管理当局对该公司也是有足够的控制力的。国外的实证研究显示，股利增长给股东提供良好的信号，使得投资者认为公司未来有更好的盈利；而股利下降反映的信号是公司未来的收益情况不容乐观。再有，稳定的股利政策不会携带任何的"意外"信息，因而对股价的影响极为有限，甚至可以忽略；而股利政策一旦发生变动往往会改变投资者对公司股价的评价，从而影响股票的价格。

3. 股利发放的形式

股利发放的形式主要有以下几种。

（1）现金股利

现金股利是指企业以现金分派股利，这是企业最常见的、也是最容易被投资者接受的形式。这种股利形式能满足大多数投资者希望得到一定数额现金的投资收益要求。但企业采用这种股利形式，会增加现金流出量，增加企业的支付压力，一般只能在有大量现金净流量时才能采用。而且在企业有较好投资项目需要大量资金时，会有悖于留存利润用于企业投资与发展的初衷。

（2）股票股利

股票股利是上市公司以本公司的股票代替现金向股东分红的一种方式。股票股利属于无偿增资发行股票。由于所送红股是按股东所持股票的比例分派的，因此每位股东在公司拥有的权益比例不会发生变化。同时，这种分红方式只是使公司账上的留存收益转化为股本，公司的资产及负债并未受到影响，从而避免了企业现金的流出。获得股票股利的股东，虽然其股份数有所增加，但在企业没有优先权的情况下，其在企业中所占权益的比重仍未变动。

因为股票股利是按股份比例来分配的，发放股票股利后，股东仍保持其原有股份的比例。发放股票股利虽不能增加股东权益，但对股东和企业往往都有好处。对股东来说，如在发放股票权利后，股价并不成同比例下降，便会增加股东的收益。在一些成长型企业采用股票股利，今后仍会大幅度增加企业盈利，抵消增加股份所带来的消极影响，使股价不变或略有上升。

股票股利在大多数国家并不认为是一种所得，因此可以免缴个人所得税。对企业来说，除了有助于节约现金流出，将它用于投资项目，促使企业发展外，还有助于企业把股票市场价格维持在希望的股价范围内。因为企业经营状况良好、股价上涨过快时，会使部分投资者担心风险太大，不宜大量交易，这时企业发放股票股利能增加流通在外股票的股份，从而使股价相应下降，有利于股票的流通。

股票股利虽然不影响公司现金流出量，不改变所有者权益总额，但由于增加了股本数量，会引起所有者权益构成项目的变化，对公司股票的每股收益情况及公司股价都会带来一定的影响。现举例说明某公司在发放股票股利前后公司所有者权益变化情况。

[例7-4] 某上市公司在2016年发放股票股利前，其资产负债表上的股东权益部分情况如表7-2所示。

表 7-2　发放股票股利前的情况　　　　　　　　　　（单位：万元）

项目	金额
普通股（面值 1 元，发行在外 2 000 万股）	2 000
资本公积	3 000
盈余公积	2 000
未分配利润	3 000
股东权益合计	10 000

假设该公司宣布发放 10% 的股票股利，现有股东每持有 10 股，即可获赠一股普通股。股票股利按照目前的股价 5 元/股计算。试计算发放股票股利后股东权益各项目的金额，并分析股票股利的发行对于股东持股比例有无影响。

若该股票市价为 5 元/股，那么随着股票股利的发放，需从"未分配利润"项目划转出的资金为：

$$2\ 000\ 万股 \times 10\% \times 5\ 元/股 = 1\ 000\ 万元$$

由于股票面值（1 元）不变，发放 200 万股，"普通股"项目只应增加 200 万元，其余的 800 万元（1 000 万元－200 万元）应作为股票溢价转至"资本公积"项目，而公司的股东权益总额并未发生改变，仍是 10 000 万元。股票股利发放后资产负债表上的股东权益部分情况如表 7-3 所示。

表 7-3　发放股票股利后的情况　　　　　　　　　　（单位：万元）

项目	金额
普通股（面值 1 元，发行在外 2 200 万股）	2 200
资本公积	3 800
盈余公积	2 000
未分配利润	2 000
股东权益合计	10 000

假设一位股东派发股票股利之前持有公司普通股 10 万股，那么，他所拥有的股份比例为：

$$10\ 万股 \div 2\ 000\ 万股 = 0.5\%$$

派发股利之后，他所拥有的股票数量和股份比例分别为：

$$10\ 万股 \times (1 + 10\%) = 11\ 万股$$

$$11\ 万股 \div 2\ 200\ 万股 = 0.5\%$$

可见，发放股票股利，不会对公司股东权益总额产生影响，但会引起资金在各股东权益项目间的再分配。而股票股利派发前后每一位股东的持股比例也不会发生变化。股票股利除了上述送股的股票股利形式外，有时企业也会给股东配股，即给股东发放一定的认股权证。从理论上讲，配股不能算作股利，因为这是一种增资行为，原股东需要花钱才能购到这些股票。但是如果企业股票信誉好、市场价值高，则股东可转让这些认股权证，并从中获得收益，这样认股权证便成为一种变相的股利。

（3）股票回购

股票回购是指股份公司按照一定的程序购回发行或流通在外的本公司普通股股票的行为。在成熟资本市场中，股票回购已经成为一项非常重要的金融活动。股票回购能直接减少企业股份总数，从而引起每股收益的相应增加，导致股票市场价格的上涨，使股东可从股票价格上涨中得到收益。但回购股票需要支出大量现金，并收缩资本，往往会影响企业的发展。金融业务比较发达的国家对股票回购业务都有比较具体的规定。在各国和地区政府的规定中，美国对股票回购业务的规定相对宽松，英国、德国还有我国台湾地区对股票回购的规定相对较严。从世界各国股票回购业务发展总体情况来看，美国股票回购业务开展较好。近来，美国政府又进一步放宽股票回购的有关规定，以便促进股票回购业务的发展。

我国《公司法》规定，公司只有在以下四种情形下才能回购本公司的股份：①减少公司注册资本；②与持有本公司股份的其他公司合并；③将股份奖励给本公司职工；④股东因对股东大会做出合并、分立决议持有异议，要求公司收购其股份。公司因第①种情况收购本公司股份的，应当在收购之日起 10 日内注销；属于第②④种情况的，应当在 6 个月内转让或者注销。公司因奖励职工回购股份的，不得超过公司已发行股份总额的 5%；用于回购的资金应当从公司的税后利润中支出；所收购的股份应当在一年内转让给职工。可见我国法规并不允许公司长期拥有西方实务中常见的库藏股。

公司股票回购方式主要有以下几种：

1）公开市场回购。公开市场回购是指公司在股票市场以等同于任何潜在投资者的地位，按照公司股票当前市场价格回购。股份公司通常在股票市场表现欠佳时，采用此种股票回购方式小规模回购特殊用途所需股票。这种股票回购方式由于要支付佣金及手续费等，成本较高。在美国，股票回购多采用此种方式。

2）要约回购。要约回购也叫招标收购股权，具体又分为固定价格要约回购和荷兰式拍卖回购。固定价格要约回购是指公司在特定时间发出以某一高出股票当前市场价格的价格水平，回购既定数量的股票。荷兰式拍卖回购比固定价格要约回购在回购价格和回购数量方面具有更大的灵活性。采用荷兰式拍卖的股票回购中，首先由公司指定回购价格的范围和计划回购的股票数量，然后由股东进行投标，说明愿意以某一价格出售股票的数量，公司汇总后再次确认股票回购的价格，进行股票回购。

3）协议回购。协议回购是指公司以协议价格直接向一个或几个主要股东购回股票。协议购买的价格通常低于市场价格。由于回购不是面向全体股东，价格如果定得不合理可能会损害一部分未出售股票的股东利益。

（4）股票分割

股票分割又叫股票拆细，是指一张大面值的股票拆成若干张较小面值的股票，如每张面值 10 元的股票拆成 10 张每股面值 1 元的股票等。股票分割时，虽会使发行在外的股数增加，使得每股面额降低，但股东权益总额、权益各项目的金额及其相互间的比例也不会改变。如将股票分割与股票股利比较，则两者的共同之处是股东权益总额均不变动，而不同之处是股票股利将使股本总额扩大，企业留存收益减少，但每股面值不变；而股票分割则不影响企业的留存收益及股本总额，仅使每股面值变小。从两者对市场的影响来看，股票分割必然引起股票价格的下跌，而股票股利的发放则不一定引起股票价格的下跌，只有当股票股利数额较多时，才能使股票价格大幅下降。股票分割的动机是想使股票价格下跌，从表面上看，股东不会因此而直接获益。但事实上，股票分割在有些情况下，对股东也可能是有益的。

下面举例说明某公司在股票分割前后公司股东权益变化情况。

[例 7-5] 某公司股票分割前和股票分割后的所有者权益如表 7-4 和表 7-5 所示。

表 7-4 股票分割前所有者权益　　　　　　　　　　（单位：万元）

项目	金额
普通股（面值 2 元，发行在外 500 万股）	1 000
资 本 公 积	40
盈 余 公 积	20
未 分 配 利 润	1 500
股东权益合计	2 560

表 7-5 股票分割后所有者权益　　　　　　　　　　（单位：万元）

项目	金额
普通股（面值 1 元，发行在外 1 000 万股）	1 000
资 本 公 积	40
盈 余 公 积	20
未 分 配 利 润	1 500
股东权益合计	2 560

假定公司本年净利润为 1 000 000 元，那么股票分割前的每股收益为 0.2 元，假定股票分割后公司净利润不变，则分割后每股收益为 0.1 元，如果市盈率不变，则每股市价也会因此下降。

对于公司来讲，股票分割的主要目的在于通过增加股票数量降低每股市价，从而吸引更多的投资者。在通常情况下，股票分割是成长中公司的行为，所以宣布股票分割后容易给人一种公司正处于发展之中的印象，因此会在短时间内提高股价。从纯粹经济的角度来看，股票分割和股票股利没有差别。

尽管股票分割与发放股票股利都能起到降低公司股价的目的，但一般来讲，只有在公司股价暴涨且预期难以下降时，才采用股票分割的办法降低股价；而在公司股价上涨幅度不大时，通常发放股票股利将股价维持在理想范围之内。

4. 股利的支付程序

股份制企业一般应每年或每半年向股东发放一次股利，股利支付要经历股利宣告日、股权登记日、股权除息日和股利发放日几个阶段。由于股票可以自由交易，企业的股东也经常更换，究竟应由哪些人领取股利，必须明确一些必要的日期界限。

这些日期界限主要包括以下几个。

（1）股利宣告日

股利宣告日即董事会将股利发放情况予以公告的日期。公告中应宣布每股发放的股利、股权登记期限、除去股息的日期和股利发放的日期。

（2）股权登记日

股权登记日即有权领取股利的股东登记的截止日期。只有在股权登记截止日期前（包括登记日当天收盘前）持有该企业股票的股东，才有权获取股利。登记日收盘前的股票称为含权股。

（3）股权除息日

股权除息日即股利与股票相分离的日期，也叫除权日。在除息日之前，股利权从属于股票，持有股票者享有领取股利的权利；除息日开始，股利权与股票相分离，再购入股票的人将不能分享股利。自此日开盘起，企业股票的交易成为除权交易，其股票称为无息股或除权股。因此，股权登记日和股权除息日是相邻的前后两个交易日。若股权登记日为周五或节假日前的最后一个交易日，则除权日顺延至下周一或节假日后的第一个交易日。

（4）股利发放日

股利发放日即企业向股东正式发放股利的日期。

7.4.2 股份制施工企业的股利政策

股份制施工企业与非股份制施工企业的利润分配程序大致相同，只是在企业利润分配的最后环节企业投资者的身份变为股东，这样就涉及股利分配政策、股利支付方式、股利支付程序等问题。

1. 股利政策的含义

股利政策是指股份制企业管理当局对股利分配有关事项所制定的方针和政策，具体来说就是是否发放股利、发放多少股利、何时发放股利等问题。对股份制企业来说，税后利润在弥补以前年度亏损、提取法定盈余公积金和支付优先股股利后，可以留存在企业，也可以对股东分红。因此，在企业利润有限的情况下，如何解决好留存和分红的比例，是正确处理短期利益和长远利益、企业利益和股东利益的关键，因此股利政策在企业财务管理决策中有着重要的作用。

1）股利政策在一定程度上决定着企业对外再筹资能力。企业多分配或少分配股利，能直接影响企业留存收益水平，影响企业积累资金。在利润一定的条件下，增加留存比例，实际上就是增加企业的筹得资金量。从这一角度来看，股利政策就是再筹资政策。另外，如果股利分配得当，则能够吸引投资者和潜在投资者并增加对企业投资的信心，从而为企业再筹资创造条件。

2）股利政策在一定程度上决定着企业市场价值的大小。股利政策的连续性，反映了企业施工经营的持续稳定发展。因此，确定最佳的股利分配方式，并保持一定的连续性，有利于提高企业的财务形象，提高企业股票的价格和市场价值。

2. 股利政策的相关理论

（1）股利政策无关论

1961年莫迪利安尼（Modigliani）和米勒（Miller）两位教授出版《股利政策、增长和股利估价》一书，奠定了股利政策研究的理论基础。

股利政策无关论（也称为股利政策无效论）的核心内容是无论公司采用何种股利政策都不会影响公司的市场价值，公司的价值是由公司的盈利能力决定的，股票价格不受股利政策影响，因股息增加而带来的现行股票价格的任何利得都刚好被因股票期末价值下跌而带来的股票价格下降额所抵消。股东或者以股息形式或者以资本利得形式从公司取得现金流量，这两种方式对股东来说都是一样的。这一理论是建立在信息对称、无摩擦的完美资本市场基础上的，认为投资者对公司未来的发展有完全的把握，所有的投资者都是理性的，因而股利政策无关论又被称为完全市场理论。

（2）一鸟在手理论

一鸟在手理论（bird-in-hand theory）源于谚语"双鸟在林不如一鸟在手"。该理论认为，由于股票价格波动较大，在投资者眼里股利收益要比用留存收益投资带来的资本利得更为可靠，而且一般投资者都厌恶风险，宁可现在收到较少的股利也不愿意承担较大的风险等到将来收到金额较多的股利。因此，投资者偏好股利而非资本利得。公司股利政策与公司的价值存在密切关系，支付的股利越多，股价越高，公司价值越大。在该理论的影响下，当公司提高其股利支付率时，就会降低投资者的风险，投资者接受较低的必要报酬率，公司股票的价格将会上升；如果公司降低其股利支付率或延付股利，则必然增加投资者的风险，投资者将会要求较高的必要报酬率，作为负担额外风险的补偿，从而导致公司股票价格下降。

一鸟在手理论虽然流传时间很久，也广泛地被接纳，但该理论也存在一些问题。该理论难以解释为何投资者在接受了公司发放的现金股利之后，又购买公司新发普通股的现象，实际上混淆了投资决策和股利决策对股票价格的影响。同时，如果股票市场在较长时期内是一个有效率的市场，就不存在现金股利的风险一定低于资本利得的风险的结论，现金股利也就不一定低于资本利得。

（3）差别税收理论

20世纪70~80年代初美国的税法规定，长期资本利得税税率不同于普通所得税税率，长期资本利得只按普通所得税税率的40%计征所得税（此税法在里根执政期间已取消）。因此若投资者边际税率为48%，其股息收益应该缴纳48%的税金，而其长期资本利得只需缴纳19.2%（40%×48%）的税金。有鉴于此，投资者自然会喜欢公司少支付股息而将较多的盈余保留下来用作再投资。同时，为了获得较高的预期资本利得，投资者也愿意接受较低的股票必要报酬率。因此，差别税收理论认为，股息税率比资本利得的税率高，只有采取低股息支付率的政策，才有可能使公司价值最大化。

差别税收理论成立的前提是资本利得所得税税率必须低于股利所得税税率。但在实际生活中，税率的构成情况非常复杂，不同的投资者可能面临不同的税率标准，机构投资者如退休和养老基金，无须缴纳任何税款，公司投资者所缴纳的股利所得税税率在多数时候会低于资本利得税税率。因此，该理论也存在一些缺陷。例如，个人、家庭投资者的现金收益可能只需缴纳税率很低的个人所得税，甚至根本不需要缴纳所得税。所以，那些个人所得税税率较低的投资者可能乐于选择现金派发较多的公司进行投资，而那些适用较高税率的投资者可能选择少发或者不发放现金股利的公司进行投资。

以上三种理论的结论各不相同，各种股利理论在理论上似乎都是成立的，在实际生活中都可以得到验证。究竟哪种理论对公司有利，应视客观经济环境和公司本身的实际经营情况而定。

3. 影响股利政策的因素

股利政策和股利形式的决策，实际上是受许多因素制约的，企业管理当局只能遵循当时的法律环境、经济环境等做出有限的选择。制约企业股利政策的因素，主要有以下几个方面。

（1）法律约束因素

所有企业都是在一定法律环境下从事经营活动的，因此法律、法规会直接制约企业的股利政策。

1）资本金保全约束。资本金保全是企业财务管理必须遵循的一项重要原则。它要求企业发放的股利不得来源于股本和资本公积金，而只能来源于当年利润和以前年度留存收益。

企业在以前的年度亏损由当年利润弥补后,才能分配股利。

2) 资本充实原则约束。资本充实原则要求企业对当年获得的税后利润,必须按照一定的比例提取法定盈余公积金,并要求在具体的分配政策上,贯彻无利不分的原则,在企业出现年度亏损时,一般不分配股利。

3) 超额积累利润限制。由于股东接受股利缴纳的所得税高于其进行股票交易的资本利得税,因此,股份制企业可以通过积累利润使股价上涨来帮助股东避税。西方各国都注意到这一点,于是在法律上明确规定企业不得超额积累利润,一旦企业的保留盈余超过了法律认可的水平,将被加征额外税款。我国目前对此尚未做出规定,对于股票交易也只征收印花税。

(2) 债务合同约束因素

企业在发行债券和向金融机构举借长期借款时,通常都要签订债务合同,有的合同中还载有限制企业发放股利的条款,以保证债权人的利益。常见的限制性条款有以下几种。

1) 未来股利只能以签订债务合同之后的利润来发放,不能用过去的留存收益来发放。因为债权人购买企业债券和发放贷款是以签订合同时包括留存收益的财务状况为前提的。

2) 必须建立偿债基金或付清当年债券和长期借款利息、偿还当年应付债券和借款本息以后,才能发放股利。

(3) 股东意见因素

股份制企业的股利政策,最终要由董事会决定并经股东大会通过,因此,制定股利政策时,不能忽视股东意见。股东对股利政策的意见,可能有以下几个方面。

1) 为保证控股权而不希望派发股利。股东权益由股本、资本公积金和留存收益组成,如果分红较多,留存收益就会相应减少,企业将来依靠增加投资、发行新股等方式筹资的可能性加大,而追加投资或增发新股,则意味着企业控制权有旁落他人或其他企业的可能。因此,如果原有股东拿不出更多的资金增加投资,则他们往往宁愿企业不分配股利,而保留利润。

2) 为取得稳定收入和回避风险而要求支付股利。一些依靠股利维持生活的股东,往往要求企业支付稳定的股利,同时他们认为目前所得股利是稳定的,通过保留利润引起股价上涨而获得的资本利得是不确定的、有风险的,如果企业要留存较多的利润,将会受到这部分股东的反对。

3) 为避税目的而要求限制分派股利。股利所得的税率比资本所得的税率要高,一些股利收入较多的股东,出于避税的考虑,往往要求限制股利的分配,而较多地保留利润,以便使股票价格上涨而获得更大的收益。

(4) 企业自身因素

企业出于持续发展和短期经营的需要,要求综合考虑以下因素,来制定切实可行的股利政策。

1) 资产流动性的约束。企业资产的流动性也是影响股利政策的一个重要因素。若企业资产流动性好,变现能力强,现金充足,则支付股利的能力也较强。如果企业资产的流动性差,不易变现,现金持有量少,对按期偿还债务有困难,就不宜多分派现金股利。否则,必然会危及企业的偿债能力,使企业陷入财务困境。当然,施工企业的资产流动性与建筑市场工程任务息息相关。在建筑市场景气、工程任务不断增加时,企业资产的流动性就会变好,这也说明市场环境能影响企业的股利政策。

2）筹资能力和现金流量的约束。企业股利政策直接影响企业的筹资能力和现金净流量。企业采用留存利润、少发股利的方法进行筹资，比起采用发行债券和向银行借款方法筹资，具有方便、稳定的优点，并能在不增加企业债务的情况下，增加企业现金净流量。所以从财务角度来看，充分利用留存利润筹资是理想的筹资方法。

此外，它还能使企业保持较好的外部筹资能力，因为投资者和债权人是根据企业的资本实力和投资收益水平来进行投资决策的。采用留存利润筹资，不但有利于提高企业盈利水平，而且能增加企业资本实力，降低资产负债率。当然，过多地留存利润、少发股利，也会使众多短线投资者不能获得应得收益，可能导致股价下跌，影响企业增发新股，不利于企业外部筹资。

企业资产负债率过高、筹资能力较弱、现金净流量不足时，也不宜采用多分配股利的方法。若企业不顾债务风险而过多分派股利，则会使企业丧失偿债能力，造成资金周转困难，导致财务风险。

3）企业发展规划和投资机会的约束。企业向股东分派股利后的留存收益部分是用来进行未来发展的主要资金来源。如果股利分配的比例过大，则留存收益就小，可供企业用来扩大施工经营的资金就少，这对于具有施工经营发展前景的企业是不利的。所以，当建筑市场景气、企业施工经营处于发展阶段，并有良好的投资项目时，企业应考虑减少股利的分派，将大部分净利润留存企业用于再生产，以加快企业的发展，为股东获取更多的收益。这是股利分配合理化的标志，也是能被大多数股东所接受的。相反，在建筑市场不景气、企业没有良好投资机会时，则可向股东多分配股利。

4. 股利政策的选择和评价

投入的资金一方面靠资本市场融资，另一方面需要靠公司自身的积累。分配过高的股利，会影响公司资本积累，在融资渠道不畅或企业财务状况不理想的情况下，会影响公司对那些有良好投资回报率的项目的投资，进而影响公司的发展。股东收益主要来自公司的分红和市场上股价的上涨，分红的股利是股东的一条特别重要的收益渠道，不分配股利会极大地损害股东的利益。股利政策需要持续、平稳，否则不但会影响公司的形象，还会造成公司股价的频繁波动，这对公司的发展也是极其不利的。

公司采用的股利政策主要有剩余股利政策、稳定或稳定增长股利政策、固定股利支付率政策及低正常股利加额外股利政策。

（1）剩余股利政策

剩余股利政策是指公司在进行利润分配、确定股利支付率时，首先考虑盈利性项目的资金需要，将可供分配的税后利润先用于满足投资项目和施工经营所需的权益性资金，如果还有剩余的税后利润则可用于发放股利。如果没有剩余，则不发放股利。采用剩余股利政策的公司，在发布此项政策前，首先要对公司的投资项目进行测定，确定该项目的投资收益是否超过公司最低可接受投资报酬率。然后确定该项投资所需的权益资金量，公司在筹资过程中会尽量使用留存收益，在满足投资需要后的剩余现金，对外派发股利。如某公司拥有留存收益200万元，权益资本和债务资本各占50%，公司现有一投资项目，该投资项目的净现值为正，投资于该项目需要资金量为200万元，在采用剩余股利政策的情况下，为保证公司的资产负债率不变，公司必须对外筹资100万元，满足投资需求。在投资之后，公司仍将剩余留存收益 100 万元，可以分配股利。

采用剩余股利政策时，公司应遵循以下步骤：

1）确定企业最佳资本结构，即确定权益资本和债务资本的比率。在此资本结构下，综合资金成本率最低。

2）确定最佳资本结构下的投资项目所需增加的权益资本额。

3）最大限度地使用保留盈余满足投资方案所需的权益资本数额，降低筹资的资金成本。

4）投资方案所需的权益资本已经满足后，如果还有剩余，则将其作为股利发放给股东。

剩余股利政策的优点是能够保持理想的公司资本结构，有利于降低筹资成本，提升企业价值。但剩余股利政策也存在一些缺点。这主要是因为投资机会较多的公司分派股利较少，投资机会较少的公司分派股利较多。公司的股利政策可能会随着投资机会的变动出现波动，影响股利政策的稳定性。

对于施工类上市公司而言，由于利润的不稳定性，采用剩余股利政策未尝不是一个好的选择。因为在经济普遍向好的情况下，施工企业的未来收益是确定的，这样投资者也就比较容易确定施工企业未来的经营状况和经营成果。因此，使用这种股利政策可以更看重未来的股东的红利要求，从而更有效地进行利润的累积。

（2）稳定或稳定增长股利政策

稳定或稳定增长股利政策是指企业将每年分配的股利，固定在一定水平上，并基本保持不变。如果未来企业收益可以维持较高的水平，也可增加每股分配的股利。采用这种股利政策，主要基于以下理由：

1）稳定的股利向市场传递着企业正常发展的信息，有利于树立企业的良好形象，增强投资者对企业投资的信心，稳定股票的价格。

2）稳定的股利有利于投资者安排股利收入和支出，特别是对股利有着很高依赖性的投资者，更受欢迎。它也比较符合那些稳健型投资者的投资要求。一个有稳定的分配记录，而且股利呈逐步增长的企业，必然也会受到保险公司、投资基金等投资者的青睐。

3）企业在稳定股利的基础上，逐步有所增长，可以使投资者认为该股票是成长股，从而有利于提高企业价值。

稳定或稳定增长股利支付政策的主要缺点是当企业盈利水平下降时，仍要保持原有股利分配水平，便会成为企业的一项财务负担。因为股利分配没有与当年盈利水平挂钩，当企业经营处于微利或亏损时，仍要按既定的股利分配，就会造成现金短缺，财务状况恶化，不利于企业的发展。因此，这种股利政策一般只能在建筑市场繁荣、企业处于成长期时采用。对于施工类上市公司而言，稳定或稳定增长股利支付政策不是一个好的选择。因为这种股利政策对公司的要求比较高，必须有稳定的收入来源，而这恰恰不是施工企业的优势所在。如果强行使用该股利政策，可能在一定时期内能起到比较好的效果，但是从长远来看，一旦公司的经营出现任何问题，都可能导致无法维持股利的支付，从而对股票价格产生严重的影响。

（3）固定股利支付率政策

固定股利支付率政策是指企业每年按固定的股利支付率支付股利给股东。由于企业的盈利水平在各个年度间经常波动，因此每年的股利分配也随着盈利多少而变化。固定股利支付率政策能使股利与净利润保持一定比例关系，体现风险投资与风险收益的对等关系，使企业在微利或亏损年度，不致因股利的分配而陷入财务困境。

公司净利润多，支付的股利金额就多；公司的盈利能力下降，支付的股利金额也会相应下降。实行固定股利支付率政策，能使股利与公司盈余紧密地结合起来以体现多盈多分、少盈少分、无盈不分的特点，公平对待每一位股东。其缺点是由于股利会随公司盈利情况而变动，容易给股东造成公司经营不稳定的印象，不利于树立公司形象。

对于施工类上市公司而言，固定股利支付率政策不失为一个好的政策，因为这样有助于控制每期的股利支付量和留存收益量。

（4）低正常股利加额外股利政策

低正常股利加额外股利政策是指企业将每年分配的股利，固定在一个较低的水平，这个较低水平的股利即正常股利，但是，企业可根据当年盈利状况向投资者额外增发一定金额的股利。这种股利政策，赋予企业在分配权利方面有充分的弹性，当企业盈利状况不好时，可以不发额外股利，以减轻企业的财务负担；而当企业盈利水平较高时，可向投资者分配额外股利，因此灵活性较大。即使企业当年盈利状况不好分配正常股利时，也因正常股利在预先确定时就已考虑到企业财务安排上的各种不利因素，可以将股利水平定得较低，不会使企业无法负担。这种以审慎原则为基础的股利政策，受到不少企业的欢迎，也使得投资者能获得一定最低数额股利的保证，受到投资者的认同，同时也会使企业股票价格保持在一定的水平。

当然，这种股利政策也有不足之处，就是当企业面临微利或亏损时，按照这种股利政策仍要分配正常股利，尽管所分配的正常股利数额不大，不致使企业陷入财务困境，但毕竟股利的支付会导致企业现金的减少，这对资金本已较短缺的企业来说，也是雪上加霜。

对于施工类上市公司而言，低正常股利加额外股利政策很像稳定或稳定增长股利支付政策，因为一旦公司的经营出现任何问题，就很可能保证不了正常股利的发放，从而导致无法维系这种股利政策，而对股票价格产生严重的负面影响。

以上是股份制企业在实务中常用的几种股利政策，企业在制定股利政策时，应结合本企业实际情况，择优选用。

本章小结

做好利润及其分配管理对施工企业有着重要作用。

施工企业的利润是指施工企业在一定会计期间内实现的收入抵减相应支出后的余额，是施工企业在一定时期内的开发、生产、经营活动所取得的财务成果。就其构成来说，既有通过生产经营活动获得的，也有通过投资活动获得的，此外还包括那些与生产经营活动无直接关系的事项所引起的盈亏。施工企业目标利润管理是目标管理原理和方法在利润管理中的具体运用。它要求企业通过科学方法确定一定时期的目标利润额，对利润进行合理预测是保证施工企业工程进度和进行经营决策的依据。

施工企业利润分配是对净利润的分配。在分配利润时，必须坚持利润分配的原则，兼顾各方面的利益，使企业健康发展。股份制施工企业应充分考虑影响股利政策的因素，选择最适合企业发展又不损害广大股东利益的股利政策。股利的支付方式及其程序也属于股利政策的内容，这与其他企业财务管理相同。

第7章 施工企业利润及其分配

复习思考题

1. 施工企业的利润总额由哪些部分组成？它们是怎样确定的？
2. 工程目标利润管理的含义及其制定的基本要求和程序是什么？
3. 施工企业主营业务利润通常可采用哪几种方法进行预测？
4. 按照现行施工企业财务制度的规定，企业实现的利润应按怎样的程序进行分配？
5. 股份制施工企业在股利分配时，为什么要制定股利分配政策？股利分配政策受哪些因素制约？各股利分配政策有哪些优缺点？
6. 股票股利的优缺点各有哪些？

习 题

1. 某施工企业在测算计划年度主营业务利润时，有以下各项数据：计划年度施工产值为 12 000 000 元，计划年初在建工程为 1 025 000 元，计划年末在建工程为 2 025 000 元，建造合同收入的税费率为 1.3%，计划年度变动费用在工程造价中的比重为 70%，计划年度固定费用总额为 2 000 000 元。

要求：根据以上数据，为该企业测算计划年度主营业务利润。

2. 某上市公司在 2016 年年末资产负债表上的股东权益部分情况如表 7-6 所示。

表 7-6 股东权益部分情况 （单位：万元）

普通股（面值10元，发行在外1 000万股）	10 000
资 本 公 积	10 000
盈 余 公 积	5 000
未 分 配 利 润	8 000
股 东 权 益 合 计	33 000

要求：

（1）假设股票市价为 20 元/股，该公司宣布发放 10% 的股票股利，即现有股东每持有 10 股即可获赠 1 股普通股。发放股票股利后，股东权益有何变化？每股净资产是多少？

（2）假设该公司按照 1∶2 的比例进行股票分割。股票分割后，股东权益有何变化？每股净资产是多少？

第 8 章 施工企业财务分析

[学习目标]

- 全面了解财务分析的意义和目的、财务分析的依据
- 掌握财务分析的步骤和财务分析的基本方法

8.1 财务分析概述

财务分析是指以会计核算和报表资料及其他相关资料为依据,采用一系列专门的分析技术和方法,对企业的财务状况和经营成果进行评价和剖析,为企业利益相关者了解企业过去、评价企业现状、预测企业未来、做出决策提供帮助。

一般认为,财务分析产生于 19 世纪末 20 世纪初期。早期财务分析的目的是为银行信贷提供服务。这是由于当时企业的融资渠道主要为银行信贷。这一时期的财务分析主要侧重于偿债能力分析。随着企业组织形式的变化、公司制的产生,投资者对公司产生了更高的获利要求,为提高公司的盈利能力和偿债能力,满足公司筹资需求,公司的管理层需要利用内部信息,获取分析数据为管理服务。因此,财务分析成为企业加强内部管理的重要依据,并使财务分析由外部分析发展到内部分析。在现代公司制度下,财产的所有权和使用权实现了分离。两权分离不可避免地带来了信息的不对称问题。为了消除股东和经营者的信息不对称,便产生了现代公司财务报告制度,即公司管理者定期向股东提交反映公司财务状况、经营成果、现金流量状况的财务报告及其文字说明。

8.1.1 财务分析的意义与目的

随着资本市场的建立、公司组织形式的改变和企业内部管理的需要,财务分析的用途、内容、方法也在不断发展和完善中。

1. 财务分析的意义

财务分析可以根据不同主体的分析目的,采用不同的分析方法,从多个方面全面反映和评价企业的现状,揭示企业经营管理中的问题。

(1) 正确评价企业的经营业绩

财务分析通过对企业财务报告等资料的分析,可以较为准确地说明企业过去的业绩状况。良好的经营业绩反映了企业的资产管理水平高，偿债能力和股利支付能力强。对企业经营业绩的评价主要是对企业的偿债能力、资产管理能力和盈利能力的分析，通过实际数与预算数或历史资料的对比分析进行。这不仅有助于企业经营者客观了解企业的经营状况，而且还可为企业投资者和债权人的决策提供有用的信息，揭示财务活动存在的问题。对企业经营业绩的评价不但是对过去的总结，而且也是为未来发展打下基础。

(2) 揭示企业财务状况产生的原因

企业的财务状况和经营成果受到多种因素的影响。这种影响可能是由于收入方面的原因，也可能是由于成本费用方面的原因，还有可能是由于资产结构不合理或者是会计方法改变等原因形成的。只有对财务状况产生的原因进行客观分析，才能总结财务管理方面的经验，找出经营管理中存在的问题，并在新的预算年度采取相应的对策。

(3) 预测企业的发展趋势

要实现财务管理目标，企业不仅要客观地评价过去，而且要科学地预测未来。企业要在历史资料的基础上进行财务预测，并在财务预测的基础上进行财务决策和编制全面预算。财务分析结果是企业进行财务预测、编制全面预算的重要依据。如果没有对财务资料的分析利用，就会使企业的预测缺乏客观依据，不能通过有效的管理手段和方法实现预期的管理目标。通过各种财务分析，可以判断企业的发展趋势，预测其生产经营的前景及偿债能力，从而为企业领导层进行生产经营决策、投资者进行投资决策和债权人进行信贷决策提供重要的依据，避免因决策失误给其带来重大的损失。

2. 财务分析的目的

财务分析的目的，因报表使用者需要了解信息的不同而不同。企业的报表使用者包括投资者、债权人、企业自身、政府经济管理机构以及其他的利益关系人。这些利益关系人需要了解的信息和对企业财务状况的关注面、关注程度是不同的。概括来说，财务分析的目的可归纳为以下几方面。

(1) 从企业投资者角度

企业的投资者包括企业的所有者和潜在投资者，他们在财务分析时必然高度关心企业的盈利能力及其资本的保值增值，对投资的回报有强烈的要求。但对拥有控股权的投资者和一般投资者，他们的分析内容也不完全相同。对拥有控股权的投资者来说，他们侧重于分析企业在建筑市场的竞争实力，追求企业的持续发展。对一般投资者来说，则侧重于分析企业短期的盈利能力，能否提高企业分配的利润或股利，追求当年利润及股利的分配和企业股票的市场价值。

(2) 从企业债权人角度

债权人在财务分析时，首先关注其贷款的安全性。从债权人角度进行财务分析的主要目的有：①评价企业是否能及时、足额偿还借款及其利息，即研究企业偿债能力的大小；②评价债权人的收益状况与风险程度是否相适应。但对短期债权人和长期债权人来说，他们对财务分析的要求也不相同。短期债权人，特别关注企业资产的流动性，在短期内能否将流动资产变现用以偿还流动负债。长期债权人，特别重视企业资金结构和盈利能力，关注企业资本的实力，以及长期负债所形成的长期资产能否有效地发生作用，增强企业的盈利能力，来保障长期债务本息的偿还。

(3) 从企业经营者角度

企业作为自主经营、自负盈亏的独立法人，其施工经营财务管理的基本动机，是追求企业价值最大化，因而必然要对企业经营财务成本的各个方面，包括营运能力、盈利能力、偿债能力、成长能力等全部情况予以详尽地分析和评价，以便及时发现问题，采取对策，规划和调整市场定位目标，消除影响企业经营效益增长的不利因素，进一步挖掘潜力，降低工程、产品成本，为经济效益的增长奠定基础。

（4）从政府经济管理机构角度

政府经济管理机构分析、评价企业财务状况的目的是不仅要了解企业占用资金的使用效率，预测财政收入的增长情况，有效地组织和优化社会资金、资源配置；还要借助财务分析，检查企业是否有违法乱纪行为，以保证社会主义经济基础的巩固。

（5）其他

与企业经营有关的其他企业单位主要指供应商、客户等，这些企业单位出于保护自身利益的需要也非常关心有业务往来企业的财务状况以及相关财务指标。

从上可知，不同利益主体对企业财务分析虽各有不同的侧重点，但就企业总体来说，财务分析的内容，可归纳为四个方面，即偿债能力分析、营运能力分析、盈利能力分析和成长能力分析。

8.1.2 财务分析的方法

财务分析要借助一定的方法来进行，主要包括定性分析和定量分析两个方面。定性分析主要是根据主观判断对财务状况及经营成果进行分析。定量分析主要是从量的角度，对财务数据进行的客观分析。在财务分析中，最主要的分析方法是定量分析法。定量分析法主要有比较分析法、比率分析法和因素分析法等。

1. 比较分析法

比较分析法又称对比分析法。它是通过两个或两个以上可比财务数据进行对比，揭示差异和矛盾，是财务分析中最基本的分析方法。比较分析法包括趋势分析法和横向比较法。

（1）趋势分析法

企业各个时期的财务状况及经营成果处于不断变化之中，这种变化的结果表现为同一指标在不同时期具有不同的结果。通过对同一指标不同时期资料的对比分析，就可以分析评价该项指标的变化趋势和发展前景。趋势分析法主要用于分析经济指标的执行结果是否达到预算的要求，或者与历史同期相比的增减变化情况，即分析本期实际数与预算数、与历史数据相比的增减额、增减变动百分比，主要用于时间序列分析。例如，从企业各年利润总额的变动趋势，分析企业盈利能力的增长潜力。在实际工作中，这种分析方法往往要收集若干年度的财务资料，然后将某个年度的该项经济指标数据作为基数，其他各年度的数据与基数进行比较，分析该项经济指标的发展变化趋势。趋势分析法可以通过编制不同时期的对比分析表来进行。

（2）横向比较法

横向比较法即与同行业的平均数或竞争对手的可比财务数据对比。例如，通过与行业工程结算收入总额的对比，分析企业在建筑市场所占的建筑安装工程份额和竞争实力等。

在采用比较分析法时，必须选择合适的比较基础，作为分析评价企业当期实际财务数据的对比标准。在采用趋势分析法将历史财务数据作为对比标准时，必须注意各个年度财务数据的可比性。因为随着企业经营的多元化，企业经营规模的扩大，以及企业施工经营环境特别是建筑市场景气度的变化等，都会使当年与历史的财务数据不可比。同样，在采用横向比较法将同行业财务数据作为对比标准时，也要注意与对比企业财务数据的可比性。同时，同行业财务数据的平均数，只能代表行业的一般情况，不一定有代表性或可比性。因而不如选择与本企业施工经营规模相似的企业，或行业中竞争对手作为对比标准。

2. 比率分析法

比率分析法是企业财务报表分析中应用最多的一种方法。财务报表中某些财务数据之间存在着某种联系。比率分析法就是通过计算各种比率来确定经济活动变动程度的分析方法。常用的比率主要有构成比率、效率比率和相关比率。

（1）构成比率分析法

构成比率反映部分与总体的关系。在财务分析中，可以通过个别指标占总体指标比重的大小，了解个体对总体的影响程度，并根据影响程度采取不同的对策。以对收入的分析为例，企业的收入来源较多，通过对各项收入占全部收入比重的分析就可以了解收入管理的侧重点。同理，企业的成本费用也是由多个项目组成的，通过对各个成本费用项目占总成本费用比重的分析，也可以找出成本费用控制的重点。将不同时期各项指标占总体指标的比重进行对比分析，可以了解工作重点的转向及变化情况，及时分析原因，如流动资产占资产总额的比率，可以用来分析企业资产配置状况。

（2）效率比率分析法

效率比率是某项财务活动中所得与所费的比例，反映投入与产出的关系，是反映投资效果的指标，如净资产收益率、营业净利率等。利用效率比率指标，可以进行得失比较，考查经营成果，评价经济效益。

（3）相关比率分析法

相关比率反映有关经济活动的相互关系。如流动比率，即资产负债表中的流动资产与流动负债的比率，可以用来分析企业的短期偿债能力。

比率分析法的优点是计算简便，计算结果比较容易判断，而且可以使某些指标在不同规模企业之间进行比较，能消除企业规模等因素的影响，使不同的比较对象具有可比性。

3. 因素分析法

在企业的财务管理中，影响财务状况和经营成果的因素是多方面的。当某种经济指标的实际数与预算数或历史数据产生差异时，需要分析造成这种差异的原因。分析各因素对指标影响程度的方法，主要有连环代替法、差额分析法和指标分解法。

（1）连环代替法

连环代替法是分析某一指标的完成情况受哪些因素的影响及其影响程度的方法。企业各项指标的完成情况，通常是受许多因素综合影响的结果。在这些因素中，有的因素起着积极的促进作用，有的因素起着消极的阻碍作用，而各个因素所起的促进和阻碍作用，也有主次之分。通过因素分析，就可以了解各个因素对指标完成情况的影响及其影响的程度，从而进一步查明具体原因，以便采取改进措施。

（2）差额分析法

凡指标金额变动是由各个因素增、减额形成的，则可计算各个因素的增加、减少额来确定各个因素对指标的影响程度。例如，固定资产净值的增减，是由固定资产原值和累计折旧额增减的结果。在分析固定资产净值的增减原因时，只要计算固定资产原值和累计折旧的增减额，就可分析出固定资产原值和累计折旧额因素对固定资产净值增减的影响程度。

（3）指标分解法

指标分解法是通过财务指标的内在联系，对指标逐一分解，从彼此间的依存关系，揭示指标形成的前因后果的一种分析方法。施工企业的财务指标，要受多方面因素的影响，并且施工、经营、管理等方面因素是相互联系、相互制约的。例如，利润总额的增加，与已完工程数量、工程预算造价、工程成本、其他业务经营、管理费用、财务费用、对外投资经济效益等因素，都是彼此相关、相互依存的，并且是在这些因素影响下形成的。企业经营者在进行分析时，必须将相互关联的各项因素加以分类、排列，指出哪些是主要的因素，哪些是从属的因素，它们之间的因果关系怎样，从而找出矛盾所在，提出切实措施。

8.2 财务分析的依据

财务分析的主要依据包括企业基本财务报表、财务报表附注、财务情况说明书以及企业内部财务报表等内容。资产负债表、利润表、现金流量表和所有者权益（或股东权益）变动表属于企业基本财务报表，是进行财务分析最主要的分析依据。资产负债表、利润表和现金流量表的基本格式分别如表 8-1～表 8-3 所示。

表 8-1 资产负债表

编制单位：LY 建设股份有限公司　　　　2016 年 12 月 31 日　　　　　　　　（单位：万元）

资　　产	年　末　数	年　初　数	负债和股东权益	年　末　数	年　初　数
流动资产			流动负债		
货币资金	245 125.60	127 968.62	短期借款	178 438.54	241 162.56
应收票据	15 944.90	17 313.00	应付票据	33 797.08	33 502.80
应收账款	757 790.68	689 490.91	应付账款	991 134.11	923 935.38
预付款项	44 566.30	42 017.43	预收款项	62 702.63	52 156.16
应收利息		48.28	应付职工薪酬	441 769.40	453 177.18
应收股利			应交税费	78 987.25	95 611.91
其他应收款	210 405.10	223 346.02	应付利息	1 799.12	3 023.01
存货	1 195 341.64	1 228 991.25	应付股利	1 255.32	2 971.81
其他流动资产		2 000.00	其他应付款	183 349.48	137 905.97
流动资产合计	2 469 174.22	2 331 175.51	一年内到期的非流动负债	51 196.63	20 000.00
非流动资产			其他流动负债	32 173.13	50 000.00
可供出售金融资产	21 131.69	17 453.95	流动负债合计	2 056 602.69	2 013 446.78
持有至到期投资			非流动负债		
长期应收款	137 292.23	16 888.78	长期借款	136 445.51	10 368.66
长期股权投资	45 855.60	1 045.73	应付债券		49 754.88
固定资产	54 567.30	27 271.80	专项应付款		186.64
在建工程		998.41	递延所得税负债		
无形资产	4 022.45	4 175.61	其他非流动负债	577.64	693.17

（续）

资　　产	年　末　数	年　初　数	负债和股东权益	年　末　数	年　初　数
商誉	356.70	318.40	非流动负债合计	137 023.15	61 003.35
长期待摊费用	870.93	1 012.33	负债合计	2 193 625.84	2 074 450.13
递延所得税资产	9 469.50	7 620.55	股东权益		
其他非流动资产		30 320.97	股本	126 210.00	94 760.00
非流动资产合计	273 566.40	107 106.53	资本公积	169 999.27	50 569.31
			盈余公积	58 761.75	53 215.38
			未分配利润	194 143.76	165 287.22
			股东权益合计	549 114.78	363 831.91
资产总计	2 742 740.62	2 438 282.04	负债和股东权益总计	2 742 740.62	2 438 282.04

表 8-2　利润表

编制单位：LY 建设股份有限公司　　　　2016 年　　　　　　　　　　（单位：万元）

项　　目	本年金额	上年金额
一、营业收入	1 458 848.34	1 602 876.81
减：营业成本	1 335 348.56	1 463 657.87
税金及附加	14 884.83	50 853.17
销售费用	737.71	783.80
管理费用	28 894.35	23 846.00
财务费用	8 903.22	15 078.86
资产减值损失	20 696.43	17 130.29
加：公允价值变动收益（损失以"－"号填列）		
投资收益（损失以"－"号填列）	615.66	－95.80
二、营业利润	49 998.90	31 431.02
加：营业外收入	721.11	1 057.39
减：营业外支出	205.95	421.74
三、利润总额	50 514.06	32 066.67
减：所得税费用	15 492.49	12 233.20
四、净利润	35 021.57	19 833.47

表 8-3　现金流量表

编制单位：LY 建设股份有限公司　　　　2016 年　　　　　　　　　　（单位：万元）

项　　目	本年金额	上年金额
一、经营活动产生的现金流量		
销售商品、提供劳务收到的现金	1 381 246.87	1 303 330.80
收到其他与经营活动有关的现金	89 466.67	65 553.76
经营活动现金流入小计	1 470 713.54	1 368 884.56
购买商品、接受劳务支付的现金	808 155.66	813 318.04

(续)

项目	本年金额	上年金额
支付给职工以及为职工支付的现金	437 053.11	433 484.12
支付的各项税费	64 823.53	58 565.44
支付其他与经营活动有关的现金	45 005.32	114 256.17
经营活动现金流出小计	1 355 037.62	1 419 623.77
经营活动产生的现金流量净额	115 675.92	-50 739.21
二、投资活动产生的现金流量		
收回投资收到的现金	2 000.00	3 000.00
取得投资收益收到的现金	96.31	1 528.70
处置固定资产、无形资产和其他长期资产收回的现金净额	36.37	7.49
处置子公司及其他营业单位收到的现金净额	42 498.55	
收到其他与投资活动有关的现金	57 831.42	
投资活动现金流入小计	102 462.65	4 536.19
购建固定资产、无形资产和其他长期资产支付的现金	16 486.53	12 005.22
投资支付的现金	44 720.97	7 510.00
取得子公司及其他营业单位支付的现金净额		3 913.32
支付其他与投资活动有关的现金	186 212.11	6 000.00
投资活动现金流出小计	247 419.61	29 428.54
投资活动产生的现金流量净额	-144 956.96	-24 892.35
三、筹资活动产生的现金流量		
吸收投资收到的现金	174 075.96	854.20
取得借款收到的现金	355 685.93	401 552.43
收到其他与筹资活动有关的现金	3 340.00	2 130.00
筹资活动现金流入小计	533 101.89	404 536.63
偿还债务支付的现金	361 046.31	317 193.95
分配股利、利润或偿付利息支付的现金	25 369.98	25 543.62
支付其他与筹资活动有关的现金	247.58	2 265.00
筹资活动现金流出小计	386 663.87	345 002.57
筹资活动产生的现金流量净额	146 438.02	59 534.06
四、汇率变动对现金及现金等价物的影响		
五、现金及现金等价物净增加额	117 156.98	-16 097.50
加：期初现金及现金等价物余额	127 968.62	144 066.12
六、期末现金及现金等价物余额	245 125.60	127 968.62

8.2.1 资产负债表

资产负债表是反映企业在某一特定时点上（一般为月末、季末或年末）财务状况的报表，它全面反映了企业在某一时点上所拥有的资产、债务和资本的存量情况。由于该表反映了一个企业在特定时点的财务状况，因而又被称为财务状况表。资产负债表是一幅企业财务状况的静态图画，它是报表编制日企业财务结构的快照（照片），而在这一天之后或之前资产负债表都可能不同。

资产负债表是企业财务报表中较重要的报表之一。通过对资产负债表的分析，不仅可以对企业财务及经营状况的变动情况和变动原因有所掌握，还可以为企业将来的工作重点和发展方向提供依据。

1. 资产负债表的基本结构

现行的资产负债表是根据"资产 = 负债 + 所有者权益"的原理编制的账户式报表。现行的资产负债表在项目的编排上，资产是按照流动性的大小分别反映其构成，负债是按照偿债期限的长短分为流动负债和非流动负债。

（1）流动资产

从流动资产的名称就可以想到，它的流动性应该是强的。流动资产的概念简言之就是一年（或者一个经营周期）之内可以转化为货币资金的资产。流动资产中有三项主要的资产。第一项是货币资金，说通俗一点就是钱。第二项是债权，包括应收票据、预付款项、应收票据、应收账款、其他应收款、应收股利、应收利息等。凡是涉及应收和预付的，都归于债权一类。第三项是存货，如施工企业的原材料、周转材料等。货币资金、债权、存货构成了流动资产的三个支柱。

（2）非流动资产

在资产负债表中，从流动资产再往下看，就是非流动资产了。从概念上来说，非流动资产与流动资产是相对应的，在会计上，一般把一年以上可以转化为货币资金的资产或者准备长期利用的资产称为非流动资产。非流动资产的项目有很多，如可供出售金融资产、持有至到期投资、长期应收款、长期股权投资、固定资产、无形资产等。

（3）流动负债

在资产负债表中，流动负债是指一年内或者超过一年的一个营业周期内需要偿还的债务。流动负债主要包括短期借款、应付票据、应付账款、预收账款、应付职工薪酬、应付股利、应交税费、其他应付项和一年内到期的长期借款等。

（4）非流动负债

非流动负债是指在一年或者超过一年的一个营业周期以上的债务。非流动负债主要包括长期借款、应付债券和长期应付款等。长期借款是指企业从银行或其他金融机构借入的期限在一年以上（不含一年）的借款。应付债券是企业为筹集资金而对外发行的期限在一年以上的长期借款性质的书面证明。长期应付款是指企业除了长期借款和应付债券以外的长期负债，包括应付引进设备款、应付融资租入固定资产的租赁费等。

2. 资产负债表的作用

（1）可以了解某一时点上各类资产、负债及所有者权益的规模、结构及数量对应关系

资产负债表最基本的作用是提供了一个企业资产、负债及所有者权益规模的信息，便于不同企业之间、企业不同时期之间的比较，而且也为报表使用者提供了了解企业资产结构，以及资产与负债之间、资产与所有者权益之间、流动资产与流动负债之间等有关项目之间关系的信息。这些基本的财务信息，对了解和分析一个企业的财务状况提供了有益的帮助。

(2) 明确企业的责任和义务

企业承担的责任和义务包括对债权人和投资者两方面的责任和义务。一般来说，在资产总额中，如果负债形成的资产所占的比重较高，则说明企业主要依靠负债经营，自我积累能力较差。如果在资产总额中权益资产所占的比重较高，则说明企业主要是靠资本投入或积累形成资产，企业的负债相对较少。资产负债表一方面反映了企业承担的责任和义务的大小，另一方面提供了要求企业合理安排资本结构，提高债权人权益保障程度和投资者权益的信息。

(3) 做出优化资产结构、降低风险和提高运营效率的判断和决策

通过资产结构分析，可以根据各项资产在资产总额中所占的比重，分析某项资产比重上升或下降的原因。例如，在资产负债表中反映的应收账款增加较快，就要分析是什么导致企业该项目的增加，是由于信用政策的改变、债务方故意拖欠货款还是其他原因，企业应采取哪些催款措施。而诸如此类的分析有利于企业做出优化资产结构、降低风险和提高运营效率的判断和决策。

8.2.2 利润表

企业经营的主要目的是获取利润。为了让企业运行，获得利润，企业将付出一些代价，也就是成本和费用。在扣除相关成本和耗费之后，企业需要知道到底有没有赚到钱。因此，除了资产负债表，企业还需要一张利润表。所谓利润，就是企业以其生产经营收入补偿为取得收入而花费的支出之后的余值，是收入与费用支出相抵减的结果。若余值为正，则说明企业当期经营形成了利润；如果余值为负，则说明企业发生了亏损。

1. 利润表概述

利润表又称损益表，一般按月编制。利润表是提供企业在某一特定期间内所实现的利润或发生的亏损数量的报表，是企业主要财务报表之一。每个独立核算的企业都应按期编制利润表，并及时对外报送。利用利润表提供的财务信息，可以了解企业在某一个经营期间（如月份/年度）实现利润或发生亏损情况，评价企业经营业绩的好坏，分析企业盈亏增减的原因，预测未来盈利能力的变化趋势，从而做出相应的决策。

2. 利润表的基本格式

利润是收支配比的结果。利润表按照各项收入、费用以及构成利润的各个项目，分类分项分别列示。现行的利润表是按照"利润 = 收入 − 费用"这一基本公式编制的多步式利润表。其中，收入、费用和利润被称为利润表三要素。为进一步分析企业总收入和总支出及其构成情况，利润表也可以按单步式进行反映。运用单步式利润表可以分析总收入和总支出及其构成情况，便于分析了解各个项目的变化趋势，通过结构分析和不同年份之间的对比了解各项目的发展变化情况。

3. 利润表的作用

1) 了解企业本期取得的收入、发生的成本、期间费用和税金（不含增值税）。
2) 了解企业盈利总水平、利润来源及其结构。

8.2.3 现金流量表

企业拥有足够的现金流是非常重要的，资产负债表体现的是企业现金的静态情况，现金

流量表从企业的经营活动、筹资活动、投资活动三方面表现现金流量的流入与流出情况，体现了企业现金的动态变化情况。根据现金流量表的分析，可以体现企业的现金流量构成及其发展趋势，使企业加强对现金流量的管理，提高现金使用效率。

1. 现金流量表概述

现金流量表又称现金流动表或现金流转表，是企业会计准则规定的主要报表之一。现金流量表是反映一定会计期间现金和现金等价物流入和流出状况，反映企业在特定期间的营业、投资和财务管理活动情况的基本财务报表。

2. 现金流量表的基本结构

我国现行的现金流量表分为主表和附表两部分。主表反映的是按直接法编制的反映企业经营活动、投资活动和筹资活动的现金流量以及汇率变动所产生的现金流量。附表主要反映了两项内容：①将净利润调节为经营活动现金流量的部分；②不涉及现金收支的筹资和投资活动的部分。

3. 现金流量表的作用

按照收付实现制原则编制的现金流量表在企业的财务管理中具有十分重要的作用，主要体现在以下几个方面。

（1）可以预测企业未来现金流量的发展变化趋势

由于现金流量表分别从经营活动、投资活动和筹资活动产生的现金流量方面反映企业的现金流入和流出的数量及其净流量，因此，通过该表可以分析企业现金的流入量、流出量及流量净额的结构和发展趋势。分析的目的在于了解企业各项目不同期间的增减变动情况及增减百分比。

（2）分析现金流量的构成情况

现金流量的构成分析，主要是分析在企业的现金流量净额中经营活动、投资活动和筹资活动所产生的现金流量净额所占的比例，或者分析某种活动产生的现金流量在现金流入和现金流出中所占的比例。

（3）分析评价企业的偿债能力和股利支付能力

现金及现金等价物是企业最具有流动性的资产，现金流量净额越高，企业的偿债能力和支付能力就越强。

（4）分析企业净利润的质量

利润表中的净利润是按照权责发生制原则编制的，由于受会计方法和其他因素的影响，净利润并不能反映一个企业真实的盈利能力，而按收付实现制原则编制的现金流量表则能够在一定程度上弥补权责发生制的不足，反映企业经营活动中实际获取现金的能力。

8.2.4 所有者权益（或股东权益）变动表

所有者权益变动表是指反映构成所有者权益的各组成部分当期增减变动情况的报表。所有者权益变动表应当反映一定时期所有者权益变动的情况，不仅包括所有者权益总量的增减变动，还包括所有者权益增减变动的重要结构性信息，让报表使用者准确理解所有者权益增减变动的根源。

在所有者权益变动表中，综合收益和与所有者（股东）的资本交易导致的所有者权益的变动，应当分别列示。企业至少应当单独列示反映下列信息的项目：①综合收益总额，在合并所有者权益变动表中还应单独列示归属于母公司所有者的综合收益总额和归属于少数股东的综合收益总额；②会计政策变更和前期差错更正的累积影响金额；③所有者投入资本和向所有者分配利润等；④按照规定提取的盈余公积；⑤所有者权益各组成部分的期初和期末余额及其调节情况。

8.2.5 财务报表附注及财务情况说明书

1. 财务报表附注

财务报表附注是对财务报表信息的补充说明，目的是使财务报表信息对财务信息使用者的决策更加相关、有用。财务报表附注对于报表使用者了解企业年度的会计政策、或有负债及重大事项具有重要的参考价值，也能够帮助报表使用者更好地理解财务信息，并做出正确选择。

2. 财务情况说明书

财务情况说明书是在报表之外对报表有关项目的详细说明，主要说明在报告年度企业的资产、负债及所有者权益、利润、现金流量的变动情况、变动趋势、变动原因，所采取的主要措施以及以后年度的工作方向。其目的是向财务信息使用者提供有关报表信息的详细说明。

3. 企业内部财务报表

除了企业对外报送的主要财务报表之外，企业从内部管理的角度出发，也需要编制内部财务报表。这些内部财务报表通常是以财务报表附表的形式予以揭示。企业内部财务报表包括资产减值准备明细表、应交增值税明细表、利润分配表、分部报表等报表。

8.3 偿债能力分析

施工企业是施工生产周期较长、占用资金较多的企业，除了所有者投入的资金外，还必须经常向银行等债权人举债。企业保持良好的偿债能力，及时清偿到期债务，是使企业获得债权人资金支持、保证企业持续发展的前提之一。按照债务偿付期限的不同，企业的偿债能力分为短期偿债能力和长期偿债能力。

8.3.1 短期偿债能力分析

短期偿债能力又称为变现能力，是指企业流动资产对流动负债及时足额偿还的保证程度，是企业当前的财务能力，特别是流动资产变现能力的反映。流动比率和速动比率是衡量企业短期偿债能力最重要的两个指标。

1. 流动比率

流动比率是指流动资产与流动负债的比率。其计算公式为

$$流动比率 = \frac{流动资产}{流动负债} \qquad (8-1)$$

流动比率越大，企业的短期偿债能力越强。从理论上讲，只要流动比率等于1，企业便具有偿还短期债务的能力。一般来说，该比率为2比较好。这样，即使未来半数流动资产变现受阻，企业也有一定的余地来保证流动负债的如期足额偿付。所以对债权人来说，此项比

率越大越好。比率越大，债权的回收越有保障。但对企业经营来说，在施工生产经营正常的条件下，过大的流动比率，通常意味着企业闲置货币资金的持有量过多，必然造成企业机会成本的提高和盈利能力的降低。因此，应尽可能将流动比率维持在不使货币资金闲置又不影响流动负债及时偿还的水平。至于究竟将流动比率保持多高水平，要根据各个企业、各个时期的实际情况而定。对施工企业来说，流动资产的变现，与建筑市场的景气度密切有关。在建筑市场景气时期，不但对发包单位的信用有选择的余地，工程款回收快，而且对生产建筑制品来说也容易销售并收回资金，流动比率可以小些；反之，建筑市场不景气时期，流动比率就要大些。因此，不能采用划一的标准来评价企业流动比率的合理与否。

[例8-1] 以 LY 建设股份有限公司（以下简称 LY 公司）为例（报表资料见表 8-1～表 8-3），2016 年流动比率的计算结果如下：

$$流动比率 = \frac{2\,469\,174.22\ 万元}{2\,056\,602.69\ 万元} = 1.20$$

2. 速动比率

速动比率是企业一定时期的速动资产与流动负债的比率。速动比率的计算公式为

$$速动比率 = \frac{速动资产}{流动负债} = \frac{流动资产总额 - 存货}{流动负债} \quad (8-2)$$

如果流动比率较高，但流动资产的流动性很低，则企业的短期偿债能力依然较差，速动比率的提出就是要弥补流动比率的这个缺陷。企业的速动资产是可以立即用来偿付流动负债的那些流动资产，速动资产是流动资产减去存货以后的差额。建筑施工企业的存货分为原材料、周转材料、库存商品、在产品、委托加工物资、自制半成品、工程施工等。之所以要从流动资产中扣除存货，是基于以下几方面的原因：①在流动资产中存货的变现速度较慢；②部分存货损失可能未做处理；③存货计价方法还存在着成本价与合理市价之间相差悬殊的问题；④部分存货可能已经抵押给债权人。

同流动比率一样，速动比率究竟应保持多高水平才算合理，并没有绝对的标准。西方企业传统经验认为，速动比率为 1 时是安全边际。因为此时的速动比率表示即使不变现存货，仅出售有价证券、收回应收账款加上货币资金，也能偿付到期短期债务。如果速动比率小于 1，则可能使企业面临较大的偿债风险；如果速动比率大于 1，尽管短期债务偿还的安全性很高，但会因货币资金等占用过多，而大大增加企业的机会成本。在实际工作中，要结合债务人特别是工程发包单位的信用状况、建筑市场景气度等来确定企业自身的速动比率水平。因为如果债务人信用好，应收账款收现率高，则即使速动比率小于 1，也能通过及时收回应收账款来按期清偿短期债务。否则，如果债务人信用差，应收账款收现率低，则即使速动比率大于 1，也仍然可能不能及时偿还短期债务。

[例8-2] 承前例，LY 公司，2016 年速动比率的计算结果如下：

$$速动比率 = \frac{2\,469\,174.22\ 万元 - 1\,195\,341.64\ 万元}{2\,056\,602.69\ 万元} = 0.62$$

8.3.2 长期偿债能力分析

企业对于长期债务，负有两种责任，即偿还本金和支付利息的责任，因此分析一个企业

的长期偿债能力,主要是从企业偿还债务本金和利息两个方面入手。企业长期偿债能力的衡量指标,主要有资产负债率和已获利息倍数。

1. 资产负债率

资产负债率的计算公式如下:

$$资产负债率 = \frac{总负债}{总资产} \times 100\% \tag{8-3}$$

资产负债率是指企业负债总额与资产总额的比率,即每一百元资产中有多少属于债权人提供的资金。该比率反映了债权人权益受保护的程度,以及企业将来筹措资金的能力。对债权人来说,他们最关心的就是贷款的安全性,也就是能否按期收回贷款本息。如果资产负债率高,则企业的风险将主要由债权人来承担,这对债权人来说是不利的,因此,他们希望资产负债率越低越好,资产负债率越低,企业偿债越有保证,贷款的风险越小。对企业经营者来说,如果举债过多,资产负债率很高,超出债权人心理承受程度,则被认为是不安全的。这时,企业就可能借不到钱。如果企业负债过少,资产负债率很低,则说明企业对负债经营没有信心,资本经营能力很差。因此,企业经营者应审时度势,全面考虑负债经营的财务杠杆利益和财务风险,权衡利弊得失,做出正确的决策。

为反映企业的债务水平,还可以通过计算产权比率和权益乘数来衡量。

$$产权比率 = \frac{总负债}{总权益} \tag{8-4}$$

$$权益乘数 = \frac{总资产}{总权益} \tag{8-5}$$

[**例8-3**] 承前例,LY公司2016年相关指标的计算结果如下:

$$资产负债率 = \frac{2\ 193\ 625.84\ 万元}{2\ 742\ 740.62\ 万元} \times 100\% = 79.98\%$$

$$产权比率 = \frac{2\ 193\ 625.84\ 万元}{549\ 114.78\ 万元} = 3.99$$

$$权益乘数 = \frac{2\ 742\ 740.62\ 万元}{549\ 114.78\ 万元} = 4.99$$

2. 已获利息倍数

衡量企业偿还债务利息的能力的指标是已获利息倍数。已获利息倍数反映的是息税前利润(EBIT)与利息费用之间的比率关系,又称利息保障倍数。该指标反映了企业所实现的利润偿付利息费用的能力。利息是企业借债必须付出的代价。当企业有足够的现金流量时,才不会出现支付利息和偿债困难。其计算公式如下:

$$已获利息倍数 = \frac{息税前利润}{利息费用} = \frac{利润总额 + 利息费用}{利息费用} \tag{8-6}$$

公式中的利息费用,是指企业本期发生的全部应付利息,不仅包括财务费用中的利息,还包括计入固定资产价值中已经资本化的利息。虽然资本化利息不反映在利润表的财务费用中,而是通过折旧的形式计入成本费用,但这部分利息也需要偿还,因此,在计算时还要加上资本化的利息部分。

[**例8-4**] 承前例,LY公司2016年年报显示的财务费用为8 903.22万元,其中利息支出为13 723.98万元,该公司的在建工程项目中,有资本化的借款费用为903.64万元。两

部分利息合计为 14 627.62 万元。则 LY 公司 2016 年已获利息倍数为：

$$已获利息倍数 = \frac{息税前利润}{利息费用} = \frac{50\,514.06\,万元 + 14\,627.62\,万元}{14\,627.62\,万元} = 4.45$$

已获利息倍数反映了企业的息税前利润是利息的多少倍，即企业在扣除利息和所得税之前的盈利足够它偿还几次利息。已获利息倍数越大，表明企业支付利息的能力越强；否则，企业的付息能力就越差。为了分析本企业的付息能力是增强了还是减弱了，可以与同行业该指标的平均水平进行对比，也可以将企业若干年份的指标进行对比。

8.4 营运能力分析

施工企业的营运能力是指在外部建筑市场环境下通过对企业生产资料的合理配置和管理，对财务目标产生作用的能力。如何合理地利用生产资料，提高其营运能力，是施工企业管理的一个重要方面。施工企业拥有的生产资料，表现为各项资产的占用。施工企业利用生产资料的能力，实际上表现为对企业总资产及其构成要素的营运能力。因此，施工企业营运能力分析又称资产使用效率分析，一般通过企业生产经营资产周转速度有关的指标来反映资产的营运能力。企业生产经营资产周转的速度越快，表明企业资产利用的效果越好，效率越高，企业管理人员的经营能力越强。优秀的营运能力，是企业获得持续盈利能力的基础，并为企业偿债能力的不断提高提供保证。

1. 总资产周转率

总资产营运能力集中反映企业利用全部资产获得营业收入的水平，用总资产周转率和总资产周转天数来衡量。总资产周转率是综合评价企业全部资产的经营质量和利用效率的重要指标。周转率越大，说明总资产周转越快，反映出销售能力越强。总资产周转天数反映了总资产周转一次所需要的天数。其计算公式为

$$总资产周转率 = \frac{营业收入}{平均总资产} \tag{8-7}$$

$$总资产周转天数 = \frac{360\,天}{总资产周转率} \tag{8-8}$$

平均总资产是期初、期末总资产的平均数。

要提高总资产周转率，一是要提高营业收入，二是要在收入一定的条件下，降低资产占用。企业可以通过同行业不同企业之间的对比，或本企业该项指标不同期间的对比来分析企业的资产占用是否合理，以合理安排资产结构，提高资产的使用效率。

总资产周转速度反映了企业全部资产运用效率，即在一定时期内实现的营业收入的多少。总资产周转率高，周转次数多，则表明企业资产结构合理，企业全部资源得到了充分利用，其结果必然会给企业带来更多的收益，使企业的盈利能力、偿债能力都得到提高。反之，则表明企业利用全部资产进行经营活动的能力差、效率低，最终还将影响企业的盈利能力和偿债能力。如果企业总资产周转率长期处于较低状态，则应采取适当措施提高各项资产的利用程度，对那些确实无法提高利用率的多余、闲置资产及时进行处理，以提高总资产周转率。

[例 8-5] 承前例，LY 公司 2016 年总资产周转率和总资产周转天数的计算结果如下：

$$总资产周转率 = \frac{1\ 458\ 848.34\ 万元}{(2\ 742\ 740.62 + 2\ 438\ 282.04)\ 万元 \div 2} = 0.56$$

$$总资产周转天数 = \frac{360\ 天}{0.56} = 642.86\ 天$$

为了深入分析影响总资产周转率的原因，还需进一步分析流动资产和固定资产的周转状况。需要指出的是流动资产和固定资产对完成营业收入的作用是不同的。营业收入直接来源于流动资产的周转额，而固定资产只对流动资产周转和周转速度起推动和保证作用。没有固定资产的有效利用，流动资产是完不成营业收入的。所以，对企业流动资产的考核应着眼于营业收入的完成额，而对固定资产的考核应侧重其利用率。

2. 流动资产周转率

施工企业的流动资产主要有主要材料、结构件、机械配件、其他材料、周转材料、未完施工、在产品、产成品等。施工企业流动资产营运能力，主要体现在施工企业运用流动资产获得营业收入的水平上，用流动资产周转率指标来衡量。流动资产周转率用营业收入与平均流动资产的比值来表示，也可称为流动资产周转次数，即表示企业流动资产在一定时期内（通常为一年）的周转次数。其计算公式为

$$流动资产周转率（次数） = \frac{营业收入}{平均流动资产} \tag{8-9}$$

平均流动资产是期初、期末流动资产余额的平均数。流动资产周转率（次数）指标说明流动资产周转的速度。企业在一定时期内占用流动资产越少，而完成的营业收入越多，表明流动资产的周转速度越快，周转次数越多，也就意味着以较少的流动资产完成了较多的营业收入，对财务目标的贡献程度越大。流动资产周转率除了用周转次数表示外，也往往用周转一次需要的天数，即流动资产周转天数来表示，其计算公式为

$$流动资产周转天数 = \frac{360\ 天}{流动资产周转率} \tag{8-10}$$

[例8-6] 承前例，LY公司2016年相关指标的计算结果如下：

$$流动资产周转率（次数） = \frac{1\ 458\ 848.34\ 万元}{(2\ 469\ 174.22 + 2\ 331\ 175.51)\ 万元 \div 2} = 0.61$$

$$流动资产周转天数 = \frac{360\ 天}{流动资产周转率} = \frac{360\ 天}{0.61} = 590.16\ 天$$

相对而言，流动资产是流动性较强、风险较小的资产，资产质量好坏与其密切相关。总资产运用效率的高低，关键取决于流动资产周转率的高低。流动资产周转率指标不仅反映流动资产的运用效率，也同时影响企业的盈利水平。

为了对流动资产周转状况做更详尽的分析，进一步揭示影响流动资产周转速度的原因，企业还可在流动资产周转率分析的基础上，对其构成各个要素，如应收账款、存货等的周转率进行分析，以说明流动资产周转率升降的原因。

3. 应收账款周转率

应收账款实际上是企业采用信用政策的结果，如果企业的信用政策比较宽松，其应收账款就会比较多。如果企业的信用政策比较紧，其应收账款就会比较少。施工企业的应收账款能否及时收回，取决于施工企业对应收账款管理的好坏。应收账款周转率和应收账款周转天

数提供了企业应收账款管理方面的信息。

应收账款周转率又称应收账款周转次数,是一定时期内商品或产品销售收入与平均应收账款的比值,表明一定时期内应收账款平均收回的次数。应收账款周转天数是指应收账款周转一次(从销售开始到收回现金)所需要的时间。其计算公式为

$$应收账款周转率(次数)=\frac{销售收入}{平均应收账款} \quad (8\text{-}11)$$

$$应收账款周转天数=\frac{360\ 天}{应收账款周转率} \quad (8\text{-}12)$$

平均应收账款是期初、期末应收账款的平均数。

通常,应收账款周转率越高,应收账款周转天数越少,说明应收账款管理效率越高。

在计算和使用应收账款周转率指标时应注意的问题有:

1)销售收入指扣除销售折扣和折让后的销售净额。从理论上讲,应收账款是由赊销引起的,其对应的收入为赊销收入,而非全部销售收入。但是赊销数据难以取得,且可以假设现金销售是收账时间为零的应收账款,因此,只要保持计算口径的历史一致性,使用销售收入不影响分析。销售收入数据使用利润表中的"营业收入"。

2)应收账款包括财务报表中"应收账款"和"应收票据"等全部赊销账款在内,因为应收票据是销售形成的应收款项的另一种形式。

为分析判断企业的应收账款管理成效,可通过本企业相关指标与同行业其他先进企业同类指标的对比,或本企业若干年份该项指标的分析比较来进行。

[例 8-7] 承前例,LY 公司 2016 年应收账款周转率和应收账款周转天数的计算结果如下:

$$应收账款周转率(次数)=\frac{1\ 458\ 848.34\ 万元}{(757\ 790.68+15\ 944.90+689\ 490.91+17\ 313.00)\ 万元\div 2}=1.97$$

$$应收账款周转天数=\frac{360\ 天}{1.97}=182.74\ 天$$

4. 存货周转率

存货是施工企业为了生产和销售而储备的各种货物。一般来说,存货在企业的流动资产中有较大比重,存货的流动性将直接影响企业的流动比率。存货的流动性可以通过存货周转率和存货周转天数两个指标进行分析。

存货周转率是企业一定时期的营业成本与平均存货的比值,通常以周转次数来表示。存货周转天数反映了从存货的购买到销售所占用的天数。其计算公式为

$$存货周转率(次数)=\frac{营业成本}{平均存货} \quad (8\text{-}13)$$

$$存货周转天数=\frac{360\ 天}{存货周转率} \quad (8\text{-}14)$$

平均存货是期初、期末存货的平均数。存货周转速度的快慢,不仅反映施工企业采购、施工、工程结算、产品营销各个环节的营运水平,而且对企业的偿债能力产生决定性的影响。存货周转次数多,则表明存货流动性大,存货管理水平高,公司控制存货的能力强,营运资金投资于存货上的金额较小。反之,则表明存货过多,不仅使资金积压,影响资产的流动性,还会增加仓储费用与产品损耗。

[例 8-8] 承前例，LY 公司 2016 年存货周转率和存货周转天数的计算结果如下：

$$存货周转率（次数）= \frac{1\,335\,348.56\ 万元}{(1\,195\,341.64 + 1\,228\,991.25)\ 万元 \div 2} = 1.10$$

$$存货周转天数 = \frac{360\ 天}{1.10} = 327.27\ 天$$

5. 固定资产周转率

固定资产营运能力的分析，通常采用固定资产周转率指标。固定资产周转率也称固定资产利用率。它是企业营业收入与平均固定资产的比值。固定资产周转天数反映了固定资产周转一次所用的时间。其计算公式为

$$固定资产周转率 = \frac{营业收入}{平均固定资产} \tag{8-15}$$

$$固定资产周转天数 = \frac{360\ 天}{固定资产周转率} \tag{8-16}$$

平均固定资产是期初、期末固定资产的平均数。固定资产周转率高，说明固定资产利用充分，固定资产结构布局合理，企业能以较少的固定资产推动流动资产完成其周转额，企业营运能力强，企业的经营活动有效。因为流动资产要完成一定的周转额，虽然要有一定数量的固定资产来保证，但这个量不是绝对不变的。企业如果配置合适高效的机械设备，有计划地进行维修保养，不断地进行技术改造，并加以充分利用，就可能适度地减少固定资产的占用量。固定资产周转率低，则说明固定资产利用效率低，其营运能力弱，企业要占用较多的固定资产。另外，施工企业固定资产周转率要受到企业专业化程度和企业承包工程是否全部自行施工等的影响。一般来说，建筑生产专业化程度高、建筑构件向建筑制品企业购买的施工企业和承包工程大部分分包出去的施工企业，其所需的固定资产，要比建筑生产专业化程度低、建筑构件大多自己生产和承包工程大部分自行施工的施工企业要少，反映在固定资产周转率上，也就较高。

[例 8-9] 承前例，LY 公司 2016 年固定资产周转率和固定资产周转天数的计算结果如下：

$$固定资产周转率 = \frac{1\,458\,848.34\ 万元}{(54\,567.30 + 27\,271.80)\ 万元 \div 2} = 35.65$$

$$固定资产周转天数 = \frac{360\ 天}{35.65} = 10.10\ 天$$

8.5 盈利能力分析

盈利能力又称获利能力，是指企业正常经营赚取利润的能力，是企业生存发展的基础。这种能力的大小通常以投入产出的比值来衡量。企业利润额的多少不仅取决于公司生产经营的业绩，而且还取决于生产经营规模的大小、经济资源占有量的多少、投入资本的多少以及产品本身价值等。不同规模的企业之间或在同一企业的各个时期之间，仅对比利润额的多少，并不能正确衡量企业获利能力的优劣。为了排除上述因素的影响，必须从投入产出的关系来分析企业的获利能力。

1. 营业毛利率

营业毛利率是毛利与营业收入的百分比，其中毛利是营业收入减去与营业收入相对应的

营业成本之间的差额。营业毛利率反映了每一百元营业收入中毛利所占的比重。用公式表示为

$$营业毛利率 = \frac{营业收入 - 营业成本}{营业收入} \times 100\% \quad (8-17)$$

该公式表示每一百元营业收入扣除营业成本后，有多少钱可以用于各项期间费用和形成盈利。营业毛利率是施工企业计算营业净利率的最初基础，没有足够大的毛利率，施工企业便不能盈利。

[例 8-10] 承前例，LY 公司 2016 年营业毛利率的计算结果如下：

$$营业毛利率 = \frac{1\,458\,848.34\ 万元 - 1\,335\,348.56\ 万元}{1\,458\,848.34\ 万元} \times 100\% = 8.47\%$$

2. 营业净利率

营业净利率是指施工企业净利润占营业收入的百分比，也称销售净利率。其计算公式为

$$营业净利率 = \frac{净利润}{营业收入} \times 100\% \quad (8-18)$$

营业净利率表示企业每一百元营业收入所能实现的净利润额为多少，用以衡量企业在一定时期获取净利润的能力。施工企业在提高营业收入的同时，必须更多地增加净利润，才能提高净利率。

一般而言，营业净利率的指标越大，说明企业的盈利能力越强。一个企业如果能保持良好的持续增长的营业净利率，则说明该企业的财务状况是好的，但并不能绝对地说营业净利率越大越好，还必须看企业的销售增长情况和净利润的变动情况。

施工企业在进行营业净利率分析时，可以对连续几年的指标数值进行分析，从而测定该施工企业营业净利率的发展变化趋势；同样，也应将企业的指标数值与其他施工企业的指标数值或同行业平均水平进行对比，以具体评价该企业营业净利率水平的高低。

[例 8-11] 承前例，LY 公司 2016 年营业净利率计算结果如下：

$$营业净利率 = \frac{35\,021.57\ 万元}{1\,458\,848.34\ 万元} \times 100\% = 2.40\%$$

3. 资产息税前利润率

资产息税前利润率的计算公式如下：

$$资产息税前利润率 = \frac{息税前利润}{平均总资产} \times 100\% \quad (8-19)$$

式中，息税前利润的组成除了利润总额外，还要加上利息支出，是由于企业的资产，有的是用投资者的资金购建的，有的是向债权人借入资金购建的，而后者是要支付利息的。按照现行财务制度的规定，利息支出列作当期财务费用从实现利润中扣除，但这笔利息支出，也是企业利用资产产生的经济效益，只有将它与本期利润一起计算，才能使不同资金构成的企业总资产的利润率具有可比性，也才能够全面反映企业全部资产的盈利能力。

[例 8-12] 承前例，LY 公司 2016 年资产息税前利润率的计算结果如下：

$$资产息税前利润率 = \frac{50\,514.06\ 万元 + 14\,627.62\ 万元}{(2\,742\,740.62 + 2\,438\,282.04)\ 万元 \div 2} \times 100\% = 2.51\%$$

4. 总资产收益率

施工企业资产盈利能力的大小，主要反映为总资产收益率的高低。通过总资产收益率的

分析，有助于评价企业资产运营的业绩。总资产收益率又称总资产报酬率、总资产净利率，是指企业资产总额中平均每一百元资产所能获得的净利润。该指标是衡量企业运用所有资产所获经营成效的指标，总资产收益率越高，则表明企业越善于运用资产；反之，则资产利用效果越差。其计算公式为

$$总资产收益率 = \frac{净利润}{平均总资产} \times 100\% \qquad (8-20)$$

总资产收益率越高，表明企业资产的运营业绩越好，盈利能力越强。

[例8-13] 承前例，LY公司2016年总资产收益率的计算结果如下：

$$总资产收益率 = \frac{35\,021.57 \text{ 万元}}{(2\,742\,740.62 + 2\,438\,282.04) \text{ 万元} \div 2} \times 100\% = 1.35\%$$

总资产收益率是一个综合性的指标，反映了企业总资产的盈利能力。可以运用该项指标与企业自身的历史资料及同行业企业同类指标比较，找出差异。

5. 净资产收益率

净资产收益率也叫权益净利率、净资产报酬率，反映了企业所有者权益的投资报酬率，是所有财务比率中综合性最强、最具代表性的一个指标。该指标可用来衡量公司对股东投入资本的利用效率，它弥补了每股收益指标的不足。例如，公司对原有股东以送股的方式分配股利，会引起每股收益的下降，从而使投资者产生错觉，以为公司的盈利能力下降了。事实上公司的盈利能力并没有改变，用净资产收益率指标分析就能比较合理地反映公司的盈利能力。

该指标通用性强，适用范围广，不受行业局限，在国际上的企业综合评价中使用率非常高。通过对该指标的综合对比分析，可以看出企业获利能力在同行业中所处的地位，以及与同类企业的差异水平。一般认为，净资产收益率越高，企业用自有资金获取收益的能力越强，运营效益越好，对企业出资人和债权人权益的保证程度越高。其计算公式为

$$净资产收益率 = \frac{净利润}{平均所有者权益} \times 100\% \qquad (8-21)$$

[例8-14] 承前例，LY公司2016年净资产收益率的计算结果如下：

$$净资产收益率 = \frac{35\,021.57 \text{ 万元}}{(549\,114.78 + 363\,831.91) \text{ 万元} \div 2} \times 100\% = 7.67\%$$

8.6 成长能力分析

施工企业的成长能力，主要表现为营业收入和净利润的增长，具体的指标主要有营业收入增长率、净利润增长率、技术投入比率、资本增长率、总资产增长率和固定资产成新率。通过对企业成长能力的分析，有助于投资者、债权人了解企业发展前景，为投资、贷款提供决策依据。

8.6.1 营业收入增长率

1. 年营业收入增长率

年营业收入增长率是指企业本年营业收入较上年增加的比率。施工企业要持续发展，就必须根据建筑市场需要，优选工程项目，扩大施工规模，为企业增加营业收入。只有营业收

入增加了，才能相对降低单位工程的管理费用和财务费用，为企业增加利润。年营业收入增长率的计算公式为

$$年营业收入增长率 = \frac{本年营业收入 - 上年营业收入}{上年营业收入} \times 100\% \quad (8\text{-}22)$$

[例8-15] 承前例，LY公司2016年年营业收入增长率的计算结果如下：

$$年营业收入增长率 = \frac{1\,458\,848.34\,万元 - 1\,602\,876.81\,万元}{1\,602\,876.81\,万元} \times 100\% = -8.99\%$$

为了观察企业在一定时期内（如3年、5年内）的营业收入增长趋势，还可以计算该时期各年营业收入的增长率。营业收入增长率越高（正数），表示企业营业收入增长越快，企业营运能力越强。

2. 三年营业收入平均增长率

三年营业收入平均增长率表明企业业务连续三年的增长情况，体现企业的持续发展态势和市场扩张能力。其计算公式为

$$三年营业收入平均增长率 = \left(\sqrt[3]{\frac{当年营业收入}{三年前营业收入}} - 1\right) \times 100\% \quad (8\text{-}23)$$

三年前营业收入是指企业三年前的营业收入数。数据取值于三年前的利润表。假如评价企业2013年的绩效状况，则三年前营业收入指的是2010年的营业收入总额。利用该指标，能够反映企业的业务增长趋势和稳定程度，体现企业的连续发展状况和发展能力，避免因少数年份业务波动而对企业发展潜力的错误判断。该指标越高，表明企业业务持续增长势头越好，市场扩张能力越强。

8.6.2 净利润增长率

1. 年净利润增长率

年净利润增长率是指本年净利润较上年的增加额与上年净利润的比率。净利润是企业施工生产经营管理的财务成果，也是企业经济效益的综合反映，只有净利润逐年增长，才能为企业持续发展提供所需的资金。年净利润增长率的计算公式为

$$年净利润增长率 = \frac{本年净利润 - 上年净利润}{上年净利润} \times 100\% \quad (8\text{-}24)$$

[例8-16] 承前例，LY公司2016年年净利润增长率的计算结果如下：

$$年净利润增长率 = \frac{35\,021.57\,万元 - 19\,833.47\,万元}{19\,833.47\,万元} \times 100\% = 76.58\%$$

为了观察施工企业一定时期（如3年、5年）的净利润的增长趋势，也可以计算该时期各年净利润增长率。净利润增长率高（正数），表明企业经营管理水平高，能提供扩大施工经营所需的资金，企业有持续发展的能力，成长性较好。

2. 三年净利润平均增长率

三年净利润平均增长率表明企业净利润的连续三年增长情况，体现企业的发展潜力。其计算公式为

$$三年净利润平均增长率 = \left(\sqrt[3]{\frac{当年净利润}{三年前净利润}} - 1\right) \times 100\% \quad (8\text{-}25)$$

8.6.3 技术投入比率

技术投入比率是指企业当年技术转让费支出和研发投入与当年营业收入的比率。技术投入比率从企业的技术创新方面反映了企业的发展潜力和可持续发展能力。其计算公式为

$$技术投入比率 = \frac{当年技术转让费支出和研发投入}{当年营业收入} \times 100\% \tag{8-26}$$

当年技术转让费支出和研发投入是指企业当年研究开发新技术、新工艺等具有创新性质项目的实际支出,以及购买新技术实际支出列入当年管理费用的部分。

技术创新是企业在市场竞争中保持竞争优势、不断发展壮大的前提。技术投入比率集中体现了企业对技术创新的重视程度和投入情况,因此,技术投入比率是评价企业持续发展能力的重要指标。该指标越高,表明企业对新技术的投入越多,企业对市场的适应能力越强,未来竞争优势越明显,生存发展的空间越大,发展前景越好。

8.6.4 资本增长率

1. 年资本增长率

年资本增长率是指企业本年所有者权益增长额与年初所有者权益的比率。年资本增长率表明了企业当年资本的积累能力,是评价企业发展潜力的重要指标。其计算公式为

$$年资本增长率 = \frac{年末所有者权益 - 年初所有者权益}{年初所有者权益} \times 100\% \tag{8-27}$$

企业本年年末所有者权益与年初所有者权益的差额,即本年所有者权益增长额。年资本增长率是企业当年所有者权益总的增长率,反映了企业所有者权益在当年的变动水平。

年资本增长率体现了企业资本的积累情况,是企业发展强盛的标志,也是企业扩大再生产的源泉,展示了企业的发展潜力。

年资本增长率反映了投资者投入企业资本的保全性和增长性,该指标越高,表明企业的资本积累越多,企业资本保全性越强,应付风险、持续发展的能力越强。该指标如为负值,则表明企业资本受到侵蚀,所有者利益受到损害,应予以充分重视。

2. 三年资本平均增长率

三年资本平均增长率表明企业资本连续三年的增长情况。其计算公式为

$$三年资本平均增长率 = \left(\sqrt[3]{\frac{当年所有者权益总额}{三年前所有者权益总额}} - 1 \right) \times 100\% \tag{8-28}$$

8.6.5 总资产增长率

总资产代表着企业用以取得收入的资源,同时也是企业偿还债务的保障。资产的增长是企业发展的一个重要方面,也是企业实现价值增长的重要手段。从企业经营实践来看,成长性高的企业一般能保证资产的稳定增长。衡量总资产增长情况的指标有年总资产增长率和三年总资产平均增长率。其计算公式为

$$年总资产增长率 = \frac{年末总资产 - 年初总资产}{年初总资产} \times 100\% \tag{8-29}$$

$$三年总资产平均增长率 = \left(\sqrt[3]{\frac{当年总资产}{三年前总资产}} - 1 \right) \times 100\% \tag{8-30}$$

8.6.6 固定资产成新率

固定资产成新率是企业当期平均固定资产净值与平均固定资产原值的比率。其计算公式为

$$固定资产成新率 = \frac{平均固定资产净值}{平均固定资产原值} \times 100\% \tag{8-31}$$

平均固定资产净值是指企业固定资产净值的期初数与期末数的平均值;平均固定资产原值是指企业固定资产原值的期初数与期末数的平均值。

固定资产成新率反映了企业所拥有的固定资产的新旧程度,体现了企业固定资产更新的快慢和持续发展的能力。该指标高,表明企业固定资产比较新,对扩大再生产的准备比较充足,发展的可能性比较大。

运用该指标分析固定资产新旧程度时,应剔除企业应提未提折旧对房屋、机器设备等固定资产真实状况的影响。

8.7 上市公司主要财务比率

上市公司不同于一般企业,外部报表使用者要求上市公司披露更多的信息,以便投资者和债权人等能根据对财务报表资料的分析做出正确的判断。

按照我国上市公司信息披露的有关规定,对于上市公司来说,最重要的财务指标是每股收益、每股净资产和净资产收益率。证券信息机构要定期公布按以上三项指标排序的上市公司排行榜。由此可见,对于上市公司而言,其财务比率更应引起关注。

1. 每股收益

每股收益(Earnings Per Share,EPS),也称每股利润,是净利润与普通股股份之间的比值。如果施工企业发行了优先股股票,则还要扣除优先股应分的股利。因为优先股的股利是按事前约定的股利支付的,普通股分享的利润是扣除优先股股利后的净利润。其计算公式为

$$普通股每股收益 = \frac{净利润 - 优先股股利}{发行在外的普通股股数} \tag{8-32}$$

按照我国的规定,公司在年度中间发生股份增减变动事宜,会引起股份在年度中间的变化。由于变化前后公司的股份在年度中间持有的时间不同,因此,在实务中,计算每股收益时有全面摊薄法和加权平均法两种计算方法。

(1)全面摊薄法

全面摊薄法就是不考虑股份在年度中间的变化,完全以年末普通股股份总数作为计算每股收益的依据。其计算公式为

$$每股收益 = \frac{净利润}{年末普通股股数} \tag{8-33}$$

(2)加权平均法

加权平均法就是在计算普通股股数时,考虑到年度中间股份变动的影响,按照股份实际持有时间进行平均后计算总股数,然后计算每股收益的一种方法。

$$每股收益 = \frac{净利润}{(股份变化前的总股本 \times 持有时间 + 股份变化后的总股本 \times 持有时间) \div 12} \tag{8-34}$$

2. 市盈率

市盈率是股票市价与其每股收益的比值。其计算公式为

$$市盈率 = \frac{普通股每股市价}{普通股每股收益} \tag{8-35}$$

市盈率在实务中有以下两个用途：

1）用来衡量二级市场中股价水平的高低。由于市盈率将股价与公司的盈利能力结合起来，其水平高低更能真实地反映股票价格的高低。例如，股价同为40元的两只股票，其每股收益分别为2元和4元，则其市盈率分别为20倍和10倍，即当前两只股票的实际价格相差2倍。从长期投资的角度出发，市盈率的倒数为投资收益率，也就是说在公司盈利能力不变的条件下，投资者如果分别按40元的价格购买两种股票，则其分别要在20年和10年以后才能从公司盈利中收回投资。公司的盈利能力不是固定不变的，投资者购买公司的股票更看重的是公司的未来。因此，那些市盈率较高但具有较好发展前景的公司，投资者也愿意购买其股票。

2）在股票发行时，作为估算发行价格的重要指标。根据发行公司的每股收益水平，参照市场的总体价格水平，确定一个合理的发行市盈率倍数，两者相乘即为股票的发行价格。从我国近几年的新股发行情况来看，新股发行市盈率基本维持在15～20倍。市盈率是衡量公司股价高低和公司盈利能力的一个重要指标。

为了反映不同市场和不同行业股票的价格水平，也可以计算出每个市场的整体市盈率或者不同行业上市公司的平均市盈率。具体计算方法是用全部上市公司的股票市值除以全部上市公司的税后利润，即可得出这些上市公司的平均市盈率。

3. 每股股利

每股股利是指公司支付给普通股股东的现金股利总额与期末普通股股数之比。该指标反映的是每股所能分配的现金额。其计算公式为

$$每股股利 = \frac{现金股利总额}{年末普通股股数} \tag{8-36}$$

4. 股利支付率

股利支付率反映的是公司支付给普通股股东的现金股利与其净利润的比值，或者说是每股股利与每股收益的比值，它反映了公司的股利分配政策和支付现金股利的能力。其计算公式为

$$股利支付率 = \frac{每股股利}{每股收益} \times 100\% \tag{8-37}$$

在运用该指标计算时，如果公司还有优先股股东，则应从每股收益中扣除支付给优先股股东的股利。股利支付率的倒数为公司的股利保障倍数，倍数越大，表明公司支付股利的能力越强。其计算公式为

$$股利保障倍数 = \frac{每股收益}{每股股利} \tag{8-38}$$

5. 留存收益比率

留存收益比率反映了公司的留存收益与净利润的比值。留存收益是公司实现的净利润扣除支付的全部股利后的余额。其计算公式为

$$留存收益比率 = \frac{净利润 - 支付的全部股利}{净利润} \times 100\% \tag{8-39}$$

6. 每股净资产

每股净资产是指年末股东权益与普通股股数的比值，也称每股账面价值。每股净资产反映了每股股票代表的公司净资产价值，是支撑股票市场价格的重要基础。每股净资产越多，表明公司每股股票代表的财富越雄厚，通常创造利润的能力和抵御风险的能力就越强。

因公司年度中间可能发生股份增减变动情况，因此，该指标可分为全面摊薄法和加权平均法两种方法计算。

1）全面摊薄法，每股净资产的计算公式为

$$每股净资产 = \frac{年末股东权益}{年末普通股股数} \tag{8-40}$$

2）加权平均法，每股净资产的计算公式为

$$每股净资产 = \frac{年末股东权益}{(股份变化前的总股本 \times 持有时间 + 股份变化后的总股本 \times 持有时间) \div 12} \tag{8-41}$$

采用全面摊薄法和加权平均法计算上市公司的主要财务比率，在股本规模不发生增减变动的情形下是相同的。否则，则存在差异，因此，在评价时要考虑到计算方法可能产生的影响。

每股净资产是理论上的股票最低价值。如果公司的股票价格低于净资产的成本，成本又接近于变现价值，则说明公司已无存在的价值，清算是股东最好的选择。

8.8 杜邦分析体系

在前面我们分别运用不同的财务指标对企业的偿债能力、营运能力和盈利能力进行了分析。从三大能力分析可以看出，如果企业的资产管理水平高，营运能力强，就会提高企业的盈利能力，进而提高企业的偿债能力；反之，如果企业的资产管理水平低，营运能力弱，就会降低企业的盈利能力，进而降低企业的偿债能力。这也说明尽管各单项财务指标所起的作用不同，但企业的各项财务指标之间并不是孤立的，而是相互之间存在着密切联系。净资产收益率和总资产收益率两个指标为企业进行综合分析提供了依据。

以净资产收益率指标为分析起点，将净资产收益率和总资产收益率两个指标分解如下：

$$净资产收益率 = \frac{净利润}{平均所有者权益}$$

$$= \frac{净利润}{平均总资产} \times \frac{平均总资产}{平均所有者权益}$$

$$= 总资产收益率 \times 权益乘数$$

$$= \frac{净利润}{营业收入} \times \frac{营业收入}{平均总资产} \times \frac{平均总资产}{平均所有者权益}$$

= 营业净利率 × 总资产周转率 × 权益乘数

美国杜邦公司最早发现各项指标之间的相互关系并将其用于对公司财务状况的分析，因此，此种综合分析方法称为杜邦分析法，有关指标之间构成的分析体系称为杜邦分析体系（图 8-1）。

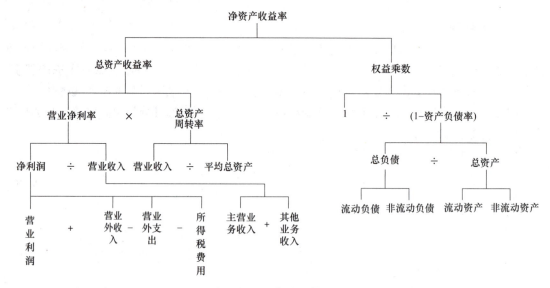

图 8-1 杜邦分析体系

净资产收益率是一个综合性极强、最有代表性的财务指标，是杜邦分析体系的核心。企业财务管理的重要目标是实现股东财富最大化，净资产收益率正反映了股东投入资金的获利能力，反映了企业筹资、投资和生产运营等各方面经营活动的效率。企业的工程结算收入、成本费用、资本结构、资产周转速度以及资金占用量等各种因素都直接影响到净资产收益率的高低。

总资产收益率指标反映的信息是要提高企业资产的盈利能力，不仅要提高营业净利率，而且要提高资产的营运能力。当然，由于各种因素的影响，企业很难同时做好以上两个方面，但可以在两者之间选择其一。将总资产收益率分解为营业净利率和总资产周转率，有助于企业制定财务策略。

从图 8-1 可以得出以下结论：

1）要提高净资产收益率，就要提高总资产收益率和权益乘数。

2）从总资产收益率指标的分解中可以看出，要提高企业总资产的盈利能力，就要从提高总资产周转率和提高营业净利率方面下功夫。要提高总资产周转率，就要减少资产占用，包括流动资产、固定资产和其他资产的占用，加速资金周转，提高资金的使用效率。在流动资产方面主要是加强对存货和应收账款的管理；要提高营业净利率，关键是要提高企业的销售收入，降低成本、费用支出。

3）要提高权益乘数。权益乘数提供的信息是，企业应合理负债，充分发挥财务杠杆的作用。财务杠杆对提高净资产收益率有重要作用，但只有在资产息税前利润率大于债务利率时，才能通过财务杠杆提高企业的净资产收益率。

从以上分析可以看出，杜邦分析体系不但能揭示净资产收益率形成的原因，也向企业展示了提高净资产收益率的途径，这为企业以后的财务管理工作提供了重要的参考价值。

8.9 施工企业财务分析案例

8.9.1 LY公司偿债能力分析

1. 流动比率和速动比率分析

LY公司的流动比率和速动比率如表8-4所示。

表8-4 LY公司2012~2016年的流动比率和速动比率

指标 \ 年份	2012年	2013年	2014年	2015年	2016年
流动比率	1.24	1.23	1.22	1.16	1.2
速动比率	0.67	0.56	0.55	0.55	0.62

从表8-4可看出,LY公司的流动比率大于1而小于2,而速动比率远远小于1,显示其短期偿债能力较弱。而流动比率与速动比率相比,差距较大,说明该公司存货占用较多。同时,对比该行业同期数据,如表8-5所示。

表8-5 LY公司2016年短期偿债能力与行业数据的比较

指标	企业数据	行业均值	行业中值
流动比率	1.20	1.24	1.43
速动比率	0.62	0.74	0.92

从表8-5中可以看到,LY公司的流动比率与行业均值持平,而低于行业中值;速动比率均低于行业均值和行业中值,显示其短期偿债能力较差。

2. 资产负债率分析

LY公司近5年的资产负债率如表8-6所示。

表8-6 LY公司2012~2016年的资产负债率

指标 \ 年份	2012年	2013年	2014年	2015年	2016年
资产负债率	78.67%	82.07%	83.92%	85.08%	79.98%

从表8-6中可以看出,LY公司的资产负债率一直维持在较高的水平上,而2016年的资产负债率较之前有所降低,说明LY公司减少了对别人资金的依赖。同时对比该行业同期数据(表8-7)可知,LY公司的资产负债率不但高于行业均值,更远远高于行业中值,说明该公司较好地利用了财务杠杆,但是要注意防范财务风险。

表8-7 LY公司2016年资产负债率与行业数据的比较

指标	企业数据	行业均值	行业中值
资产负债率	79.98%	73.31%	49.27%

3. 已获利息倍数分析

LY 公司近 5 年的已获利息倍数如表 8-8 所示。

表 8-8　LY 公司近 5 年的已获利息倍数

指标＼年份	2012 年	2013 年	2014 年	2015 年	2016 年
已获利息倍数	5.06	2.71	3.16	2.13	4.45

由于在我国的财务报表中，不对企业的具体利息支出进行披露，因此使用当外部报表使用者无法找到利息费用的具体数值时，可以使用"财务费用"代替"利息费用"进行计算。LY 公司 2016 年的已获利息倍数为 4.45，说明 LY 公司有较强的利息偿付能力，其息税前利润可以用来偿还 4.45 次利息费用。

8.9.2　LY 公司营运能力分析

1. 总资产周转率分析

总资产周转率是综合评价企业全部资产的经营质量和利用效率的重要指标。LY 公司的总资产周转率、流动资产周转率指标如表 8-9 所示。

表 8-9　LY 公司 2012～2016 年的总资产周转率、流动资产周转率

指标＼年份	2012 年	2013 年	2014 年	2015 年	2016 年
总资产周转率	1.05	0.97	0.84	0.71	0.56
流动资产周转率	1.13	1.01	0.88	0.74	0.61
流动资产占总资产的比重	93.25%	96.48%	96.50%	96.02%	92.65%

从表 8-9 可看出，LY 公司总资产周转率指标呈逐年下滑态势，2016 年更是下降为 0.56，该数据说明 LY 公司以 1 元的资产投入只能赚取 0.56 元的收入，该公司总资产周转减慢，其销售能力在不断下降。

下面用连环代替法分析 2015～2016 年 LY 公司总资产周转率变动的影响因素（为便于分析，计算结果取 3 位小数）。

因为

$$总资产周转率 = \frac{营业收入}{平均总资产}$$

$$= \frac{营业收入}{平均流动资产} \times \frac{平均流动资产}{平均总资产}$$

$$= 流动资产周转率 \times 流动资产占总资产的比重$$

所以

2015 年总资产周转率 = 0.74 × 96.02% = 0.711　　①
流动资产周转率变化的影响 = 0.61 × 96.02% = 0.586　　②
流动资产占总资产比重的影响 = 0.61 × 92.65% = 0.565　　③

② − ① = −0.125；③ − ② = −0.021

由此可知，上述两种变化对总资产周转率的总影响是 −0.146（−0.125 − 0.021），流

动资产周转率的降低使总资产周转率下降了 0.125，流动资产占总资产比重的下降使总资产周转率下降了 0.021，可以看出流动资产周转率的变化对总资产周转率的影响更大一些，占到总影响的 85.62%（0.125÷0.146），即 LY 公司总资产周转率下降的主要原因在于流动资产周转率的下降。

2. 流动资产周转率分析

1）从存货的角度，对流动资产周转率指标进行分解可得：

$$流动资产周转率 = \frac{营业收入}{平均流动资产}$$

$$= \frac{营业成本}{平均存货} \times \frac{平均存货}{平均流动资产} \times \frac{营业收入}{营业成本}$$

$$= 存货周转率 \times 存货占流动资产的比重 \times 成本收入率$$

LY 公司 2012~2016 年的流动资产周转率构成如表 8-10 所示。

表 8-10　LY 公司 2012~2016 年的流动资产周转率构成

指标 \ 年份	2012 年	2013 年	2014 年	2015 年	2016 年
存货周转率	2.33	1.82	1.47	1.25	1.1
存货占流动资产的比重	44.87%	50.65%	54.78%	53.83%	50.50%
成本收入率	108.34%	109.38%	109.20%	109.51%	109.25%
流动资产周转率	1.13	1.01	0.88	0.74	0.61

下面用连环代替法分析 2015~2016 年 LY 公司流动资产周转率变动的影响因素（为便于分析，计算结果取 3 位小数）。

2015 年流动资产周转率 = 1.25 × 53.83% × 109.51% = 0.737　　①

存货周转率变化的影响 = 1.10 × 53.83% × 109.51% = 0.648　　②

存货占流动资产比重的影响 = 1.10 × 50.50% × 109.51% = 0.608　　③

成本收入率的影响 = 1.10 × 50.50% × 109.25% = 0.607　　④

② - ① = -0.089；③ - ② = -0.040；④ - ③ = -0.001

由此可知，上述三种变化对流动资产周转率的总影响是 -0.130（-0.089 - 0.040 - 0.001），其中，存货周转率变化的影响最大，存货周转率的下降使流动资产周转率下降了 0.089，占到总影响的 68.46%（0.089÷0.130）；存货占流动资产比重的下降使流动资产周转率下降了 0.040，占到总影响的 30.77%（0.040÷0.130）；而成本收入率对流动资产周转率的影响微乎其微，占到总影响的 0.77%（0.001÷0.130）。

由表 8-10 可知，LY 公司的存货周转率在逐年下降。对比行业数据（表 8-11）可知，LY 公司存货周转速度过慢，拖累了流动资产周转率指标，存货管理能力有待提高。

表 8-11　LY 公司 2016 年存货周转率与行业数据的比较

指标	企业数据	行业均值	行业中值
存货周转率	1.10	2.06	2.02

2）从应收账款的角度，对流动资产周转率指标进行分解可得：

$$流动资产周转率 = \frac{营业收入}{平均流动资产}$$

$$= \frac{营业收入}{平均应收账款} \times \frac{平均应收账款}{平均流动资产}$$

$$= 应收账款周转率 \times 应收账款占流动资产的比重$$

LY 公司应收账款周转率与应收账款占流动资产的比重如表 8-12 所示。

表 8-12　LY 公司 2012~2016 年的应收账款周转率与应收账款占流动资产的比重

指标＼年份	2012 年	2013 年	2014 年	2015 年	2016 年
应收账款周转率	4.04	3.78	3.48	2.28	1.97
应收账款占流动资产的比重	27.96%	26.65%	25.22%	32.32%	30.84%

下面用连环代替法分析 2015~2016 年 LY 公司应收账款对流动资产周转率变动的影响（为便于分析，计算结果取 3 位小数）。

2015 年流动资产周转率 = 2.28 × 32.32% = 0.737　　①
应收账款周转率变化的影响 = 1.97 × 32.32% = 0.637　　②
应收账款占流动资产比重的影响 = 1.97 × 30.84% = 0.608　　③

② - ① = -0.100；③ - ② = -0.029

由此可知，上述两种变化对流动资产周转率的总影响是 -0.129（-0.100 - 0.029），其中，应收账款周转率的下降使流动资产周转率下降了 0.100；应收账款占流动资产比重的下降使流动资产周转率上升了 0.029。

从上述分析可知，应收账款周转率下降对流动资产周转率的影响（-0.100）大于存货周转率下降的影响（-0.089）。

同时，对比同行业数据（表 8-13），可知 LY 公司应收账款收款速度持续放缓，远低于行业平均水平。

表 8-13　LY 公司 2016 年应收账款周转率与行业数据的比较

指标	企业数据	行业均值	行业中值
应收账款周转率	1.97	4.81	2.79

3. LY 公司营运能力变化趋势

LY 公司营运能力变化趋势如图 8-2 所示。

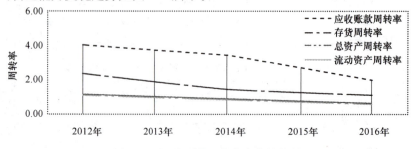

图 8-2　LY 公司营运能力变化趋势图

由图 8-2 可以看出，流动资产周转率和总资产周转率呈下降趋势，且基本保持了相同的下降幅度，说明总资产周转率主要受流动资产周转率变化的影响；同时从存货周转率与应收账款周转率的变化趋势来看，2014 年以后应收账款周转率下降幅度明显大于存货周转率。因此，要想提高企业的营运能力，就应将管理重点放在应收账款的管理上。

8.9.3 LY 公司获利能力分析

1. 营业毛利率和营业净利率分析

LY 公司的营业毛利率、营业净利率如表 8-14 所示。

表 8-14 LY 公司营业毛利率与营业净利率指标值

指标\年份	2012 年	2013 年	2014 年	2015 年	2016 年
营业毛利率	7.69%	8.58%	8.42%	8.69%	8.47%
营业净利率	2.82%	1.45%	1.49%	1.24%	2.40%

由表 8-14 可知，LY 公司营业毛利率与以前年度基本持平。同时对比该行业同期数据，如表 8-15 和图 8-3 所示。

表 8-15 LY 公司 2016 年营业毛利率和营业净利率与行业数据的比较

指标	企业数据	行业均值	行业中值
营业毛利率	8.47%	11.15%	15.75%
营业净利率	2.40%	3.26%	4.47%

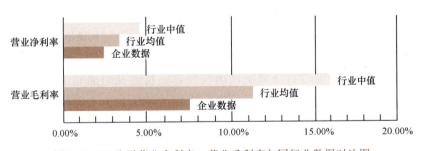

图 8-3 LY 公司营业净利率、营业毛利率与同行业数据对比图

由同行业的数据对比得知，LY 公司营业毛利率和营业净利率均低于行业中值和行业均值。从处于行业中位数的企业来看，一方面，每一百元的营业收入能产生 15.75 元的毛利；从行业平均水平来看，每一百元的营业收入能产生 11.15 元的毛利；而 LY 公司每一百元的营业收入只产生了 8.47 元的毛利。由此可见，相对同行业而言，LY 公司的营业成本占比较高。

另一方面，LY 公司较低的毛利率也导致了较低的净利率。虽然 LY 公司 2016 年与 2015 年相比，营业净利率指标值有了大幅提高，提高的幅度为 93.55%（（2.40% − 1.24%）÷ 1.24%），但是与同行业相比，LY 公司营业净利率指标值（2.40%）不但低于行业中值（4.47%）也低于行业均值（3.26%）。由此看出，LY 公司在成本控制方面落后于同行业，成本管理方面较为薄弱，未来应加强成本管理和成本控制，以降低生产经营成本，进而提高营业毛利率和营业净利率水平。

2. 净资产收益率分析

从 LY 公司 2012~2016 年净资产收益率的变化情况（表 8-16）来看，2016 年 LY 公司的净资产收益率较 2015 年有了较大幅度的增长，与 2014 年和 2013 年净资产收益率基本持平。

表 8-16 LY 公司 2012~2016 年的净资产收益率

指标＼年份	2012 年	2013 年	2014 年	2015 年	2016 年
净资产收益率	14.18%	7.32%	7.55%	5.68%	7.67%

此外，将 LY 公司的净资产收益率指标与该行业同期指标（表 8-17）进行比较可知，LY 公司的净资产收益率远低于行业水平，其获利能力亟待提高。

表 8-17 LY 公司 2016 年净资产收益率与行业数据的比较

指标	企业数据	行业均值	行业中值
净资产收益率	7.67%	10.39%	9.86%

3. 利润额增减变动水平分析

结合利润表对利润额增减变动水平做进一步的分析（表 8-18），可知：①净利润上升。LY 公司 2016 年的净利润相比 2015 年增长了 15 188.10 万元，增长幅度为 76.58%。净利润上升的原因主要在于利润总额的增加。②利润总额上升。利润总额上升的原因主要在于营业利润的增加和营业外支出的减少。③营业收入下降。LY 公司 2016 年的营业收入比 2015 年下降了 144 028.47 万元，下降幅度为 8.99%，营业成本与收入下降幅度基本持平。④营业利润上升。LY 公司 2016 年的营业利润比 2015 年增长了 18 567.88 万元，增长幅度为 59.08%。营业利润未随营业收入下降的原因主要在于税金及附加和财务费用的大幅下降。LY 公司 2016 年的税金及附加比 2015 年下降了 35 968.34 万元，下降幅度为 70.73%（由财务报表附注可知，税金及附加的减少主要是由于营业税改征增值税（简称营改增））；财务费用 2016 年比 2015 年下降了 6 175.64 万元，下降幅度为 40.96%（由财务报表附注可知，财务费用的降低主要原因为报告期募集资金到位归还银行贷款导致利息减少，同时汇兑收益较上期明显增加），这也从另一个侧面说明公司资产负债率的降低；管理费用 2016 年比 2015 年上升了 5 048.35 万元，上升幅度为 21.17%。税金及附加、财务费用、管理费用的综合作用导致 LY 公司的营业利润不降反增。

表 8-18 LY 公司利润额增减变动水平分析　　　　　　（单位：万元）

项目	2015 年报	2016 年报	增减额	增减比率
一、营业收入	1 602 876.81	1 458 848.34	-144 028.47	-8.99%
减：营业成本	1 463 657.87	1 335 348.56	-128 309.31	-8.77%
税金及附加	50 853.17	14 884.83	-35 968.34	-70.73%

(续)

项 目	2015年报	2016年报	增减额	增减比率
销售费用	783.80	737.71	-46.09	-5.88%
管理费用	23 846.00	28 894.35	5 048.35	21.17%
财务费用	15 078.86	8 903.22	-6 175.64	-40.96%
资产减值损失	17 130.29	20 696.43	3 566.14	20.82%
加：公允价值变动收益				
投资收益	-95.80	615.66	711.46	—
二、营业利润	31 431.02	49 998.90	18 567.88	59.08%
加：营业外收入	1 057.39	721.11	-336.28	-31.80%
减：营业外支出	421.74	205.95	-215.79	-51.17%
三、利润总额	32 066.67	50 514.06	18 447.39	57.53%
减：所得税费用	12 233.20	15 492.49	3 259.29	26.64%
四、净利润	19 833.47	35 021.57	15 188.10	76.58%

4. 利润结构分析

此外，对 LY 公司获利能力的分析也可以结合利润结构的变动（表 8-19）来分析。利润结构变动分析是指通过计算各因素或各财务成果在营业收入中的比重，分析说明财务成果及其增减变动的合理性。

表 8-19　LY 公司利润结构变动表

项 目	2015 年	2016 年
一、营业收入	100.00%	100.00%
减：营业成本	91.31%	91.53%
税金及附加	3.17%	1.02%
销售费用	0.05%	0.05%
管理费用	1.49%	1.98%
财务费用	0.94%	0.61%
资产减值损失	1.07%	1.42%
加：公允价值变动收益		
投资收益	-0.01%	0.04%
二、营业利润	1.96%	3.43%
加：营业外收入	0.07%	0.05%
减：营业外支出	0.03%	0.01%
三、利润总额	2.00%	3.46%
减：所得税费用	0.76%	1.06%
四、净利润	1.24%	2.40%

从表 8-19 可以看出 LY 公司 2016 年各项财务成果的构成情况。其中，营业利润占营业收入的比重为 3.43%，比上年度的 1.96% 增长了 1.47 个百分点；净利润占比为 2.40%，比上年度增长了 1.16 个百分点。从营业利润的结构来看，一方面，营业利润的增加主要是税

金及附加和财务费用的降低所导致的。另一方面，管理费用的上升对营业利润的增加产生了不利影响。从利润总额的结构来看，营业利润和投资收益的增加导致了利润总额的上升。由于利润总额的上升导致所得税费用增加，最终使净利润比上年度增加了1.16个百分点。

8.9.4 LY公司成长能力分析

LY公司成长能力指标计算结果如表8-20所示。

表8-20 LY公司2012～2016年的成长能力指标计算结果

指标＼年份	2012年	2013年	2014年	2015年	2016年
年资本增长率	13.15%	5.19%	6.44%	85.70%	50.93%
年总资产增长率	12.04%	24.91%	18.40%	16.98%	12.49%
年净利润增长率	-2.06%	-35.32%	12.81%	-18.37%	76.58%
年营业收入增长率	3.69%	9.54%	5.89%	-1.24%	-8.99%

由表8-20可知，LY公司的资本积累能力较好，2015年以来资本有了大幅度的提高，表明企业的资本积累多，企业资本保全性强，应付风险和持续发展的能力较强；从年总资产增长率指标来看，虽然该指标值有一定程度的波动，但是LY公司的总资产一直保持增长的态势，说明LY公司成长性较好。

但从年净利润增长率指标来看，该指标值呈现出了较大的波动。营业收入反映了企业的经营能力，是利润的主要来源，而LY公司年营业收入增长率指标值从2014年开始就一直呈现下降态势，且趋势明显。营业收入的持续下降显然说明LY公司的经营能力减弱，年净利润增长率指标的波动主要受其他非经营项目影响，故利润增长具有不可持续性。企业的营运能力决定了获利能力，而获利能力又影响了企业的成长能力。虽然LY公司的资本积累能力和总资产的成长性较好，但未来如果其营运能力得不到改善，则企业的成长能力会大打折扣。

8.9.5 LY公司杜邦分析

下面用杜邦分析的方法对LY公司的经营进行评价，如表8-21所示。

表8-21 LY公司杜邦分析数据

指标＼年份	2016年	2015年	2014年	2013年	2012年
总资产收益率① = ①×②	1.34%	0.88%	1.25%	1.40%	2.96%
营业净利率①	2.40%	1.24%	1.49%	1.45%	2.82%
总资产周转率②	0.56	0.71	0.84	0.97	1.05
权益乘数②③	5.68	6.47	6.00	5.24	4.80
净资产收益率 = 总资产收益率×③	7.63%	5.69%	7.51%	7.37%	14.21%

① 由于小数位数四舍五入，造成此处总资产收益率的值与前文计算略有不同。
② 因为此处权益乘数的计算采用了年初和年末的总资产和股东权益的平均数，所以此处权益乘数与前文直接采用公式计算的结果不同。

通过观察数据可以发现，LY 公司的净资产收益率虽然有波动，但基本保持上升的趋势。下面用连环代替法分析 2015~2016 年 LY 公司净资产收益率变动的影响因素（为便于分析，计算结果取 3 位小数）。

2015 年净资产收益率 = 1.24% ×0.71 ×6.47 = 5.696%　　①
营业净利率变化的影响 = 2.40% ×0.71 ×6.47 = 11.025%　　②
总资产周转率变化的影响 = 2.40% ×0.56 ×6.47 = 8.696%　　③
权益乘数变化的影响 = 2.40% ×0.56 ×5.68 = 7.634%　　④

② - ① = 5.329%；③ - ② = -2.329%；④ - ③ = -1.062%。

由此可知，上述三种变化使净资产收益率上升了 1.938%（5.329% - 2.329% - 1.062%），其中，营业净利率使净资产收益率上升了 5.329%；总资产周转率的下降拖累了净资产收益率指标，使该指标值下降了 2.329%；权益乘数指标值的下降使净资产收益率指标值下降了 1.062%。

进一步分析可以发现，LY 公司 2016 年的营业净利率指标远高于其他年度指标值（2013 年至今），相比 2015 年增幅达 1 倍；自 2013 年以来权益乘数维持在 5 以上；总资产周转率持续下降。由此可知，LY 公司净资产收益率上升的主要原因在于其营业净利率远高于其他年度。而在总资产收益率的影响因素中，2016 年的总资产周转率低于以前年度，这就是说该公司资产运营能力持续下降，总资产周转率指标拖累了净资产收益率指标。

8.9.6　年度财务报告附注分析

由于不能完全呈现 LY 公司全部的年报，因此此处只能尽可能地恢复该公司的实际情况，目的是介绍财务报告的分析方法。

1. 管理费用增加主要是 LY 公司 PPP（政府和社会资本合作）业务拓展的需要

LY 公司原主营业务为房屋建设，目前公司业务向基建及 PPP 平台运营方向转型以克服传统房屋建设受长期宏观经济低景气增长趋缓的影响，原有房屋建设体量下滑，向 PPP 方面倾斜，公司调结构呈现加速态势，且受益于较早布局 PPP 项目，在 PPP 开拓及接单方面均不断有所突破。

LY 公司 2016 年累计新承接业务量约 377.51 亿元，同比增长 54.34%；其中单一施工合同 153.7 亿元，同比下滑 8.5%，主要是由于公司主动控制传统模式订单承接；新签 PPP 合同共计 223.8 亿元，同比大幅增长 192.4%。传统单一施工合同订单占比已由 2015 年的 68.7% 下降至 2016 年的 40.7%。实现了施工订单爆发式增长，主要集中于道路、片区开发、市政工程等领域，与公司主要转型方向相符。根据财报披露，上半年公司结算 PPP 项目毛利率高达 21.22%，远超公司传统土建施工的毛利率；净利率为 9.1%，也远高于传统业务。公司未来受益于政府积极推进 PPP 项目，PPP 在监管性、法制性、公开性方面要远优于传统业务，PPP 转型对 LY 公司来说是重大机遇。

2. 营改增及财务费用对利润的影响大，PPP 红利尚未大量释放

2016 年 LY 公司的营业毛利率为 8.47%，较上年小幅下降 0.22 个百分点，主要是受传统业务毛利率下滑影响；受营改增影响，2016 年税金及附加为 1.48 亿元同比下降 70.73%，是净利润增长的重要原因；税金及附加占营业收入比下降 2.15 个百分点，下滑幅度大于营业毛利率下滑的幅度，表明 PPP 项目大幅提高了整体盈利性。

3. 非公开增发股票导致了 LY 公司资本的大幅增长

报告期内 LY 公司完成了非公开发行股票事宜，公司总股本由发行前的 947 600 000 股增加到 1 262 100 000 股，公司净资产增加，资产负债率降低，资本结构得以调整，资金实力增强，可以加速 PPP 项目的承接和执行。资金到位将强力支持公司 PPP 业务的发展。

本章小结

财务分析是促进企业提高财务管理水平和经济效益的财务管理活动。本章通过对施工企业偿债能力、营运能力、获利能力及成长能力的具体分析来揭示企业财务活动的效率和效果。企业人员在进行分析时应明确财务分析的目的与范围，选择适当的分析方法，以便提高分析的工作效率，保证分析的质量。

复习思考题

1. 企业的流动资产由哪些项目组成？它们的流动性有何不同？
2. 计算和分析流动比率指标时应注意哪些问题？
3. 长期偿债能力分析的主要指标有哪些？如何计算与分析？
4. 试述应收账款周转次数与应收账款周转天数的关系。
5. 为什么净资产收益率是反映获利能力的核心指标？

习 题

1. 某企业年销售额（全部赊销）为 500 000 元，毛利率为 20%，流动资产为 100 000 元，流动负债为 80 000 元，存货为 40 000 元，现金为 5 000 元。

要求：

（1）计算该企业的流动比率、速动比率。

（2）如果该企业要求存货年周转次数达 16 次，问企业年平均存货持有量应为多少？

（3）如果该企业要求应收账款平均持有量为 40 000 元，问应收账款回收期应为多少天？

2. 新飞公司 2016 年简化资产负债表如表 8-22 所示。

表 8-22　资产负债表　　　　　　　　　　　（单位：万元）

资　　产	金　　额	负债和所有者权益	金　　额
		短期借款	25
货币资金	30	应付账款	55
应收账款	60	应付职工薪酬	10
存货	80	长期借款	100
固定资产	330	实收资本	250
		未分配利润	60
合计	500	合计	500

该公司 2016 年度销售收入为 1 500 万元，净利润为 75 万元。

要求：
(1) 计算营业净利率。
(2) 计算总资产周转率（用年末数计算）。
(3) 计算权益乘数。
(4) 计算净资产收益率。

3. 宏达公司 2016 年产品销售成本为 315 000 万元，存货周转次数为 4.5 次；年末流动比率为 1.5；产权比率为 0.8，期初存货等于期末存货。

要求：
(1) 根据表 8-23 中的资料计算填列宏达公司 2016 年 12 月 31 日资产负债表简表。
(2) 假定本年销售净额为 86 000 万元，期初应收账款等于期末应收账款，计算该公司应收账款周转率。

表 8-23　宏达公司 2016 年 12 月 31 日资产负债表　　　　（单位：万元）

资产	金额	负债和所有者权益	金额
货币资金	25 000	流动负债	
应收账款		非流动负债	
存货		负债合计	
固定资产	294 000	所有者权益	240 000
资产合计		负债和所有者权益合计	

第 9 章 施工企业财务预算

[学习目标]

- 了解财务预算的概念和作用,理解财务预算编制程序和方法,掌握财务预算的具体构成内容及操作技巧
- 能运用弹性预算、零基预算和滚动预算等具体方法进行现金预算、预计财务报表的编制

9.1 财务预算概述

预算是计划工作的成果,是管理层在计划中设定的对未来一个时期经营活动的数量表述。它既是决策的具体化,又是控制生产经营活动的依据,是公司在近期内如何发展的一个执行蓝图。预算在传统上被看成是控制支出的工具,但新的观念是将其看成是"利用企业现有资源增加企业价值的一种方法"。

全面预算就是企业未来一定期间内全部经营活动各项具体目标的计划与相应措施的数量说明。具体包括特种决策预算、日常业务预算和财务预算三大类内容。

9.1.1 财务预算的特征

财务预算是一系列专门反映企业未来一定预算期内预计财务状况和经营成果,以及现金收支等价值指标的各种预算总称,具体包括反映现金收支活动的现金预算、反映企业财务状况的预计资产负债表、反映企业财务成果的预计利润表和预计现金流量表等内容。

财务预算属于企业计划体系的组成内容,是以货币表现的企业长期发展规划和近期经济活动的计划。同时,财务预算又是企业全面预算的一个重要方面,它与企业业务预算(即产、销、存预算)相互联系、相辅相成,共同构成企业完整的全面预算体系。财务预算具有综合性和导向性特征。

1. 综合性

对于企业业务预算而言,无论是生产预算还是销售预算,无论是流量预算还是存量预算,

除涉及成本、价格等价值指标外，更重要的是产、销、存的数量、结构等实物性指标的预算。由于这些实物性指标的一个重要特征就是不能加总，而必须按不同产品分别计量，因而决定了业务预算具有相对性的特征。不仅如此，就成本、价格等价值性指标来说，也是一些分项目、分品种的具体性指标，如生产成本既要按品种编制单位成本计划，又要按成本项目编制直接材料预算、直接人工预算和制造费用预算；再如产品销售价格，不仅要按品种进行计划，而且还应按不同质量等级、不同销售渠道（是内部转移还是对外销售）等分别予以制定。相比之下，财务预算中，无论是损益预算还是现金预算，均是以货币为计量单位的价值预算。

由于价值的抽象性特征，决定了不同产品、不同经营项目以及不同财务事项的数量方面能够直接汇总成为综合性的财务指标。不仅如此，就财务预算指标的设置而言，为便于其与实际指标的对比分析，通常要求与财务报表项目的口径保持一致。而财务报表的每一个项目均是企业经营及财务活动某一特定方面数量状况的综合反映，这样，据此设置的财务预算指标无疑就具有综合性的特征。

2. 导向性

企业管理以财务管理为中心，而财务管理以财务目标为导向。这里，以财务目标为导向，就是企业的一切经济活动均应从企业的财务目标出发，体现实现企业财务目标的要求。作为以财务目标为起点进行层层分解所形成的控制指标体系，企业财务预算是财务目标的具体化。其中，财务预算中的损益预算指标是财务目标之收益目标的具体化，现金流量预算及资本结构预算中则是财务目标之风险控制目标的具体化。这两个方面综合起来，也就体现了收益与风险的最佳组合——企业价值最大化的目标要求。企业财务预算的这一属性决定了其对企业经济活动具有导向作用，它是财务目标导向作用的具体实现程序。如果说财务目标属于总体上的观念导向，那么财务预算则是具体层次上的行为导向。这种行为导向主要体现为，企业的一切经济活动均应以预算指标为控制依据，符合实现预算指标的要求。

9.1.2 财务预算的作用

财务预算是企业全面预算体系中的组成部分，它在全面预算体系中具有重要的作用，主要表现在以下几个方面。

1. 财务预算使决策目标具体化、系统化和定量化

在现代企业财务管理中，财务预算必须服从决策目标的要求，尽量做到全面地、综合地协调、规划企业内部各部门、各层次的经济关系与职能，使之统一服从于未来经营总体目标的要求。同时，财务预算又能使决策目标具体化、系统化和定量化，能够明确规定企业有关生产经营人员各自职责及相应的奋斗目标，做到人人事先心中有数。

2. 财务预算是总预算，其余预算是辅助预算

财务预算作为全面预算体系中的最后环节，可以从价值方面总括地反映经营特种决策预算与业务预算的结果，使预算执行情况一目了然。

3. 财务预算有助于财务目标的顺利实现

通过财务预算，可以建立评价企业财务状况的标准，以预算数作为标准的依据，将实际数与预算数对比，及时发现问题和调整偏差，使企业的经济活动按预定的目标进行，从而实现企业的财务目标。

编制财务预算,并建立相应的预算管理制度,可以指导与控制企业的财务活动,提高预见性,减少盲目性,使企业的财务活动有条不紊地进行。

9.2 财务预算的编制方法

编制财务预算的方法按其业务量基础的数量特征不同,可分固定预算方法和弹性预算方法;编制成本费用预算的方法按其出发点的特征不同,可分为增量预算方法和零基预算方法;编制预算的方法按其预算期的时间特征不同,可分为定期预算方法和滚动预算方法。

9.2.1 固定预算与弹性预算

1. 固定预算

固定预算又称静态预算,是把企业预算期的业务量固定在某一预计水平上,以此为基础来确定其他项目预计数的预算方法。

也就是说,预算期内编制财务预算所依据的成本费用和利润信息都只是在一个预定的业务量水平的基础上确定的。显然,以未来固定不变的业务水平所编制的预算赖以存在的前提条件,必须是预计业务量与实际业务量相一致(或相差很小)才比较适合。但是,在实际工作中,预计业务量与实际水平相差比较大时,必然导致有关成本费用及利润的实际水平与预算水平因基础不同而失去可比性,不利于开展控制与考核。而且有时会引起人们的误解。例如,某企业预计业务量为销售 100 000 件产品,按此业务量给销售部门的预算费用为 50 000元。如果该销售部门实际销售量达到 120 000 件,超出了预算业务量,固定预算下的费用预算却仍为 50 000 元。

固定预算方法的优点是简便易行,但却具有以下缺点:

1)过于机械呆板。因为编制预算的业务量基础是事先假定的某一个业务量,不论预算期内业务量水平可能发生哪些变动,都只按事先确定的某一个业务量水平作为编制预算的基础。

2)可比性差。这是固定预算方法的致命弱点。当实际的业务量与编制预算所根据的预计业务量发生较大差异时,有关预算指标的实际数与预算数就会因业务量基础不同而失去可比性。因此,按照固定预算方法编制的预算不利于正确地控制、考核和评价企业预算的执行情况。

一般来说,固定预算只适用于业务量水平较为稳定的企业或非营利组织编制预算。

2. 弹性预算

弹性预算是固定预算的对称,又称变动预算、滑动预算,是在变动成本法的基础上,以未来不同业务水平为基础编制预算的方法。

弹性预算是指以预算期间可能发生的多种业务量水平为基础,分别确定与之相应的费用数额而编制的、能适应多种业务量水平的费用预算,以便反映在各业务量的情况下所应开支(或取得)的费用(或利润)水平。正是由于这种预算可以随着业务量的变化而反映各该业务量水平下的支出控制数,具有一定的伸缩性,适用面广,因而称为弹性预算。

用弹性预算的方法来编制成本预算时,其关键在于把所有的成本按其性态划分为变动成本与固定成本两大部分。在编制预算时,变动成本随业务量的变动而予以增减,固定成本则

在相关的业务量范围内稳定不变。变动成本主要根据单位业务量来控制,固定成本则按总额控制。成本的弹性预算公式如下:

成本的弹性预算 = 固定成本预算数 + ∑(单位变动成本预算数 × 预计业务量) (9-1)

通过编制弹性预算,能提供一系列生产经营业务量的预算数据。它是为一系列业务量水平而编制的,因此,当某一预算项目的实际业务量达到任何水平时(必须在选择的业务量范围之内),都有其适用的一套控制标准。另外,由于预算是按各项成本的性态分别列示的,因而可以方便地计算出在任何实际业务量水平下的预测成本,从而为管理人员在事前据以严格控制费用开支提供方便,也有利于在事后细致分析各项费用节约或超支的原因,并及时解决问题。

弹性预算一方面能够适应不同经营活动情况的变化,扩大了预算的范围,可以更好地发挥预算的控制作用,避免了在实际情况发生变化时,对预算做频繁的修改;另一方面能够使预算对实际执行情况的评价与考核,建立在更加客观、可比的基础上。

由于未来业务量的变动会影响到成本费用和利润各个方面,因此,弹性预算理论上讲适用于全面预算中与业务量有关的各种预算。但从实用角度来看,主要用于编制制造费用、销售及管理费用等半变动成本(费用)的预算和利润预算。

编制弹性预算的步骤如下:

1) 选择和确定各种经营活动的计量单位消耗量、人工小时、机器工时等。

2) 预测和确定可能达到的各种经营活动业务量。在确定经营活动业务量时,要与各业务部门共同协调,一般可按正常经营活动水平的70%~120%确定,也可以过去历史资料中的最低业务量和最高业务量为上下限,然后再在其中划分若干等级,这样编出的弹性预算较为实用。

3) 根据成本性态和业务量之间的依存关系,将企业生产成本划分为变动和固定两个类别,并逐项确定各项费用与业务量之间的关系。

4) 计算各种业务量水平下的预测数据,并用一定的方式表示,形成某一项的弹性预算。

[例 9-1] 某公司第一车间,生产能力为 30 000h,按生产能力的 80%、90%、100%、110% 编制 2017 年 9 月份该车间制造费用弹性预算如表 9-1 所示。

表 9-1 弹性预算

部门:第一车间
预算期:2017 年 9 月份 (单位:元)

费用项目	变动费用率/(元/h)	生产能力			
		80%	90%	100%	110%
		24 000h	27 000h	30 000h	33 000h
变动费用					
间接材料	0.5	12 000	13 500	15 000	16 500
间接人工	1.5	36 000	40 500	45 000	49 500
维修费用	2	48 000	54 000	60 000	66 000
电力	0.45	10 800	12 150	13 500	14 850
水费	0.3	7 200	8 100	9 000	9 900
电话费	0.25	6 000	6 750	7 500	8 250

（续）

费用项目	变动费用率/（元/h）	生产能力			
		80% 24 000h	90% 27 000h	100% 30 000h	110% 33 000h
小计	5	120 000	135 000	150 000	165 000
固定费用					
间接人工		5 000	5 000	5 000	8 000
维修费用		5 000	5 000	5 000	6 000
电话费		1 000	1 000	1 000	1 000
折旧		10 000	10 000	10 000	14 000
小计		21 000	21 000	21 000	29 000
合计		141 000	156 000	171 000	194 000
小时费用率/(元/h)		5.875	5.778	5.700	5.879

从表9-1可知，当生产能力超过100%，达到了110%时，固定费用中的有些费用项目将发生变化，间接人工增加了3 000元，维修费用增加了1 000元，折旧增加了4 000元。这就说明固定成本超过一定的业务量范围，成本总额也会发生变化，并不是一成不变的。

从弹性预算中也可以看到，当生产能力达到100%时，小时费用率为最低5.700元/h，它说明企业充分利用生产能力，且产品销路没有问题时，应向这个目标努力，从而使成本降低，利润增加。

9.2.2 增量预算与零基预算

1. 增量预算

增量预算方法又称调整预算方法，是指以基期成本费用水平为基础，结合预算期业务量水平及有关影响成本因素的未来变动情况，通过调整有关原有费用项目而编制预算的一种方法。

增量预算以过去的费用发生水平为基础，主张无须在预算内容上做较大的调整，它的编制遵循如下假定：

1）企业现有业务活动是合理的，不需要进行调整。
2）企业现有各项业务的开支水平是合理的，在预算期予以保持。
3）以现有业务活动和各项活动的开支水平，确定预算期各项活动的预算数。

这是一种传统的预算方法，这种预算方法比较简单，但它以过去的水平为基础，实际上就是承认过去是合理的，无须改进。因此往往不加分析地保留或接受原有成本项目，或按主观臆断平均削减，或只增不减，这样容易造成预算的不足，或者安于现状，造成预算不合理的开支。

2. 零基预算

零基预算又称零底预算，其全称为以零为基础编制计划和预算的方法，是指对任何一个预算期，任何一种费用项目的开支，都不是从原有的基础出发，即根本不考虑基期的费用开支水平，而是一切以零为起点，从零开始考虑各费用项目的必要性，确定预算收支，编制预算。

零基预算方法最初是由美国德州仪器公司开发的。这种预算不以历史为基础作修修补补，在年初重新审查每项活动对实现组织目标的意义和效果，并在成本—效益分析的基础上，重新排出各项管理活动的优先次序，并据此决定资金和其他资源的分配。

零基预算的编制程序：

1）第一步，划分和确定基层预算单位。企业里各基层业务单位通常被视为能独立编制预算的基层单位。

2）第二步，编制本单位的费用预算方案。由企业提出总体目标，然后各基层预算单位根据企业的总目标和自身的责任目标出发，编制本单位为实现上述目标的费用预算方案，在方案中必须详细说明、提出项目的目的、性质、作用，以及需要开支的费用数额。

3）第三步，进行成本—效益分析。基层预算单位按下达的"预算年度业务活动计划"，确认预算期内需要进行的业务项目及其费用开支后，管理层对每一个项目的所需费用和所得收益进行比较分析，权衡轻重，区分层次，划出等级，挑出先后。基层预算单位的业务项目一般分为三个层次：第一个层次是必要项目，即非进行不可的项目；第二个层次是需要项目，即有助于提高质量、效益的项目；第三个层次是改善工作条件的项目。进行成本—效益分析的目的在于判断基层预算单位各个项目费用开支的合理程度、先后顺序以及对本单位业务活动的影响。

4）第四步，审核分配资金。根据预算项目的层次、等级和次序，按照预算期可动用的资金及其来源，依据项目的轻重缓急次序，分配资金，落实预算。

5）第五步，编制并执行预算。资金分配方案确定后，就制定零基预算正式稿，经批准后下达执行。执行中遇有偏离预算的地方要及时纠正，遇有特殊情况要及时修正，遇有预算本身问题要找出原因，总结经验加以提高。

与传统预算编制方法相比，零基预算具有以下优点。

（1）有利于提高员工的"投入—产出"意识

传统的预算编制方法，主要是由专业人员完成的，零基预算是以"零"为起点观察和分析所有业务活动，并且不考虑过去的支出水平，因此，需要动员企业的全体员工参与预算编制，这样使得不合理的因素不能继续保留，从投入开始减少浪费，通过成本—效益分析，提高产出水平，从而能使投入—产出意识得以增强。

（2）有利于合理分配资金

每项业务经过成本—效益分析，对每个业务项目是否应该存在、支出金额若干，都要进行分析计算，精打细算，量力而行，能使有限的资金流向富有成效的项目，所分配的资金能更加合理。

（3）有利于发挥基层单位参与预算编制的创造性

零基预算的编制过程中，企业内部情况易于沟通和协调，企业整体目标更趋明确，多业务项目的轻重缓急容易得到共识，有助于调动基层单位参与预算编制的主动性、积极性和创造性。

（4）有利于提高预算管理水平

零基预算极大地增加了预算的透明度，预算支出中的人头经费和专项经费一目了然，各级之间争吵的现象可能缓解，预算会更加切合实际，会更好地起到控制作用，整个预算的编制和执行也能逐步规范，预算管理水平会得以提高。

尽管零基预算方法和传统的预算方法相比有许多好的创新，但在实际运用中仍存在一些"瓶颈"。

1）由于一切工作从"零"做起，因此采用零基预算方法编制工作量大、费用相对较高。

2）分层、排序和资金分配时，可能有主观影响，容易引起部门之间的矛盾。

3）任何单位工作项目的"轻重缓急"都是相对的，过分强调当前的项目，可能使有关人员只注重短期利益，忽视本单位作为一个整体的长远利益。

9.2.3 定期预算与滚动预算

1. 定期预算

定期预算也称阶段性预算，是指在编制预算时以不变的会计期间（如日历年度）作为预算期的一种编制预算的方法。

定期预算的唯一优点是能够使预算期间与会计年度相配合，便于考核和评价预算的执行结果。

定期预算有三大缺点：

1）盲目性。因为定期预算多在其执行年度开始前两、三个月进行，对于整个预算年度的生产经营活动很难作出准确的预算，特别是在多变的市场下，许多数据资料只能估计，数据笼统含糊，缺乏远期指导性，给预算的执行带来很多困难，不利于对生产经营活动的考核与评价，具有盲目性。

2）不变性。预算执行中，许多不测因素会妨碍预算的指导功能，甚至使之失去作用，而预算在实施过程中又往往不能进行调整，使之成为虚假预算。

3）间断性。预算的连续性差，定期预算只考虑一个会计年度的经营活动，即使年中修订的预算也只是针对剩余的预算期，对下一个会计年度很少考虑，形成人为的预算间断。

2. 滚动预算

滚动预算又称连续预算或永续预算，是指按照"近细远粗"的原则，根据上一期的预算完成情况，调整和具体编制下一期预算，并将编制预算的时期逐期连续滚动向前推移，使预算总是保持一定的时间幅度。简单地说，就是根据上一期的预算指标完成情况，调整和具体编制下一期预算，并将预算期连续滚动向前推移的一种预算编制方法。

滚动预算的编制，可采用长计划、短安排的方式进行，即在编制预算时，可先按年度分季，并将其中第一季度按月划分，编制各月的详细预算。其他三个季度的预算可以粗一些，只列各季总数，到第一季度结束前，再将第二季度的预算按月细分，第三、四季度及下年度第一季度只列各季总数，依此类推，使预算不断地滚动下去。

滚动预算可以保持预算的连续性和完整性。企业的生产经营活动是连续不断的，因此，企业的预算也应该全面地反映这一延续不断的过程，使预算方法与生产经营过程相适应。同时，企业的生产经营活动是复杂的，而滚动预算便于随时修订预算，确保企业经营管理工作秩序的稳定性，充分发挥预算的指导与控制作用。滚动预算能克服

9.3 现金预算与预计财务报表的编制

9.3.1 现金预算的编制

现金预算又称现金收支预算，是反映预算期企业全部现金收入和全部现金支出的预算。完整的现金预算，一般包括以下四个组成部分：现金收入、现金支出、现金余缺（收支差额）、现金融通。

现金预算实际上是其他预算有关现金收支部分的汇总，以及收支差额平衡措施的具体计划。它的编制，要以其他各项预算为基础，或者说其他预算在编制时要为现金预算作好数据准备。

下面分别介绍各项预算的编制，为现金预算的编制提供数据以及编制依据。

1. 销售预算

销售预算是在销售预测的基础上，根据企业年度目标利润确定的预计销售量、销售单价和销售收入等参数编制的，用于规划预算期销售活动的一种业务预算。在编制过程中，应根据年度内各季度市场预测的销售量和销售单价，确定预计销售收入，并根据各季现销收入与收回前期的应收账款反映现金收入额，以便为编制现金预算提供资料。根据销售预测确定的销售量和销售单价确定各期销售收入，并根据各期销售收入和企业信用政策，确定每期的销售现金流量，是销售预算的两个核心问题。

由于企业其他预算的编制都必须以销售预算为基础，因此，销售预算是编制全面预算的起点。

[例9-2] 大华有限公司生产和销售A产品，根据2017年各季度的销售量及售价的有关资料编制销售预算，如表9-2所示。

表9-2 大华有限公司销售预算
2017年度

项 目	第一季度	第二季度	第三季度	第四季度	合 计
预计销售量/件	1 000	1 500	2 000	1 800	6 300
单位售价/元	4 000	4 000	4 000	4 000	
销售收入/元	4 000 000	6 000 000	8 000 000	7 200 000	25 200 000

在实际工作中，产品销售往往不是现购现销的，即产生了很大数额的应收账款，所以，销售预算中通常还包括预计现金收入的计算，其目的是为编制现金预算提供必要的资料。

假设本例中，每季度销售收入在本季收到现金60%，其余赊销在下季度收账。大华有限公司2017年预计现金收入如表9-3所示。

表9-3 大华有限公司预计现金收入

2017年度　　　　　　　　　　　　　　　　　　　　　　　（单位：元）

项目	本期应收账款	现金收入			
		第一季度	第二季度	第三季度	第四季度
期初数	650 000	650 000			
第一季度	4 000 000	2 400 000	1 600 000		
第二季度	6 000 000		3 600 000	2 400 000	
第三季度	8 000 000			4 800 000	3 200 000
第四季度	7 200 000				4 320 000
期末数	2 880 000				
合计	22 970 000	3 050 000	5 200 000	7 200 000	7 520 000

注：期初数650 000元为2016年第四季度赊销金额。

2. 生产预算

生产预算是规划预算期生产数量而编制的一种业务预算，它是在销售预算的基础上编制的，并可以作为编制材料采购预算和生产成本预算的依据。编制生产预算的主要依据是预算期各种产品的预计销售量及存货期初、期末资料。

生产预算的要点是确定预算期的产品生产量和期末结存产品数量，前者为编制材料预算、人工预算、制造费用预算等提供基础，后者是编制期末存货预算和预计资产负债表的基础。

通常，企业的生产和销售不能做到"同步量"，生产数量除了满足销售数量外，还需要设置一定的存货，以保证能在发生意外需求时按时供货，并可均衡生产，节省赶工的额外开支。预计生产量可用下列公式计算：

$$预计生产量 = 预计销售量 + 预计期末存货量 - 预计期初存货量 \tag{9-2}$$

[例9-3] 大华有限公司希望能在每季末保持相当于下季度销售量10%的期末存货，上年年末产品的期末存货为100件，单位成本2 100元，共计210 000元。预计下年第一季度销售量为2 000件，大华有限公司2017年生产预算如表9-4所示。

表9-4 大华有限公司生产预算

2017年度　　　　　　　　　　　　　　　　　　　　　　　（单位：件）

项目	第一季度	第二季度	第三季度	第四季度	全年合计
预计销售量	1 000	1 500	2 000	1 800	6 300
加：期末存货	150	200	180	200	
合计	1 150	1 700	2 180	2 000	7 030
减：期初存货	100	150	200	180	
预计生产量	1 050	1 550	1 980	1 820	6 400

3. 直接材料预算

直接材料预算是为了规划预算期材料消耗情况及采购活动而编制的，用于反映预算期各种材料消耗量、采购量、材料消耗成本和材料采购成本等计划信息的一种业务预算。依据预计产品生产量和材料单位耗用量，确定生产需要耗用量，再根据材料的期初、期末结存情况，确定材料采购量，最后根据采购材料的付款，确定现金支出情况。

在生产预算的基础上可以编制直接材料预算，但同时还要考虑期初、期末原材料存货的水平。直接材料生产上的需要量同预计采购量之间的关系可按下列公式计算：

$$预计采购量 = 生产需要量 + 期末库存量 - 期初库存量 \quad (9\text{-}3)$$

期末库存量一般是按照下期生产需要量的一定百分比来计算的。

$$生产需要量 = 预计生产量 \times 单位产品材料耗用量 \quad (9\text{-}4)$$

[例9-4] 假设A产品只耗用一种材料，大华有限公司期望每季季末材料库存量为下季度生产需要量的20%，上年年末库存材料15 000kg，预计下年第一季度生产量2 000件。大华有限公司2017年直接材料预算如表9-5所示。

表9-5 大华有限公司直接材料预算
2017年度

项目	第一季度	第二季	第三季度	第四季度	全年合计
预计生产量/件	1 050	1 550	1 980	1 820	6 400
材料用量/(kg/件)	50	50	50	50	
生产需用量/kg	52 500	77 500	99 000	91 000	320 000
加：预计期末存量/kg	15 500	19 800	18 200	20 000	
合计/kg	68 000	97 300	117 200	111 000	393 500
减：预计期初存量/kg	15 000	15 500	19 800	18 200	
预计采购量/kg	53 000	81 800	97 400	92 800	325 000
单价/元	30	30	30	30	
预计采购金额/元	1 590 000	2 454 000	2 922 000	2 784 000	9 750 000

材料的采购与产品的销售相类似，即货款也不是马上用现金全部支付的，这样就可能存在一部分应付款项，所以，对于材料采购还须编制现金支出预算，目的是为了便于编制现金预算。

假设本例材料采购的货款有50%在本季度内付清，另外50%在下季度付清。大华有限公司2017年度预计现金支出如表9-6所示。

表9-6 大华有限公司预计现金支出
2017年度　　　　　　　　　　　　　　　　　　　　　　（单位：元）

项目	本期发生额	现金支出			
		第一季度	第二季度	第三季度	第四季度
期初数	850 000	850 000			
第一季度	1 590 000	795 000	795 000		
第二季度	2 454 000		1 227 000	1 227 000	
第三季度	2 922 000			1 461 000	1 461 000
第四季度	2 784 000				1 392 000
期末数	1 392 000				
合计	9 208 000	1 645 000	2 022 000	2 688 000	2 853 000

注：期初数850 000元为2016年第四季度赊购金额。

4. 直接人工预算

直接人工预算是一种既反映预算期内人工工时消耗水平，又规划人工成本开支的业务预算。这项预算是根据生产预算中的预计生产量以及单位产品所需的直接人工小时和单位小时工资率进行编制的。在通常情况下，企业往往要雇用不同工种的人工，必须按工种类别分别计算不同工种的直接人工小时总数；然后将算得的直接人工小时总数分别乘以各该工种的工资率，再予以合计，即可求得预计直接人工成本的总数。

[例9-5] 大华有限公司2017年直接人工预算如表9-7所示。

表9-7 大华有限公司直接人工预算
2017年度

项目	第一季度	第二季度	第三季度	第四季度	全年合计
预计生产量/件	1 050	1 550	1 980	1 820	6 400
单位产品工时/h	10	10	10	10	
人工总工时/h	10 500	15 500	19 800	18 200	64 000
每小时人工成本/元	20	20	20	20	
人工总成本/元	210 000	310 000	396 000	364 000	1 280 000

5. 制造费用预算

制造费用预算是指除了直接材料和直接人工预算以外的其他一切生产成本的预算。制造费用按其成本性态可分为变动制造费用和固定制造费用两部分。变动制造费用以生产预算为基础来编制，即根据预计生产量和预计的变动制造费用分配率来计算；固定制造费用是期间成本直接列入损益作为当期利润的一个扣减项目，与本期的生产量无关，一般可以按照零基预算的编制方法编制。

在编制制造费用预算时，为方便现金预算编制，还需要确定预算期的制造费用预算的现金支出部分。为方便，一般将制造费用中扣除折旧费后的余额，作为预算期内的制造费用现金支出。

制造费用预算的要点是确定各个变动和固定制造费用项目的预算金额，并确定预计制造费用的现金支出。

[例9-6] 大华有限公司2017年制造费用预算如表9-8所示。

表9-8 大华有限公司制造费用预算
2017年度　　　　　　　　　　　　　　　　　　　　（单位：元）

项目	费用分配率（元/件）	第一季度	第二季度	第三季度	第四季度	全年合计
预计生产量/件		1 050	1 550	1 980	1 820	6 400
变动制造费用						
间接材料	120	126 000	186 000	237 600	218 400	768 000
间接人工	40	42 000	62 000	79 200	72 800	256 000
修理费	25	26 250	38 750	49 500	45 500	160 000
水电费	15	15 750	23 250	29 700	27 300	96 000

第9章 施工企业财务预算

（续）

项　　目	费用分配率（元/件）	第一季度	第二季度	第三季度	第四季度	全年合计
小计	200	210 000	310 000	396 000	364 000	1 280 000
固定制造费用						
修理费		25 000	30 000	25 000	30 000	110 000
水电费		50 000	50 000	50 000	50 000	200 000
管理人员工资		80 000	80 000	80 000	80 000	320 000
折旧		122 500	122 500	122 500	122 500	490 000
保险费		8 000	8 000	8 000	8 000	32 000
小计		285 500	290 500	285 500	290 500	1 152 000
合计		495 500	600 500	681 500	654 500	2 432 000
减：折旧		122 500	122 500	122 500	122 500	490 000
现金支出费用		373 000	478 000	559 000	532 000	1 942 000

6. 单位生产成本预算

单位生产成本预算是反映预算期内各种产品生产成本水平的一种业务预算。单位生产成本预算是在生产预算、直接材料预算、直接人工预算和制造费用预算的基础上编制的，通常应反映单位产品生产成本。

单位产品预计生产成本 = 单位产品直接材料成本 + 单位产品直接人工成本 + 单位产品制造费用

(9-5)

上述资料分别来自直接材料预算、直接人工预算和制造费用预算。

以单位产品成本预算为基础，还可以确定期末结存产品成本，公式如下：

期末结存产品成本 = 期初结存产品成本 + 本期产品生产成本 − 本期销售产品成本 　(9-6)

公式中的期初结存产品成本和本期销售产品成本，应该根据具体的存货计价方法确定。确定期末结存产品成本后，可以与预计直接材料期末结存成本一起，一并在期末存货预算中予以反映。本章中期末存货预算略去不做介绍，期末结存产品的预计成本合并在单位产品生产成本中列示。

单位产品生产成本预算的要点是确定单位产品预计生产成本和期末结存产品预计成本。

[例 9-7] 大华有限公司 2017 年度单位生产成本预算如表 9-9 所示。

表 9-9　大华有限公司单位生产成本预算

2017 年度　　　　　　　　　　　　　　　　　　　　（单位：元）

成本项目	全年生产量 6 400 件			
	单位产品消耗量	单价	单位成本	总成本
直接材料	50kg	30	1 500	9 600 000
直接人工	10h	20	200	1 280 000
变动制造费用	10	20	200	1 280 000
固定制造费用	10	18	180	1 152 000
合计			2 080	13 312 000

(续)

成本项目	全年生产量6 400件			
	单位产品消耗量	单价	单位成本	总成本
产成品存货	数量/件		单位成本	总成本
年初存货	100		2 100	210 000
年末存货	200		2 080	416 000
本年销售	6 300			13 106 000

7. 销售及管理费用预算

销售及管理费用预算是以价值形式反映整个预算期内为销售产品和维持一般行政管理工作而发生的各项目费用支出预算。该预算可与制造费用预算一样划分固定费用和变动费用列示，其编制方法与制造费用预算相同，也可全部按固定费用列示。在该预算表下也应附列计划期间预计销售及管理费用的现金支出计算表，以便编制现金预算。

销售及管理费用预算的要点是确定各个变动及固定费用项目的预算数，并确定预计的现金支出。

[例9-8] 大华有限公司2017年度销售及管理费用预算如表9-10所示。

表9-10 大华有限公司销售及管理费用预算
2017年度 （单位：元）

项目	第一季度	第二季度	第三季度	第四季度	全年合计
销售及管理人员薪金	200 000	200 000	200 000	200 000	800 000
福利费	28 000	28 000	28 000	28 000	112 000
广告费	150 000	150 000	150 000	150 000	600 000
办公费	90 000	90 000	90 000	90 000	360 000
保险费	20 000	20 000	20 000	20 000	80 000
杂项	8 000	8 000	8 000	8 000	32 000
合计	496 000	496 000	496 000	496 000	1 984 000

8. 专门决策预算

专门决策预算主要是长期投资预算，又称资本支出预算，通常是指与项目投资决策相关的专门预算，它往往涉及长期建设项目的资金投放与筹集，并经常跨越多个年度。编制专门决策预算的依据是项目财务可行性分析资料以及企业筹资决策资料。

专门决策预算的要点是准确反映项目资金投资支出与筹资计划，它同时也是编制现金预算和预计资产负债表的依据。

[例9-9] 大华有限公司决定于2017年上马一条新的生产线，第二季度支付投资款，并于年末投入使用，有关投资与筹资预算如表9-11所示。

表9-11 大华有限公司专门决策预算
2017年度 （单位：元）

项目	第一季度	第二季度	第三季度	第四季度	全年合计
投资支出预算			2 000 000		2 000 000

第9章 施工企业财务预算

9. 现金预算

现金预算的编制，是以各项日常业务预算和特种决策预算为基础来反映各预算的收入款项和支出款项。其目的在于资金不足时如何筹措资金，资金多余时怎样运用资金，并且提供现金收支的控制限额，以便发挥现金管理的作用。

[例9-10] 根据例9-2～例9-9所编制的各种预算提供的资料，并假设大华有限公司每季度末应保持现金余额500 000元。若资金有余，应优先偿还短期借款，然后用于短期投资；若现金短缺，应优先出售短期投资，然后举借短期借款。短期投资以100 000元为单位购入或出售；短期借款以100 000元为单位借入或偿还，借款年利率为10%，于季初借入下季末偿还，借款利息于每季度末支付。同时，每季度预交所得税400 000元，在第二季度和第四季度分别发放现金股利1 000 000元和2 000 000元。大华有限公司现金预算如表9-12所示。

表9-12 大华有限公司现金预算表
2017年度 （单位：元）

项　　目	第一季度	第二季度	第三季度	第四季度
期初现金余额	525 000	548 500	540 000	501 000
加：经营现金收入	3 050 000	5 200 000	7 200 000	7 520 000
可供支配的现金合计	3 575 000	5 748 500	7 740 000	8 021 000
经营性现金支出				
直接材料	1 645 000	2 022 000	2 688 000	2 853 000
直接人工	210 000	310 000	396 000	364 000
制造费用	373 000	478 000	559 000	532 000
销售及管理费用	496 000	496 000	496 000	496 000
预交所得税	400 000	400 000	400 000	400 000
发放股利		1 000 000		2 000 000
资本性支出现金			2 000 000	
支出合计	3 124 000	4 706 000	6 539 000	6 645 000
现金余缺	451 000	1 042 500	1 201 000	1 376 000
资金筹措与运用				
取得长期借款				
偿还长期借款				
取得短期借款	100 000			
偿还短期借款		100 000		
支付利息	2 500	2 500		
进行短期投资		400 000	700 000	800 000
出售短期投资				
期末现金余额	548 500	540 000	501 000	576 000

9.3.2 预计财务报表的编制

预计的财务报表是财务管理的重要工具，包括预计利润表、预计资产负债表。

1. 预计利润表

预计利润表用来综合反映企业在计划期的预计经营成果,是企业最主要的财务预算表之一。编制预计利润表的依据是各业务预算、专门决策预算和现金预算。

[例 9-11] 根据前述的各种预算,大华有限公司 2017 年度的预计利润表如表 9-13 所示。

表 9-13 大华有限公司预计利润表
2017 年度 (单位:元)

项　　目	第一季度	第二季度	第三季度	第四季度	全年合计
营业收入	4 000 000	6 000 000	8 000 000	7 200 000	25 200 000
减:营业成本	2 082 000	3 120 000	4 160 000	3 744 000	13 106 000
销售及管理费用	496 000	496 000	496 000	496 000	1 984 000
财务费用	2 500	2 500	0	0	5 000
利润总额	1 419 500	2 381 500	3 344 000	2 960 000	10 105 000
减:所得税费用(税率为20%)	283 900	476 300	668 800	592 000	2 021 000
净利润	1 135 600	1 905 200	2 675 200	2 368 000	8 084 000

2. 预计资产负债表

预计资产负债表用来反映企业在计划期末预计的财务状况。它的编制需以计划期开始日的资产负债表为基础,结合计划期间各项业务预算、专门决策预算、现金预算和预计利润表进行编制。它是编制全面预算的终点。

[例 9-12] 大华有限公司 2017 年度的预计资产负债表如表 9-14 所示。

表 9-14 大华有限公司预计资产负债表
2017 年 12 月 31 日 (单位:元)

资　产	期初数	期末数	负债和所有者权益	期初数	期末数
流动资产			流动负债		
货币资金	525 000	576 000	应付账款	850 000	1 392 000
应收账款	650 000	2 880 000	应交税费		421 000
存货	660 000	1 016 000			
			流动负债合计	850 000	1 813 000
以公允价值计量且其变动计入当期损益的金融资产		1 900 000	非流动负债		
流动资产合计	1 835 000	6 372 000	长期借款		
固定资产	8 285 000	9 795 000	所有者权益		
			实收资本	8 000 000	8 000 000
非流动资产合计	8 285 000	9 795 000	留存收益	1 270 000	6 354 000
资产总计	10 120 000	16 167 000	负债和所有者权益总计	10 120 000	16 167 000

9.4 预算的执行、调整、分析与考核

9.4.1 预算的执行

企业预算一经批复下达，各预算执行单位就必须认真组织实施，将预算指标层层分解，从横向到纵向落实到内部各部门、各单位、各环节和各岗位，形成全方位的预算执行责任体系。

企业应当将预算作为预期内组织、协调各项经营活动的基本依据，将年度预算细分为月度和季度预算，通过分期预算控制，确保年度预算目标的实现。

企业应当强化现金流量的预算管理，按时组织预算资金的收入，严格控制预算资金的支付，调节资金收付平衡，控制支付风险。

对于预算内的资金拨付，按照授权审批程序执行。对于预算外的项目支出，应当按预算管理制度规范支付程序。对于无合同、无凭证、无手续的项目支出，不予支付。

企业应当严格执行销售、生产和成本费用预算，努力完成利润指标。在日常控制中，企业应当健全凭证记录，完善各项管理规章制度，严格执行生产经营月度计划和成本费用的定额、定率标准，加强适时监控。对预算执行中出现的异常情况，企业有关部门应及时查明原因，提出解决办法。

企业应当建立预算报告制度，要求各预算执行单位定期报告预算的执行情况。对于预算执行中发现的新情况、新问题及出现偏差较大的重大项目，企业财务管理部门以至预算委员会应当责成有关预算执行单位查找原因，提出改进经营管理的措施和建议。

企业财务管理部门应当利用财务报表监控预算的执行情况，及时向预算执行单位、企业预算委员会以至董事会或经理办公会提供财务预算的执行进度、执行差异及其对企业预算目标的影响等财务信息，促进企业完成预算目标。

9.4.2 预算的调整

企业正式下达执行的预算，一般不予调整。预算执行单位在执行中由于市场环境、经营条件、政策法规等发生重大变化，致使预算的编制基础不成立，或者将导致预算执行结果产生重大偏差的，可以调整预算。

企业应当建立内部弹性预算机制，对于不影响预算目标的业务预算、资本预算、筹资预算之间的调整，企业可以按照内部授权批准制度执行，鼓励预算执行单位及时采取有效的经营管理对策，保证预算目标的实现。

企业调整预算，应当由预算执行单位逐级向企业预算委员会提出书面报告，阐述预算执行的具体情况、客观因素变化情况及其对预算执行造成的影响程度，提出预算指标的调整幅度。

企业财务管理部门应当对预算执行单位的预算调整报告进行审核分析，集中编制企业年度预算调整方案，提交预算委员会以至企业董事会或经理办公会审议批准，然后下达执行。

对于预算执行单位提出的预算调整事项，企业进行决策时，一般应当遵循以下要求：

1）预算调整事项不能偏离企业发展战略。
2）预算调整方案应当在经济上能够实现最优化。
3）预算调整重点应当放在预算执行中出现的重要的、非正常的、不符合常规的关键性差异方面。

9.4.3　预算的分析与考核

企业应当建立预算分析制度，由预算委员会定期召开预算执行分析会议，全面掌握预算的执行情况，研究、解决预算执行中存在的问题，纠正预算的执行偏差。

开展预算执行分析，企业管理部门及各预算执行单位应当充分收集有关财务、业务、市场、技术、政策、法律等方面的信息资料，根据不同情况分别采用比率分析、比较分析、因素分析、平衡分析等方法，从定量与定性两个层面充分反映预算执行单位的现状、发展趋势及其存在的潜力。

针对预算的执行偏差，企业财务管理部门及各预算执行单位应当充分、客观地分析产生的原因，提出相应的解决措施或建议，提交董事会或经理办公会研究决定。

企业预算委员会应当定期组织预算审计，纠正预算执行中存在的问题，充分发挥内部审计的监督作用，维护预算管理的严肃性。

预算审计可以采用全面审计或者抽样审计。在特殊情况下，企业也可组织不定期的专项审计。审计工作结束后，企业内部审计机构应当形成审计报告，直接提交预算委员会以至董事会或经理办公会，作为预算调整、改进内部经营管理和财务考核的一项重要参考。

预算年度终了，预算委员会应当向董事会或者经理办公会报告预算执行情况，并依据预算完成情况和预算审计情况对预算执行单位进行考核。

企业内部预算执行单位上报的预算执行报告，应经本部门、本单位负责人按照内部议事规范审议通过，作为企业进行财务考核的基本依据。企业预算按调整后的预算执行，预算完成情况以企业年度财务报告为准。

企业预算执行考核是企业绩效评价的主要内容，应当结合年度内部经济责任制进行考核，与预算执行单位负责人的奖惩挂钩，并作为企业内部人力资源管理的参考。

本章小结

财务预算是一系列专门反映企业未来一定预算期内预计财务状况和经营成果，以及现金收支等价值指标的各种预算总称。具体包括现金预算、预计资产负债表、预计利润表等内容。财务预算具有综合性和导向性特征。财务预算是总预算，具有使决策目标具体化、系统化和定量化，有助于财务目标的顺利实现的作用。

财务预算的方法按业务量基础的数量特征可分为固定预算和弹性预算；按编制成本费用预算出发点的特征可分为增量预算和零基预算；按预算期的时间特征可分为定期预算和滚动预算。每种预算方法都有自己的优缺点。财务预算的编制以日常业务预算和专门决策预算为基础，以销售预算为起点。

预算一经下达，就必须认真组织实施，将预算指标层层分解，从横向到纵向落实到各部门、各单位、各环节和各岗位，形成全方位的预算执行责任体系。预算执行中由于各种原因致使预算的编制基础不成立，或者将导致预算执行结果产生重大偏差的，可以调整预算。企业应定期分析、研究、解决预算执行中存在的问题，纠正预算的执行偏差，进行预算执行绩效考核。

复习思考题

1. 什么是财务预算？它有什么作用？
2. 预算的编制方法有哪些？它们各自的优缺点是什么？
3. 什么是现金预算？它包括哪些内容？如何编制现金预算？

习　题

1. ABC 公司 2016 年度设定的每季末预算现金余额的额定范围为 50 万 ~60 万元，其中，年末余额已预定为 60 万元。假定当前银行约定的单笔短期借款必须为 10 万元的倍数，年利率为 6%，借款发生在相关季度的期初，每季末计算并支付借款利息，还款发生在相关季度的期末。2016 年该公司无其他融资计划。

ABC 公司编制的 2016 年度现金预算的部分数据如表 9-15 所示。

表 9-15　ABC 公司编制 2016 年度现金预算　　　　　　（单位：万元）

项　目	第一季度	第二季度	第三季度	第四季度	全　年
① 期初现金余额	40				
② 经营现金收入	1 010				5 536.30
③ 可运用现金合计		1 396.30	1 549.00		
④ 经营性现金支出	800			1 302.00	4 353.70
⑤ 资本性现金支出		300.00	400.00	300.00	1 200.00
⑥ 现金支出合计	1 000	1 365.00		1 602.00	5 553.70
⑦ 现金余缺		31.30	-37.70	132.30	
⑧ 资金筹措及运用	0	19.70		-72.30	
加：短期借款	0	0.00		-20.00	0.00
减：支付短期借款利息	0		0.30	0.30	
购买有价证券	0	0.00	-90.00		
⑨ 期末现金余额				60.00	

要求：将表 9-15 补充完整。

2. 某公司 2017 年第 1~3 月实际销售额分别为 38 000 万元、36 000 万元和 41 000 万元，预计 4 月份销售额为 40 000 万元。每月销售收入中有 70% 能于当月收现，20% 于次月收现，10% 于第 3 个月收讫，不存在坏账。假定该公司销售的产品在流通环节只需缴纳消费税，税率为 10%，并于当月以现金缴纳。该公司 3 月末现金余额为 80 万元，应付账款余额为 5 000 万元（需在 4 月份付清），不存在其他应收应付款项。4 月份有关项目预计资料如下：采购材料 8 000 万元（当月付款 70%）；工资及其他支出 8 400 万元（用现金支付）；制造费用 8 000 万元（其中折旧费等非付现费用为 4 000 万元）；销售费用和管理费用 1 000 万元（用现金支付）；预交所得税 1 900 万元；购买设备 12 000 万元（用现金支付）。现金不足时，通过向银行借款解决。4月末现金余额要求不低于100万元。

要求：根据上述资料，计算该公司4月份的下列预算指标：

(1) 经营性现金流入。

(2) 经营性现金流出。

(3) 现金余缺。

(4) 应向银行借款的最低金额。

(5) 4月末应收账款余额。

附 录

附录 A 复利终值系数表

期数	1%	2%	3%	4%	5%	6%	7%	8%	9%	10%	12%	15%	20%	25%	30%
1	1.010 0	1.020 0	1.030 0	1.040 0	1.050 0	1.060 0	1.070 0	1.080 0	1.090 0	1.100 0	1.120 0	1.150 0	1.200 0	1.250 0	1.300 0
2	1.020 1	1.040 4	1.060 9	1.081 6	1.102 5	1.123 6	1.144 9	1.166 4	1.188 1	1.210 0	1.254 4	1.322 5	1.440 0	1.562 5	1.690 0
3	1.030 3	1.061 2	1.092 7	1.124 9	1.157 6	1.191 0	1.225 0	1.259 7	1.295 0	1.331 0	1.404 9	1.520 9	1.728 0	1.953 1	2.197 0
4	1.040 6	1.082 4	1.125 5	1.169 9	1.215 5	1.262 5	1.310 8	1.360 5	1.411 6	1.464 1	1.573 5	1.749 0	2.073 6	2.441 4	2.856 1
5	1.051 0	1.104 1	1.159 3	1.216 7	1.276 3	1.338 2	1.402 6	1.469 3	1.538 6	1.610 5	1.762 3	2.011 4	2.488 3	3.051 8	3.712 9
6	1.061 5	1.126 2	1.194 1	1.265 3	1.340 1	1.418 5	1.500 7	1.586 9	1.677 1	1.771 6	1.973 8	2.313 1	2.986 0	3.814 7	4.826 8
7	1.072 1	1.148 7	1.229 9	1.315 9	1.407 1	1.503 6	1.605 8	1.713 8	1.828 0	1.948 7	2.210 7	2.660 0	3.583 2	4.768 4	6.274 9
8	1.082 9	1.171 7	1.266 8	1.368 6	1.477 5	1.593 8	1.718 2	1.850 9	1.992 6	2.143 6	2.476 0	3.059 0	4.299 8	5.960 5	8.157 3
9	1.093 7	1.195 1	1.304 8	1.423 3	1.551 3	1.689 5	1.838 5	1.999 0	2.171 9	2.357 9	2.773 1	3.517 9	5.159 8	7.450 6	10.604 5
10	1.104 6	1.219 0	1.343 9	1.480 2	1.628 9	1.790 8	1.967 2	2.158 9	2.367 4	2.593 7	3.105 8	4.045 6	6.191 7	9.313 2	13.785 8
11	1.115 7	1.243 4	1.384 2	1.539 5	1.710 3	1.898 3	2.104 9	2.331 6	2.580 4	2.853 1	3.478 6	4.652 4	7.430 1	11.641 5	17.921 6
12	1.126 8	1.268 2	1.425 8	1.601 0	1.795 9	2.012 2	2.252 2	2.518 2	2.812 7	3.138 4	3.896 0	5.350 3	8.916 1	14.551 9	23.298 1
13	1.138 1	1.293 6	1.468 5	1.665 1	1.885 6	2.132 9	2.409 8	2.719 6	3.065 8	3.452 3	4.363 5	6.152 8	10.699 3	18.189 9	30.287 5
14	1.149 5	1.319 5	1.512 6	1.731 7	1.979 9	2.260 9	2.578 5	2.937 2	3.341 7	3.797 5	4.887 1	7.075 7	12.839 2	22.737 4	39.373 8
15	1.161 0	1.345 9	1.558 0	1.800 9	2.078 9	2.396 6	2.759 0	3.172 2	3.642 5	4.177 2	5.473 6	8.137 1	15.407 0	28.421 7	51.185 9
16	1.172 6	1.372 8	1.604 7	1.873 0	2.182 9	2.540 4	2.952 2	3.425 9	3.970 3	4.595 0	6.130 4	9.357 6	18.488 4	35.527 1	66.541 7

(续)

期数	1%	2%	3%	4%	5%	6%	7%	8%	9%	10%	12%	15%	20%	25%	30%
17	1.184 3	1.400 2	1.652 8	1.947 9	2.292 0	2.692 8	3.158 8	3.700 0	4.327 6	5.054 5	6.866 0	10.761 3	22.186 1	44.408 9	86.504 2
18	1.196 1	1.428 2	1.702 4	2.025 8	2.406 6	2.854 3	3.379 9	3.996 0	4.717 1	5.559 9	7.690 0	12.375 5	26.623 3	55.511 2	112.455 4
19	1.208 1	1.456 8	1.753 5	2.106 8	2.527 0	3.025 6	3.616 5	4.315 7	5.141 7	6.115 9	8.612 8	14.231 8	31.948 0	69.388 9	146.192 0
20	1.220 2	1.485 9	1.806 1	2.191 1	2.653 3	3.207 1	3.869 7	4.661 0	5.604 4	6.727 5	9.646 3	16.366 5	38.337 6	86.736 2	190.049 6
21	1.232 4	1.515 7	1.860 3	2.278 8	2.786 0	3.399 6	4.140 6	5.033 8	6.108 8	7.400 2	10.803 8	18.821 5	46.005 1	108.420 2	247.064 5
22	1.244 7	1.546 0	1.916 1	2.369 9	2.925 3	3.603 5	4.430 4	5.436 5	6.658 6	8.140 3	12.100 3	21.644 7	55.206 1	135.525 3	321.183 9
23	1.257 2	1.576 9	1.973 6	2.464 7	3.071 5	3.819 7	4.740 5	5.871 5	7.257 9	8.954 3	13.552 3	24.891 5	66.247 4	169.406 6	417.539 1
24	1.269 7	1.608 4	2.032 8	2.563 3	3.225 1	4.048 9	5.072 4	6.341 2	7.911 1	9.849 7	15.178 6	28.625 2	79.496 8	211.758 2	542.800 8
25	1.282 4	1.640 6	2.093 8	2.665 8	3.386 4	4.291 9	5.427 4	6.848 5	8.623 1	10.834 7	17.000 1	32.919 0	95.396 2	264.697 8	705.641 0
26	1.295 3	1.673 4	2.156 6	2.772 5	3.555 7	4.549 4	5.807 4	7.396 4	9.399 2	11.918 2	19.040 1	37.856 8	114.475 5	330.872 2	917.333 3
27	1.308 2	1.706 9	2.221 3	2.883 4	3.733 5	4.822 3	6.213 9	7.988 1	10.245 1	13.110 0	21.324 9	43.535 3	137.370 6	413.590 3	1192.533 3
28	1.321 3	1.741 0	2.287 9	2.998 7	3.920 1	5.111 7	6.648 8	8.627 1	11.167 1	14.421 0	23.883 9	50.065 6	164.844 7	516.987 9	1550.293 3
29	1.334 5	1.775 8	2.356 6	3.118 7	4.116 1	5.418 4	7.114 3	9.317 3	12.172 2	15.863 1	26.749 9	57.575 5	197.813 6	646.234 9	2015.3813
30	1.347 8	1.811 4	2.427 3	3.243 4	4.321 9	5.743 5	7.612 3	10.062 6	13.267 7	17.449 4	29.959 9	66.211 8	237.376 3	807.793 6	2 619.995 6

附录 B 复利现值系数表

期数	1%	2%	3%	4%	5%	6%	7%	8%	9%	10%	12%	15%	20%	25%	30%
1	0.990 1	0.980 4	0.970 9	0.961 5	0.952 4	0.943 4	0.934 6	0.925 9	0.917 4	0.909 1	0.892 9	0.869 6	0.833 3	0.800 0	0.769 2
2	0.980 3	0.961 2	0.942 6	0.924 6	0.907 0	0.890 0	0.873 0	0.857 3	0.841 7	0.826 4	0.797 2	0.756 1	0.694 4	0.640 0	0.591 7
3	0.970 6	0.942 3	0.915 1	0.889 0	0.863 8	0.839 6	0.816 3	0.793 8	0.772 2	0.751 3	0.711 8	0.657 5	0.578 7	0.512 0	0.455 2
4	0.961 0	0.923 8	0.888 5	0.854 8	0.822 7	0.792 1	0.762 9	0.735 0	0.708 4	0.683 0	0.635 5	0.571 8	0.482 3	0.409 6	0.350 1
5	0.951 5	0.905 7	0.862 6	0.821 9	0.783 5	0.747 3	0.713 0	0.680 6	0.649 9	0.620 9	0.567 4	0.497 2	0.401 9	0.327 7	0.269 3

（续）

期数	1%	2%	3%	4%	5%	6%	7%	8%	9%	10%	12%	15%	20%	25%	30%
6	0.942 0	0.888 0	0.837 5	0.790 3	0.746 2	0.705 0	0.666 3	0.630 2	0.596 3	0.564 5	0.506 6	0.432 3	0.334 9	0.262 1	0.207 2
7	0.932 7	0.870 6	0.813 1	0.759 9	0.710 7	0.665 1	0.622 7	0.583 5	0.547 0	0.513 2	0.452 3	0.375 9	0.279 1	0.209 7	0.159 4
8	0.923 5	0.853 5	0.789 4	0.730 7	0.676 8	0.627 4	0.582 0	0.540 3	0.501 9	0.466 5	0.403 9	0.326 9	0.232 6	0.167 8	0.122 6
9	0.914 3	0.836 8	0.766 4	0.702 6	0.644 6	0.591 9	0.543 9	0.500 2	0.460 4	0.424 1	0.360 6	0.284 3	0.193 8	0.134 2	0.094 3
10	0.905 3	0.820 3	0.744 1	0.675 6	0.613 9	0.558 4	0.508 3	0.463 2	0.422 4	0.385 5	0.322 0	0.247 2	0.161 5	0.107 4	0.072 5
11	0.896 3	0.804 3	0.722 4	0.649 6	0.584 7	0.526 8	0.475 1	0.428 9	0.387 5	0.350 5	0.287 5	0.214 9	0.134 6	0.085 9	0.055 8
12	0.887 4	0.788 5	0.701 4	0.624 6	0.556 8	0.497 0	0.444 0	0.397 1	0.355 5	0.318 6	0.256 7	0.186 9	0.112 2	0.068 7	0.042 9
13	0.878 7	0.773 0	0.681 0	0.600 6	0.530 3	0.468 8	0.415 0	0.367 7	0.326 2	0.289 7	0.229 2	0.162 5	0.093 5	0.055 0	0.033 0
14	0.870 0	0.757 9	0.661 1	0.577 5	0.505 1	0.442 3	0.387 8	0.340 5	0.299 2	0.263 3	0.204 6	0.141 3	0.077 9	0.044 0	0.025 4
15	0.861 3	0.743 0	0.641 9	0.555 3	0.481 0	0.417 3	0.362 4	0.315 2	0.274 5	0.239 4	0.182 7	0.122 9	0.064 9	0.035 2	0.019 5
16	0.852 8	0.728 4	0.623 2	0.533 9	0.458 1	0.393 6	0.338 7	0.291 9	0.251 9	0.217 6	0.163 1	0.106 9	0.054 1	0.028 1	0.015 0
17	0.844 4	0.714 2	0.605 0	0.513 4	0.436 3	0.371 4	0.316 6	0.270 3	0.231 1	0.197 8	0.145 6	0.092 9	0.045 1	0.022 5	0.011 6
18	0.836 0	0.700 2	0.587 4	0.493 6	0.415 5	0.350 3	0.295 9	0.250 2	0.212 0	0.179 9	0.130 0	0.080 8	0.037 6	0.018 0	0.008 9
19	0.827 7	0.686 4	0.570 3	0.474 6	0.395 7	0.330 5	0.276 5	0.231 7	0.194 5	0.163 5	0.116 1	0.070 3	0.031 3	0.014 4	0.006 8
20	0.819 5	0.673 0	0.553 7	0.456 4	0.376 9	0.311 8	0.258 4	0.214 5	0.178 4	0.148 6	0.103 7	0.061 1	0.026 1	0.011 5	0.005 3
21	0.811 4	0.659 8	0.537 5	0.438 8	0.358 9	0.294 2	0.241 5	0.198 7	0.163 7	0.135 1	0.092 6	0.053 1	0.021 7	0.009 2	0.004 0
22	0.803 4	0.646 8	0.521 9	0.422 0	0.341 8	0.277 5	0.225 7	0.183 9	0.150 2	0.122 8	0.082 6	0.046 2	0.018 1	0.007 4	0.003 1
23	0.795 4	0.634 2	0.506 7	0.405 7	0.325 6	0.261 8	0.210 9	0.170 3	0.137 8	0.111 7	0.073 8	0.040 2	0.015 1	0.005 9	0.002 4
24	0.787 6	0.621 7	0.491 9	0.390 1	0.310 1	0.247 0	0.197 1	0.157 7	0.126 4	0.101 5	0.065 9	0.034 9	0.012 6	0.004 7	0.001 8
25	0.779 8	0.609 5	0.477 6	0.375 1	0.295 3	0.233 0	0.184 2	0.146 0	0.116 0	0.092 3	0.058 8	0.030 4	0.010 5	0.003 8	0.001 4
26	0.772 0	0.597 6	0.463 7	0.360 7	0.281 2	0.219 8	0.172 2	0.135 2	0.106 4	0.083 9	0.052 5	0.026 4	0.008 7	0.003 0	0.001 1
27	0.764 4	0.585 9	0.450 2	0.346 8	0.267 8	0.207 4	0.160 9	0.125 2	0.097 6	0.076 3	0.046 9	0.023 0	0.007 3	0.002 4	0.000 8
28	0.756 8	0.574 4	0.437 1	0.333 5	0.255 1	0.195 6	0.150 4	0.115 9	0.089 5	0.069 3	0.041 9	0.020 0	0.006 1	0.001 9	0.000 6
29	0.749 3	0.563 1	0.424 3	0.320 7	0.242 9	0.184 6	0.140 6	0.107 3	0.082 2	0.063 0	0.037 4	0.017 4	0.005 1	0.001 5	0.000 5
30	0.741 9	0.552 1	0.412 0	0.308 3	0.231 4	0.174 1	0.131 4	0.099 4	0.075 4	0.057 3	0.033 4	0.015 1	0.004 2	0.001 2	0.000 4

附录 C 年金终值系数表

期数	1%	2%	3%	4%	5%	6%	7%	8%	9%	10%	12%	15%	20%	25%	30%
1	1.000 0	1.000 0	1.000 0	1.000 0	1.000 0	1.000 0	1.000 0	1.000 0	1.000 0	1.000 0	1.000 0	1.000 0	1.000 0	1.000 0	1.000 0
2	2.010 0	2.020 0	2.030 0	2.040 0	2.050 0	2.060 0	2.070 0	2.080 0	2.090 0	2.100 0	2.120 0	2.150 0	2.200 0	2.250 0	2.300 0
3	3.030 1	3.060 4	3.090 9	3.121 6	3.152 5	3.183 6	3.214 9	3.246 4	3.278 1	3.310 0	3.374 4	3.472 5	3.640 0	3.812 5	3.990 0
4	4.060 4	4.121 6	4.183 6	4.246 5	4.310 1	4.374 6	4.439 9	4.506 1	4.573 1	4.641 0	4.779 3	4.993 4	5.368 0	5.765 6	6.187 0
5	5.101 0	5.204 0	5.309 1	5.416 3	5.525 6	5.637 1	5.750 7	5.866 6	5.984 7	6.105 1	6.352 8	6.742 4	7.441 6	8.207 0	9.043 1
6	6.152 0	6.308 1	6.468 4	6.633 0	6.801 9	6.975 3	7.153 3	7.335 9	7.523 3	7.715 6	8.115 2	8.753 7	9.929 9	11.258 8	12.756 0
7	7.213 5	7.434 3	7.662 5	7.898 3	8.142 0	8.393 8	8.654 0	8.922 8	9.200 4	9.487 2	10.089 0	11.066 8	12.915 9	15.073 5	17.582 8
8	8.285 7	8.583 0	8.892 3	9.214 2	9.549 1	9.897 5	10.259 8	10.636 6	11.028 5	11.435 9	12.299 7	13.726 8	16.499 1	19.841 9	23.857 7
9	9.368 5	9.754 6	10.159 1	10.582 8	11.026 6	11.491 3	11.978 0	12.487 6	13.021 0	13.579 5	14.775 7	16.785 8	20.798 9	25.802 3	32.015 0
10	10.462 2	10.949 7	11.463 9	12.006 1	12.577 9	13.180 8	13.816 4	14.486 6	15.192 9	15.937 4	17.548 7	20.303 7	25.958 7	33.252 9	42.619 5
11	11.566 8	12.168 7	12.807 8	13.486 4	14.206 8	14.971 6	15.783 6	16.645 5	17.560 3	18.531 2	20.654 6	24.349 3	32.150 4	42.566 1	56.405 3
12	12.682 5	13.412 1	14.192 0	15.025 8	15.917 1	16.869 9	17.888 5	18.977 1	20.140 7	21.384 3	24.133 1	29.001 7	39.580 5	54.207 7	74.327 0
13	13.809 3	14.680 3	15.617 8	16.626 8	17.713 0	18.882 1	20.140 6	21.495 3	22.953 4	24.522 7	28.029 1	34.351 9	48.496 6	68.759 6	97.625 0
14	14.947 4	15.973 9	17.086 3	18.291 9	19.598 6	21.015 1	22.550 5	24.214 9	26.019 2	27.975 0	32.392 6	40.504 7	59.195 9	86.949 5	127.912 5
15	16.096 9	17.293 4	18.598 9	20.023 6	21.578 6	23.276 0	25.129 0	27.152 1	29.360 9	31.772 5	37.279 7	47.580 4	72.035 1	109.686 8	167.286 3
16	17.257 9	18.639 3	20.156 9	21.824 5	23.657 5	25.672 5	27.888 1	30.324 3	33.003 4	35.949 7	42.753 3	55.717 5	87.442 1	138.108 5	218.472 2
17	18.430 4	20.012 1	21.761 6	23.697 5	25.840 4	28.212 9	30.840 2	33.750 2	36.973 7	40.544 7	48.883 7	65.075 1	105.930 6	173.635 7	285.013 9
18	19.614 7	21.412 3	23.414 4	25.645 4	28.132 4	30.905 7	33.999 0	37.450 2	41.301 3	45.599 2	55.749 7	75.836 4	128.116 7	218.044 6	371.518 0
19	20.810 9	22.840 6	25.116 9	27.671 2	30.539 0	33.760 0	37.379 0	41.446 3	46.018 5	51.159 1	63.439 7	88.211 8	154.740 0	273.555 8	483.973 4
20	22.019 0	24.297 4	26.870 4	29.778 1	33.066 0	36.785 6	40.995 5	45.762 0	51.160 1	57.275 0	72.052 4	102.443 6	186.688 0	342.944 7	630.165 5
21	23.239 2	25.783 3	28.676 5	31.969 2	35.719 3	39.992 7	44.865 2	50.422 9	56.764 5	64.002 5	81.698 7	118.810 1	225.025 6	429.680 9	820.215 1
22	24.471 6	27.299 0	30.536 8	34.248 0	38.505 2	43.392 3	49.005 7	55.456 8	62.873 3	71.402 7	92.502 6	137.631 6	271.030 7	538.101 1	1067.279 6

期数	1%	2%	3%	4%	5%	6%	7%	8%	9%	10%	12%	15%	20%	25%	30%
23	25.716 3	28.845 0	32.452 9	36.617 9	41.430 5	46.995 8	53.436 1	60.893 3	69.531 9	79.543 0	104.602 9	159.276 4	326.236 9	673.626 4	1 388.463 5
24	26.973 5	30.421 9	34.426 5	39.082 6	44.502 0	50.815 6	58.176 7	66.764 8	76.789 8	88.497 3	118.155 2	184.167 8	392.484 2	843.032 9	1 806.002 6
25	28.243 2	32.030 3	36.459 3	41.645 9	47.727 1	54.864 5	63.249 0	73.105 9	84.700 9	98.347 1	133.333 9	212.793 0	471.981 1	1 054.791 2	2 348.803 3
26	29.525 6	33.670 9	38.553 9	44.311 7	51.113 5	59.156 4	68.676 5	79.954 4	93.324 0	109.131 8	150.333 9	245.712 0	567.377 3	1 319.489 0	3 054.444 3
27	30.820 9	35.344 3	40.709 6	47.084 2	54.669 1	63.705 8	74.483 8	87.350 8	102.723 1	121.099 9	169.374 0	283.568 8	681.852 8	1 650.361 2	3 971.777 6
28	32.129 1	37.051 2	42.930 9	49.967 6	58.402 6	68.528 1	80.697 7	95.338 8	112.968 2	134.209 9	190.698 9	327.104 1	819.223 3	2 063.951 5	5 164.310 9
29	33.450 4	38.792 2	45.218 9	52.966 3	62.322 7	73.639 8	87.346 5	103.965 9	124.135 4	148.630 9	214.582 8	377.169 7	984.068 0	2 580.939 4	6 714.604 2
30	34.784 9	40.568 1	47.575 4	56.084 9	66.438 8	79.058 2	94.460 8	113.283 2	136.307 5	164.494 0	241.332 7	434.745 1	1 181.881 6	3 227.174 3	8 729.985 5

附录 D 年金现值系数表

期数	1%	2%	3%	4%	5%	6%	7%	8%	9%	10%	12%	15%	20%	25%	30%
1	0.990 1	0.980 4	0.970 9	0.961 5	0.952 4	0.943 4	0.934 6	0.925 9	0.917 4	0.909 1	0.892 9	0.869 6	0.833 3	0.800 0	0.769 2
2	1.970 4	1.941 6	1.913 5	1.886 1	1.859 4	1.833 4	1.808 0	1.783 3	1.759 1	1.735 5	1.690 1	1.625 7	1.527 8	1.440 0	1.360 9
3	2.941 0	2.883 9	2.828 6	2.775 1	2.723 2	2.673 0	2.624 3	2.577 1	2.531 3	2.486 9	2.401 8	2.283 2	2.106 5	1.952 0	1.816 1
4	3.902 0	3.807 7	3.717 1	3.629 9	3.546 0	3.465 1	3.387 2	3.312 1	3.239 7	3.169 9	3.037 3	2.855 0	2.588 7	2.361 6	2.166 2
5	4.853 4	4.713 5	4.579 7	4.451 8	4.329 5	4.212 4	4.100 2	3.992 7	3.889 7	3.790 8	3.604 8	3.352 2	2.990 6	2.689 3	2.435 6
6	5.795 5	5.601 4	5.417 2	5.242 1	5.075 7	4.917 3	4.766 5	4.622 9	4.485 9	4.355 3	4.111 4	3.784 5	3.325 5	2.951 4	2.642 7
7	6.728 2	6.472 0	6.230 3	6.002 1	5.786 4	5.582 4	5.389 3	5.206 4	5.033 0	4.868 4	4.563 8	4.160 4	3.604 6	3.161 1	2.802 1
8	7.651 7	7.325 5	7.019 7	6.732 7	6.463 2	6.209 8	5.971 3	5.746 6	5.534 8	5.334 9	4.967 6	4.487 3	3.837 2	3.328 9	2.924 7
9	8.566 0	8.162 2	7.786 1	7.435 3	7.107 8	6.801 7	6.515 2	6.246 9	5.995 2	5.759 0	5.328 2	4.771 6	4.031 0	3.463 1	3.019 0
10	9.471 3	8.982 6	8.530 2	8.110 9	7.721 7	7.360 1	7.023 6	6.710 1	6.417 7	6.144 6	5.650 2	5.018 8	4.192 5	3.570 5	3.091 5
11	10.367 6	9.786 8	9.252 6	8.760 5	8.306 4	7.886 9	7.498 7	7.139 0	6.805 2	6.495 2	5.937 7	5.233 7	4.327 1	3.656 4	3.147 3

(续)

期数	1%	2%	3%	4%	5%	6%	7%	8%	9%	10%	12%	15%	20%	25%	30%
12	11.255 1	10.575 3	9.954 0	9.385 1	8.863 3	8.383 8	7.942 7	7.536 1	7.160 7	6.813 7	6.194 4	5.420 6	4.439 2	3.725 1	3.190 3
13	12.133 7	11.348 4	10.635 0	9.985 6	9.393 6	8.852 7	8.357 7	7.903 8	7.486 9	7.103 4	6.423 5	5.583 1	4.532 7	3.780 1	3.223 3
14	13.003 7	12.106 2	11.296 1	10.563 1	9.898 6	9.295 0	8.745 5	8.244 2	7.786 2	7.366 7	6.628 2	5.724 5	4.610 6	3.824 1	3.248 7
15	13.865 1	12.849 3	11.937 9	11.118 4	10.379 7	9.712 2	9.107 9	8.559 5	8.060 7	7.606 1	6.810 9	5.847 4	4.675 5	3.859 3	3.268 2
16	14.717 9	13.577 7	12.561 1	11.652 3	10.837 8	10.105 9	9.446 6	8.851 4	8.312 6	7.823 7	6.974 0	5.954 2	4.729 6	3.887 4	3.283 2
17	15.562 3	14.291 9	13.166 1	12.165 7	11.274 1	10.477 3	9.763 2	9.121 6	8.543 6	8.021 6	7.119 6	6.047 2	4.774 6	3.909 9	3.294 8
18	16.398 3	14.992 0	13.753 5	12.659 3	11.689 6	10.827 6	10.059 1	9.371 9	8.755 6	8.201 4	7.249 7	6.128 0	4.812 2	3.927 9	3.303 7
19	17.226 0	15.678 5	14.323 8	13.133 9	12.085 3	11.158 1	10.335 6	9.603 6	8.950 1	8.364 9	7.365 8	6.198 2	4.843 5	3.942 4	3.310 5
20	18.045 6	16.351 4	14.877 5	13.590 3	12.462 2	11.469 9	10.594 0	9.818 1	9.128 5	8.513 6	7.469 4	6.259 3	4.869 6	3.953 9	3.315 8
21	18.857 0	17.011 2	15.415 0	14.029 2	12.821 2	11.764 1	10.835 5	10.016 8	9.292 2	8.648 7	7.562 0	6.312 5	4.891 3	3.963 1	3.319 8
22	19.660 4	17.658 0	15.936 9	14.451 1	13.163 0	12.041 6	11.061 2	10.200 7	9.442 4	8.771 5	7.644 6	6.358 7	4.909 4	3.970 5	3.323 0
23	20.455 8	18.292 2	16.443 6	14.856 8	13.488 6	12.303 4	11.272 2	10.371 1	9.580 2	8.883 2	7.718 4	6.398 8	4.924 5	3.976 4	3.325 4
24	21.243 4	18.913 9	16.935 5	15.247 0	13.798 6	12.550 4	11.469 3	10.528 8	9.706 6	8.984 7	7.784 3	6.433 8	4.937 1	3.981 1	3.327 2
25	22.023 2	19.523 5	17.413 1	15.622 1	14.093 9	12.783 4	11.653 6	10.674 8	9.822 6	9.077 0	7.843 1	6.464 1	4.947 6	3.984 9	3.328 6
26	22.795 2	20.121 0	17.876 8	15.982 8	14.375 2	13.003 2	11.825 8	10.810 0	9.929 0	9.160 9	7.895 7	6.490 6	4.956 3	3.987 9	3.329 7
27	23.559 6	20.706 9	18.327 0	16.329 6	14.643 0	13.210 5	11.986 7	10.935 2	10.026 6	9.237 2	7.942 6	6.513 5	4.963 6	3.990 3	3.330 5
28	24.316 4	21.281 3	18.764 1	16.663 1	14.898 1	13.406 2	12.137 1	11.051 1	10.116 1	9.306 6	7.984 4	6.533 5	4.969 7	3.992 3	3.331 2
29	25.065 8	21.844 4	19.188 5	16.983 7	15.141 1	13.590 7	12.277 7	11.158 4	10.198 3	9.369 6	8.021 8	6.550 9	4.974 7	3.993 8	3.331 7
30	25.807 7	22.396 5	19.600 4	17.292 0	15.372 5	13.764 8	12.409 0	11.257 8	10.273 7	9.426 9	8.055 2	6.566 0	4.978 9	3.995 0	3.332 1

参考文献

[1] 俞文青. 施工企业财务管理 [M]. 3版. 上海：立信会计出版社，2012.
[2] 全国一级建造师执业资格考试用书编写委员会. 建设工程经济 [M]. 北京：中国建筑工业出版社，2016.
[3] 全国造价工程师执业资格考试培训教材编审组. 工程造价管理基础理论与相关法规 [M]. 北京：中国建材工业出版社，2012.
[4] 李延喜，等. 财务管理：原理、案例与实践 [M]. 北京：人民邮电出版社，2015.
[5] 张学英，韩艳华. 工程财务管理 [M]. 北京：北京大学出版社，2009.
[6] 赵庚学. 施工企业财务管理与会计实务 [M]. 北京：中国财政经济出版社，2012.
[7] 中国注册会计师协会. 财务成本管理 [M]. 北京：中国财政经济出版社，2016.
[8] 智董网专家委员会. 建筑施工企业财务管理 [M]. 广州：广州经济出版社，2010.
[9] 章萍，鲍长生. 财务管理 [M]. 上海：上海社会科学院出版社，2015.
[10] 荆新，王化成，刘俊彦. 财务管理学 [M]. 7版. 北京：中国人民大学出版社，2015.
[11] 卢桂菊，牛国强. 建筑企业财务成本管理 [M]. 北京：中国建筑工业出版社，2011.
[12] 李爱华. 建筑工程财务管理 [M]. 北京：化学工业出版社，2015.
[13] 叶晓甦. 工程财务管理 [M]. 2版. 北京：中国建筑工业出版社，2017.
[14] 刘绍敏，王贵春. 建筑施工企业财务管理 [M]. 重庆：重庆大学出版社，2015.
[15] 刘玉平. 财务管理学 [M]. 4版. 北京：中国人民大学出版社，2015.
[16] 孔艳华. 施工企业财务管理 [M]. 北京：人民交通出版社，2013.
[17] 赵玉萍. 建筑施工企业财务管理 [M]. 北京：机械工业出版社，2012.
[18] 宋勇，齐景华. 建筑企业财务管理 [M]. 北京：北京理工大学出版社，2009.
[19] 孙秀伟，陈立春. 建筑工程成本管理 [M]. 北京：北京理工大学出版社，2009.
[20] 致通振业税务师事务所. 建筑与房地产企业营改增实务操作指南 [M]. 北京：中国税务出版社，2016.
[21] 财政部会计资格评价中心. 财务管理 [M]. 北京：中国财政经济出版社，2016.
[22] 财政部会计资格评价中心. 经济法 [M]. 北京：中国财政经济出版社，2016.
[23] 郭复初，王庆成. 财务管理学 [M]. 4版. 北京：高等教育出版社，2014.
[24] 胡旭微，黄玉梅. 财务管理 [M]. 2版. 杭州：浙江大学出版社，2016.
[25] 叶晓甦. 工程财务与风险管理 [M]. 北京：中国建筑工业出版社，2007.
[26] 肖星. 一本书读懂财报 [M]. 杭州：浙江大学出版社，2014.
[27] 王棣华. 财务管理案例精析 [M]. 北京：中国市场出版社，2014.
[28] 张新民. 从报表看企业 [M]. 北京：中国人民大学出版社，2014.